U0820738

23
years

轻松过关是起点，也是支点
是事业，更是使命！

1998-2020
轻松过关成长史

2020 **再跃…**
2020年“天猫双11”，东奥登顶教育行业榜首
成为淘宝教育行业历史
首个销量破亿的品牌

2016-2019 **驰名**
连续4年荣获“天猫双11”图书考试行业销售冠军
职业资格考试领域成交额冠军

2001-2007 **成名**
2001年《轻一》发行过千万册，考生几乎人手一本
2007年东奥网校上线，书、课受百万学员热追

1998 **诞生**
东奥诞生
“轻松过关”品牌图书面世

这本书是如何诞生的？
因为严苛，所以出色

150天
围绕真题，初稿编撰
从上考季结束之日起，名师围绕真题，重新梳理考点，开启为期150余天的初稿撰写。

300人
校对、探讨、修订
每份初稿，都会由300多人的教研团队帮助著书名师反复校对、探讨、修订。

6小时/题
夜以继日，融入变化
新考纲与教材下发后，教研团队逐字对比变化；名师夜以继日将新变化融入书稿；编写一道紧扣新大纲的优质题目，甚至会花费名师6小时以上的时间。

3+3流程
严格3审3校
融入最新考纲内容的书稿，将由教研团队经历严格的三审三校流程，终成定稿、印制出版。

2021《轻一》锐意升级

三层创新 助您倍速通关！

新考季，新趋势

近年，注会考试范围扩大、题目灵活。题目紧贴热点时事，难度逐渐增加；这就要求考生不仅要学会，还要学透、吃透难点，灵活应对。

这本《轻一》如何助您横扫疑难、倍速通关？

2021年新版《轻一》，紧扣考纲，从扫清疑点、直击难点、全面盘点三大维度着力创新，由点到线、连线成面，多维度助您攻坚克难、轻松过关！

1 扫清疑点

新增 · *每章疑难汇总*

名师根据历年每章高频问题，汇总、提炼，于每章节末尾以一问一答形式逐一扫清疑点。

2 直击难点

升级 · *主观题演练*

主观题考点横向串联，考查难度大，占分值达55分。名师结合经验，总结规律，预判关联考点，精编主观大题供您演练，更配有**主观题精析班**，讲练结合，助您击破难点！

3 全面盘点

新增 · *3套全真模拟卷*

资深名师研判考情，亲撰3套考前模拟卷，与《轻一》分开发送，在考前40-50天包邮到家，供您盘点自测，考前定心！

轻松过关®1

23年,因为懂得备考艰辛，

我们从未停止创新。

尽情读她吧！

立即开启您的“轻松过关”之旅……

轻松过关®1

2021年注册会计师考试

应试指导及全真模拟测试

公司战略与风险管理

（上册）

田　明　编著

东奥会计在线　组编

北京科学技术出版社

本书正版具有以下标识，请认真识别

1. 本书附有防伪标签一枚，上有二维码，激活即可获赠正版图书超值专享服务。
2. 本书防伪标签为正版标识，若无此标识即盗版，请广大读者拒绝购买。
3. 盗版举报电话：400-627-5566

轻松过关小程序

扫描右侧二维码进入轻松过关小程序，名师课程，海量习题，互动答疑应有尽有，开启会计考证轻松过关之旅。

图书在版编目（CIP）数据

2021年注册会计师考试应试指导及全真模拟测试. 公司战略与风险管理：上下册／田明编著；东奥会计在线组编. —北京：北京科学技术出版社，2021.2

（轻松过关.1）

ISBN 978-7-5714-1361-3

Ⅰ.①2… Ⅱ.①田… ②东… Ⅲ.①公司—企业管理—资格考试—自学参考资料 ②公司—风险管理—资格考试—自学参考资料 Ⅳ.①F23

中国版本图书馆CIP数据核字（2021）第007038号

责任编辑：王云飞
责任校对：贾 荣
装帧设计：韩文静
责任印制：张 良
出 版 人：曾庆宇
出版发行：北京科学技术出版社
社　　址：北京西直门南大街16号
邮政编码：100035
电　　话：0431-87635566（编辑部）
010-66135495（总编室）
网　　址：www.bkydw.cn
印　　刷：唐山市润丰印务有限公司
开　　本：787mm×1092mm 1/16
字　　数：600千字
印　　张：31.5
版　　次：2021年2月第1版
印　　次：2021年2月第1次印刷

ISBN 978-7-5714-1361-3

定　价：96.00元（上下册）

编委会

（按姓氏笔画排序）

主　编：田　明

编著者：王艳茹　王艳琪　兰　飞
陈　然　常无忧　魏婷婷

2021《轻一》豪华升级

加赠“全真模拟测试题”3套

纸质版 · 分开发送 · 包邮到家

单独邮寄 购正版《轻一》，加赠3套纸质版考前模拟卷，与《轻一》分开发送，在考前40–50天包邮到家，供您模拟自测，考前定心。

考前点押 名师融汇全年政策及行业新变化，在考前亲撰好题；考点覆盖精准全面，难度贴近真实考题，助您加深理解，卓效提分。

名师精解 配套“名师精解模拟班”：名师逐题精讲模拟卷1套，助您以题带点，复盘得分。

如何获得3套卷及配套课程?

3套模拟卷单独成册，与《轻一》分开发送，在考前40–50天包邮到家，请注意查收快递哦!

扫码下载“会计云课堂”App，扫描封面激活码，即可听「名师精解模拟班」。

目录

上册

第一部分　命题规律总结及趋势预测

第二部分　考点精讲及同步训练

下册

第三部分　跨章节主观题演练

第一部分

命题规律总结及趋势预测

购正版《轻一》，加赠 3 套考前模拟卷，与《轻一》分开发送，在考前 40-50 天包邮到家，供您模拟自测，考前定心。

命题规律总结及趋势预测

一、2021 年重要考试政策

（一）《公司战略与风险管理》科目考试基本情况

1. 考试时间：2021 年 8 月 27-29 日，机考（120 分钟）。

2. 试卷满分 100 分，60 分为成绩合格分数线。

3. 评分规则

（1）单项选择题。单项选择题有 4 个备选选项，只有一个符合题意的正确答案。错选、不选均不得分。考生答题时直接从每小题的备选答案中选出一个你认为正确的答案，用计算机鼠标点击相应的选项即可。如果需要修改答案，用计算机鼠标点击其他的备选项即可。

（2）多项选择题。多项选择题有 4 个备选选项，每小题均有多个正确答案，考生答题时从每小题的备选答案中选出你认为正确的答案，用计算机鼠标点击相应的选项即可。每小题所有答案选择正确的得分，多选、错选、漏选均不得分。如果需要撤销已经选中的选项，再次用计算机鼠标点击该选项即可。

（3）主观题。主观题包括 4 道简答题和 1 道综合题。对于主观题，当资料区内容较多时，可以用计算机鼠标上下拖动右侧的纵向滚动条来阅读全部内容。当答题区上有多个标签页时，请务必逐一点击标签查看并回答所有问题，以免漏答。作答时考生应直接将答案录入指定的答题区域中。在草稿纸上书写的所有答案无效。考生可以通过上下拖动分割条来调整资料区、答题区的大小；也可以直接通过工具栏上的放大窗口按钮，将资料区或答题区进行最大化显示，方便考生阅读或答题。在考生答题过程中，机考系统会自动为考生保存答案。

（二）考试大纲

从总体上看，2021 年考纲相较于 2020 年考纲来说，整体构成部分保持了稳定性，但各部分具体内容出现了一定幅度的调整。全书主要由六大部分构成：战略与战略管理、战略分析、战略选择、战略实施、公司治理、风险与风险管理。

考试大纲规定的测试能力等级为“1”的相关内容，考试深度较浅，考题更直观，易得分。该部分内容属于考查客观题的内容，即单项选择题和多项选择题的命题范围。测试能力等级为“2”的内容是重要内容，考生除弄清楚各个知识点的原理、内容、依据、程序及方法外，还要注意与其他易混淆的知识点做对比，加强记忆。该部分内容属于考查客观题和简答题的内容，即单项选择题、多项选择题和简答题的命题范围。测试能力等级为“3”的内容是重点内容，也是命题的重要考点，要求考生能灵活应用，复习时考生对这部分内容要理解得详细、深入。该部分内容属于考查客观题和主观题的内容，即单项选择题、多项选择题、简答题和综合题的命题范围，要求全面掌握。根据以往注册会计师考试的经验，重点与非重点内容均会出题。因此，考生应遵循突出重点和全面兼顾的复习原则，考试前全面复习甚至多遍通读教材是很有必要的。在此基础上，有必要抓住重要内容进行重点复习。

二、2021 年教材基本情况

（一）教材基本内容

2021 年《公司战略与风险管理》教材主要由战略管理和风险管理这两大部分组成。其中，第一部分为战略管理（第一章至第四章）；第二部分为风险管理（第五章和第六章）。

第一部分：战略管理。

本部分包括第一章至第四章。

第一章主要介绍了公司战略的定义、公司的使命与目标、公司战略的层次、战略管理的内涵、战略管理的特征、战略管理过程和战略创新管理。对于本章内容应重点掌握基本概念和思路，为以后各章节的学习奠定基础。

第二章是从外部环境和内部环境两个方面来对战略进行分析的。外部环境分析，包括宏观环境分析、产业环境分析、竞争环境分析和国家竞争优势（钻石模型）分析；内部环境分析，包括企业资源、能力和核心能力分析。战略分析的主要工具包括 PEST 分析、产品生命周期分析、波特的产业五种竞争力分析、成功关键因素分析、战略群组分析、国家竞争优势（钻石模型）分析、核心能力分析、波特的价值链分析、多元化经营公司的业务组合分析和 SWOT 分析。本章通常与第三章战略选择的相关内容结合起来考查主观题，因此要扎实掌握本章内容。

第三章阐述了战略选择的相关内容，涉及总体战略的主要类型、发展战略的主要途径；业务单位战略的类型、优势、实施条件和可能面临的风险；零散产业和新兴产业的特点以及这两类产业中的中小企业可以考虑的战略方向；蓝海战略；六大职能战略的主要内容及选择；企业国际化经营动因、国际市场进入模式、国际化经营的战略类型和新兴市场的企业战略。本章通常与实际案例相结合，考查考生对具体问题进行分析和解决的能力，因此本章内容非常重要。

第四章阐述了战略实施的相关内容，涉及组织结构的构成要素、纵横向分工结构、组织结构与战略的关系以及组织的战略类型；企业文化的类型、文化与绩效、战略稳定性与文化适应性；战略失效与战略控制以及战略控制方法；企业利益相关者的利益矛盾与均衡、权力与战略过程；公司战略与数字化技术。

第二部分：风险管理。

本部分包括第五章和第六章。

第五章阐述了公司治理的相关内容，涉及公司治理概述、三大公司治理问题、公司内部治理结构和外部治理机制、公司治理的基础设施与公司治理原则。

第六章阐述了风险与风险管理的相关内容，涉及风险的概念与构成要素；企业面对的风险种类（包括从企业内部控制角度进行分析）；风险管理的概念、目标和演进；风险管理基本流程；风险管理体系；风险管理技术与方法。

（二）各章节难度和重要性

章节	复习难度	考试重要性
第一章	★	★
第二章	★★	★★★
第三章	★★★	★★★
第四章	★★	★★
第五章	★★	★
第六章	★★★	★★★

（三）主观题考点归纳

章节	主观题考点	链接的近 6 年试题
第一章 战略与战略管理	公司的使命与目标	综合题（2018 年）
	战略创新管理	新增
第二章 战略分析	宏观环境分析	简答题（2017 年） 综合题（2016 年）
	产品生命周期	简答题（2016 年）
	产业五种竞争力	简答题（2020 年、2017 年） 综合题（2016 年）
	产业内的战略群组	简答题（2016 年、2015 年） 综合题（2020 年）
	国家竞争优势 （钻石模型）分析	简答题（2020 年、2017 年） 综合题（2017 年）
	企业资源分析	简答题（2020 年、2019 年、2017 年）
	企业能力分析	简答题（2019 年） 综合题（2018 年）
	企业的核心能力	简答题（2015 年） 综合题（2020 年、2018 年、2017 年、2016 年）
	价值链的两类活动	简答题（2015 年） 综合题（2019 年）
	企业资源能力的价值链分析	简答题（2018 年、2016 年） 综合题（2019 年、2018 年、2017 年）
	波士顿矩阵	综合题（2015 年）
第三章 战略选择	发展战略	简答题（2020 年、2019 年、2018 年、2017 年） 综合题（2018 年、2017 年、2016 年、2015 年）
	收缩战略	简答题（2020 年） 综合题（2018 年、2015 年）
	发展战略可选择的途径	简答题（2019 年、2018 年、2015 年） 综合题（2018 年、2017 年、2015 年）
	并购战略	简答题（2020 年、2018 年、2016 年、2015 年） 综合题（2019 年）
	企业战略联盟	简答题（2019 年） 综合题（2019 年、2018 年、2017 年）
	成本领先战略	简答题（2017 年、2015 年） 综合题（2019 年、2017 年、2016 年）

续表

章节	主观题考点	链接的近6年试题
第三章 战略选择	差异化战略	简答题（2020年、2019年、2015年） 综合题（2020年、2017年、2016年）
	集中化战略	综合题（2020年）
	基本战略的综合分析——“战略钟”	综合题（2018年）
	零散产业中的竞争战略	简答题（2020年、2018年）
	新兴产业中的竞争战略	简答题（2020年、2019年） 综合题（2020年、2019年）
	蓝海战略的内涵	简答题（2018年、2017年） 综合题（2020年、2019年）
	重建市场边界的基本法则	简答题（2020年、2019年、2018年、2017年） 综合题（2020年、2019年）
	市场营销战略	简答题（2019年、2018年、2017年） 综合题（2020年、2019年、2017年、2016年）
	研究与开发战略	简答题（2019年） 综合题（2020年、2018年、2017年、2016年）
	企业国际化经营动因	简答题（2016年、2015年） 综合题（2019年、2017年）
	国际市场进入模式	综合题（2018年）
	新兴市场的企业战略	简答题（2017年） 综合题（2019年、2018年）
第四章 战略实施	文化与绩效	综合题（2015年）
	战略控制的过程	综合题（2015年）
	公司战略与数字化技术	新增
第五章 公司治理	三大公司治理问题	简答题（2018年）
	终极股东对于中小股东的“隧道挖掘”问题	简答题（2019年）
	公司治理基础设施	简答题（2020年、2019年）
第六章 风险与风险管理	企业面对的风险种类	简答题（2020年、2019年、2018年、2015年） 综合题（2020年、2019年、2018年、2017年、2015年）

（四）2021 年教材主要变化

章名	变化内容
第一章 战略与战略管理	(1) 第二节“战略选择过程”中“选择战略”部分内容进行改写，并删除“战略政策和计划” (2) 第二节 将“四、战略变革管理”改为“四、战略创新管理”，并对其中内容进行全新编写 (3) 删减和新增部分案例
第二章 战略分析	(1) 第一节 宏观环境分析中的“经济环境”调整了部分表述 (2) 新增了部分案例
第三章 战略选择	(1) 第二节“蓝海战略”中增加了关于“蓝海战略的六项原则”的阐释 (2) 第三节“市场营销战略”和“人力资源战略”中的部分内容进行了重新编写 (3) 调整了部分案例
第四章 战略实施	(1) 第五节“信息技术在战略管理中的作用”改为“公司战略与数字化技术”，并对其内容进行重新编写 (2) 调整了部分案例
第五章 公司治理	(1) 第二节“三大公司治理问题”修改了部分表述 (2) 第四节“中介机构”删除了部分表述 (3) 新增了 1 个案例
第六章 风险与风险管理	(1) 第一节中增加了“风险的构成要素”和“风险管理的演进与新发展”的内容，并对“风险的概念”调整了部分表述 (2) 将原第二节“风险管理的目标”移至第一节中，使第六章的五节内容变为四节内容 (3) 第二节“风险管理基本流程”中的部分内容调整了表述 (4) 第三节“风险管理体系”中的五点内容重新调整了编写顺序，并调整了部分表述 (5) 第四节“风险管理技术与方法”中的部分内容调整了表述 (6) 调整了部分案例

三、最近 3 年命题规律总结

（一）考试题型、题量和分值分布

题目类型	2018 年		2019 年		2020 年	
	数量	分数	数量	分数	数量	分数
单项选择题	24	24	24	24	24	24
多项选择题	14	21	14	21	14	21
简答题	4	30	4	30	4	30

续表

题目类型	2018 年		2019 年		2020 年	
	数量	分数	数量	分数	数量	分数
综合题	1	25	1	25	1	25
合计	43	100	43	100	43	100

《公司战略与风险管理》考题包括客观题和主观题两部分。客观题包括单项选择题和多项选择题，主观题包括简答题和综合题。

从上表可以看出，2018 年以来，题型、题量和分值分布保持不变：客观题的总题量为 38 题，分值为 45 分；主观题的总题量为 5 题，分值为 55 分。客观题和主观题的分值比例为 9∶11。

实行机考后，试题采取抽题形式。抽到的试卷中，单项选择题和多项选择题的重复率在 50%左右。简答题和综合题，题干主要资料完全不同，考核的主要知识点重复率在 30%左右，难度基本相当。

（二）各章节分值分布

章节	分值			近 3 年平均分值
	2018 年	2019 年	2020 年	
第一章	5. 5	3. 25	3. 75	4. 17
第二章	15. 25	21	23. 25	19. 83
第三章	41. 5	46	41. 75	43. 08
第四章	12	9	12. 25	11. 08
第五章	5	5	2	4
第六章	20. 75	15. 75	17	17. 84

注：由于中注协每年只公布一套试题，而本表有关近 3 年各章节分值的统计除了参考中注协公布的一套试题外，还参考了当年参加考试的考生回忆提供的未公布试题，本统计数据不一定完全准确。

（三）命题规律总结

纵观《公司战略与风险管理》近几年的考题可以看出，该科考试具有考核全面、结合实际、与管理学和经济学结合较强等特点。与《经济法》侧重于记忆、《财务成本管理》侧重于理解和计算等不同，《公司战略与风险管理》一科需要考生在理解知识、结合实务、夯实基础的情况下结合理论知识分析案例，又因为该门课程大部分知识点属于文字性内容，所以重点部分需要扎实理解记忆。

从近 3 年的考试情况看，该科目考试具有以下特点：

（1）考核的知识点较全面。

（2）理论联系实际、重点突出。

（3）综合题阅读量大。

（4）历年重复考点较多。

（5）注重考查教材的新增和变化内容。

（四）2021 年命题趋势预测

教材各章及最后的附录案例有相当一部分是历年考试真题，或是未公布的考题，和正式考题的相似度非常高，对于2021年的考试依然具有极高的参考价值，应该引起考生们的高度重视。

预计2021年考试题型、题量将继续保持稳定不变，即题型仍为单项选择题、多项选择题、简答题和综合题四种。题量保持43题，客观题的总题量为38题，主观题的总题量为5题。客观题和主观题的分值比例为9：11。试题难度继续保持中等水平。

2021年各章分值及重要考点预测如下：

第一章 战略与战略管理，预计本章的考试分值在4分左右。除了关注客观题外，本章还需要重点关注以下三方面内容考主观题：战略创新的类型；成功的战略创新赖以实现的关键情境；创新管理的主要过程。

第二章 战略分析，预计本章的考试分值在20分左右。除了关注客观题外，本章还需要重点关注以下九方面内容考主观题：宏观环境分析（PEST分析）、产品生命周期分析、波特的产业五种竞争力分析、产业内的战略群组分析、国家竞争优势（钻石模型）分析、企业资源与能力和核心能力分析、价值链分析、波士顿矩阵和SWOT分析。

第三章 战略选择，预计本章的考试分值在43分左右。除了关注客观题外，本章还需要重点关注以下六方面内容考主观题：总体战略的主要类型、发展战略的主要途径；基本竞争战略的类型、优势、实施条件和可能面临的风险；红海战略和蓝海战略的关键性差异、蓝海战略制定的原则及重建市场边界的基本法则；市场营销和研发两大职能战略的主要内容；企业国际化经营动因、国际市场进入模式、国际化经营的战略类型和新兴市场中本土企业的战略选择。

第四章 战略实施，预计本章的考试分值在11分左右。除了关注客观题外，本章还需要重点关注以下四方面内容考主观题：横向分工结构的基本类型（职能制组织结构、事业部制组织结构和矩阵制组织结构）、战略失效的原因、数字化技术对公司战略的影响和数字化战略转型的主要方面。

第五章 公司治理，预计本章的考试分值在4分左右。除了关注客观题外，本章还需要重点关注以下两方面内容考主观题：三大公司治理问题、公司治理基础设施。

第六章 风险与风险管理，预计本章的考试分值在18分左右。除了关注客观题外，本章还需要重点关注以下两方面内容考主观题：企业面对的风险种类（包括从企业内部控制角度进行分析）和我国《企业内部控制基本规范》关于内部控制要素的要求。

四、高效复习技巧

（一）高效学习计划

很少有人是只靠智商或者只靠运气做到注会考试成功的，对于希望顺利通过注会考试的考生们来说，不仅需要智商和运气，更需要高效的学习计划和不懈的努力。因此，我希望能为考生们提供一个科学合理的高效学习计划，助力大家注会考试成功。

如何学好这门科目，怎样学习才能顺利掌握并通过这门科目。从总体上讲，任何一门科目的学习都是一样的，就是要把书本的基础知识学透、学活，在头脑中形成该门科目清晰的知识体系和脉络，不要死记硬背，而要在理解的基础上掌握知识，活学活用，以不变应万变。

学习的重点是要把知识学活，多做练习题尤其是案例分析，但不能仅停留在记住做过的习题层面上，而要在做过的习题中自我总结，举一反三，活学活用。以下是针对这门科目的具体学习计划建议：

1. 认真阅读教材，夯实基础知识

正所谓一切考题都来源于教材，看书是很重要的。而看书也是有规划的，大致可以分为四个回合：第一次阅读，要一字不漏地对整本教材进行通读，第一次阅读时可能会有很多地方不懂，此时不要心急，第一次阅读的主要目的是为了对这门科目有个整体感性认识和框架把握，知道这门科目到底要讲哪些内容，形成一个初步的概念，在后面学习中逐步建立起学习的思路。第二次阅读要结合网络课程，特别是结合轻一来看教材，一边听课件，一边看轻一，把课程的内容、轻一的内容与教材相结合，一章节一章节地去学习，重点、难点都要逐一突破。第三次阅读就要精读，我们对知识点分章学习完之后，要进行系统地梳理，这一遍看书就不可以走马观花了，一定要一步一个脚印地去学习，书中的每个地方都要弄透，不可留有任何盲点和误区。这一阶段重点在于加深理解和记忆。第四次阅读是在复习后期，用于查缺补漏，这一遍可以采用回忆法，对照着目录，回忆知识点，看看还有哪些地方存在问题，进行针对性地学习。

2. 认真做习题并加以思考

众所周知，CPA 考试以“时间短、考题多”著称，能否在规定的时间内顺利答完全部试题对许多考生来说是一个极大的挑战。此时在考场上，经验往往是很重要的因素，而这种面对试题快速反应的经验只能来自于大量的练习。经常有考生问，习题做多少才能保证通过，这是没有标准答案的。首先，因人而异；其次，做题既讲究数量更讲究质量。很多人拼命做完一本又一本的习题，做完对答案，发现错误也不反思，继续做下一本，不断重复昨日的错误，没有任何进步。因此，一定要在精读并理解教材后，配上有质量的练习，在做题中巩固知识点，攻克重难点部分，做完习题要针对做错的部分进行思考总结，找到错误的根源，坚决禁止犯重复错误，做完习题后再回头看教材，反复学习，扎实掌握。

具体来讲，建议同学们做题可分为三个阶段：第一阶段，学习完一章或一个知识点之后，配合着做些习题，并注意每章基本的出题思路，以此来调整学习的方法，活学活用，这样有利于增强我们的记忆力，提高学习效率。第二阶段，做历年考试真题，一方面，历年试题及答案能够反映近年考试的出题思路，规范我们的答题方法，更有助于把握试题的变化趋势；另一方面，历年试题及答案能够帮助我们熟悉研究考试的题型，掌握出题规律和把握试题的总体难度，清楚命题的基本思路和出题的方式。第三阶段，系统地、成套地做题。不只是拘泥于历年考试真题，要开阔思路。这一阶段做题主要在于养成一个良好的答题习惯，要学会合理地分配时间，这样在考场上才不会紧张、惊慌。

3. 整体把握，自我总结

任何知识仅仅听别人讲述是不够的，并没有转化为自己头脑里的知识，在阅读过教材并做了相应的习题后，就需要自己对这门科目进行总结，总结出各章节之间的关系，每章的知识框架，告诉自己这一章是讲什么的，分几个部分，重难点各是什么，与哪些章节联系紧密。如何记忆才能掌握全部内容，每个人肯定会有不同的方法和理解，建立自己的逻辑思维，只有融汇了自己的理解和总结，才能真正成为自己头脑中的知识。机械学习和被动接受都不是学习的上策，只有发挥主观能动性，灵活掌握，举一反三，加入自己的思考、总结、判断才能掌握知识，从而进一步解决一些跨章节的综合题。

4. 考前冲刺，模拟测试

经过持之以恒的复习，在临考前要像之前所述，再次回归教材，把握教材。整个教材的阅读是把书从薄看厚，再从厚看薄的过程。另外，这个阶段应该有针对性地做一些模拟试卷，为自己构造一个闭卷、计时、模拟考场的氛围，独立完成几套模拟试题，做完后根据答案认真批改，算出分数。这样有助于考生提前进入考试状态，到真正考试时也并不陌生。而且，这样的模拟可以对这门科目的整体考试思路和节奏有一个全面的把握，有助于掌握考试的时间和节奏。一定要计算出成绩，这有利于在最后激励考生并使考生对自己有一个客观的认识。全部完成后，要对模拟试题进行纠错，最后查缺补漏，弥补一些在之前的学习中忽略的细节，同时巩固考试中的策略、考点。

特别要强调的是考前多练习机考模拟题测试。在注会考试前多进行几次机考模拟题测试是非常重要的，因为这不仅能帮助考生熟练掌握复制、粘贴、删除等功能，提高答题速度，还可以帮助考生把控各类题型的机考答题时间，确保考场上能够在规定的时间内答完试卷。这里推荐大家使用东奥智能题库班，它有智能推送功能，还有名师讲解，专注攻克个人薄弱环节。

综上所述，这四个环节是我对这门科目考试制定复习计划的一些建议，但是在具体实施中因人而异，考生要根据自身实际情况来制定适合自己的学习计划。对于在职工作的考生来讲，白天工作的事情已经让他们心力交瘁了，晚上还要鼓足勇气去面对动辄几十页的知识点，我觉得每一个曾经奋斗过或者正在奋斗的考生都是真正的勇士。论坛上经常看到有人说零基础一个月通过什么考试，这样的人的确有，但毕竟是少数，更多的人还是需要花很多的时间与精力才能通过这些考试。因此，参加注会考试要树立打持久战的心态，切不可有闪电战的想法。书山有路勤为径，没有一种方法是捷径，熟读教材、勤做习题、自我总结和测试都是必不可少的，只有各方面齐头并进，坚持到底，才是通过这门科目考试的最佳方法，相信在我们的共同努力下，大家都能够顺利通过考试。为了帮助考生实施高效的学习计划，我郑重推荐大家选择东奥战略轻一作为您最佳的配套辅导用书。

（二）应试技巧

1. 考试中答题时间的安排（建议）

《公司战略与风险管理》各题型建议答题时间安排如下。

题型		分值	答题时间安排
客观题	单项选择题	1 分×24 题＝24 分	15 分钟
	多项选择题	1.5 分×14 题＝21 分	15 分钟
主观题	简答题	4 题 30 分	50 分钟
	综合题	1 题 25 分	40 分钟

在 120 分钟的考试过程中，要注意控制单项选择题和多项选择题的答题时间，客观题分值一共 45 分，占考试分值的 45%，但答题时间却应占考试总时间的 25%，一般控制在25~30分钟比较适宜，否则会影响后续主观题的答题进度。这25~30分钟的概念是平均每个单项选择题 0.5 分钟答完，每个多项选择题 1 分钟答完。这是我向许多顺利过关的考生调查得出的结论，有一定的普遍性，但针对每个考生可能稍有差异。考生在平时训练时可以注意观察一下自己的解题时间，在考试时如果稍稍超出了 30 分钟，也不要忙乱着急，只要尽力保证做完的每道题的正确性，对通过考试也没有大的妨碍。

主观题分值一共是 55 分，但解题时间却应占考试时间的 75%，相对客观题要多许多。因为这部分案例资料阅读量大，考点复杂，涉及跨章节的考查，需要考生仔细阅读题干资料并能结合问题正确作答。4 道简答题的答题时间控制在 50 分钟左右比较适宜，即平均每个简答题 12.5 分钟答完。综合题的题量是 1 道题，其跨章节的综合性和阅读量大在考题中非常显著，建议答题时间控制在 40 分钟以内。

2. 考试中答题顺序的安排（建议）

在安排答题顺序时通常应该按照题目顺序，但是如果在答题时见到出乎自己想象程度的难题，不要拘泥于按部就班一步一步地解答。例如，自己在复习时对有关内容掌握得不好，考试时却恰恰遇到这样的题目，可以先答后面的题目，不要为解一个难题花费太多时间而影响整体答题进度。

历年考试中，有的考生在客观题上花费了太多的时间，以至于部分简答题、综合题由于没有时间而来不及做，白扔了不少分。要学会放弃，不会做的题就放弃掉，省出时间研究会做的题，并尽量做到会做的题一定要准确，要得分，要做到有所不为，然后才能做到有所作为。这就要求考生要注意留出充足的时间给简答题、综合题，毕竟这部分每个题目的分值较大。对于耗时过长分值又较小的题目可以先放一放，等做完其他题目回过来再做。

特别需要提醒考生注意的是机考系统中有“标记本题”的功能，可以把不会的题标上标记，等答完其他试题后再进行作答。

3. 答题技巧

（1）客观题答题技巧。

客观题题型有单项选择题和多项选择题两类，从考题的命题模式上看，主要以案例分析型选择题为主。重点考查考生对基础知识的理解能力。只要基础知识扎实，对于单项选择题想要取得理想的分数还是有很大把握的。但对于多项选择题来说相对难一些，因为每小题均有多个答案，只有全部选对才能得分，多选、错选、漏选均不得分。建议运用排除法或者对比法等进行答题，可以提高答题的速度和准确性。

①排除法，适用于单项选择题和多项选择题。题目让你选出正确的答案，那么这个时候可以进行逆向思维，排除错误的选项后剩下的选项中就比较容易找到正确的选项。如果该考点平时学的一知半解甚至是完全不会，也可以凭借自己的经验、常识判断来进行排除，这样选出正确答案的概率就大一些。

②对比法，适用于多项选择题。通常4个选项中往往出现两组相近的选项，考生很容易选错，这个时候通过对比，观点相斥的就可以对比出来。

（2）主观题答题技巧。

主观题题型有简答题和综合题两类，从考题的命题形式上看，主要以实际案例形式出题。重点考查考生对理论知识的理解、分析和运用能力，因此除了理解，还要注重运用，在做题时要将相关知识学习透彻，融会贯通。主观题是考生面对的最大障碍。考生除了要掌握各章重要理论模型和原理的运用之外，要有跨章节思考的意识，还要明确各章节的联系，这是教材中不可能集中体现的东西，需要考生自己去思考、总结、多做案例分析。考生在作答主观题时，通常是在机考系统上先将每一问涉及的相关理论知识点概括性地列出来，然后再从案例中把相关的支撑材料复制粘贴过来即可。客观题的评分由机考系统自动操作，主观题是由阅卷老师来评分。换句话说，主观题评分人为因素大一些，因此考生在答题时必须找到相应的得分点，迅速地抓住案例提供的关键信息和关键词。

注：本书涉及的真题均为学员回忆版。

第二部分

考点精讲及同步训练

图书使用秘籍　助力“码上”通关

神奇的二维码

我们在每章【节标题】旁分别设置了二维码，
每个二维码对应了相关章节名师的视频讲解。

扫码免费听课

使用【“会计云课堂”App】扫描二维码，即可免费观看名师详解视频，
哪里不会扫哪里，这是一本会讲课的书。

1 下载安装【会计云课堂App】

2

注册／登录东奥个人账户

3

点击首页右上角的“扫一扫”即可听课

为帮助您更好地利用本书，高效备考，科学做题，避免误区，在正式开始知识点学习前，建议您先阅读本书第一部分“命题规律总结及趋势预测”。

第一章 战略与战略管理

本章考情分析

本章属于次重点章，主要介绍了公司战略的基本概念和公司战略管理。本章所介绍的概念和原理在其他章节会深入学习，属于统领教材内容的基础框架章。

本章重点掌握的内容：①公司战略的定义；②公司的使命与目标；③公司战略的层次；④战略管理的特征；⑤战略管理过程；⑥战略创新管理。其中，战略创新管理这部分内容最为重要，也是本章的全新内容。

对于本章内容，应重点掌握基本概念和思路，为以后各章节的学习奠定基础。

在近3年的考试中，本章的平均分值约为4分。本章考试的题型一般为客观题和综合题。2021年需要重点关注以下内容可能会考主观题：战略创新的类型、成功的战略创新赖以实现的关键情境和创新管理的主要过程。

2021年教材主要变化

2021年教材本章内容与2020年教材相比，主要变化：①第二节“战略选择过程”中“选择战略”部分内容进行改写，并删除“战略政策和计划”；②第二节将“四、战略变革管理”改为“四、战略创新管理”，并对其中内容进行全新编写；③删减和新增部分案例。

本章考点框架

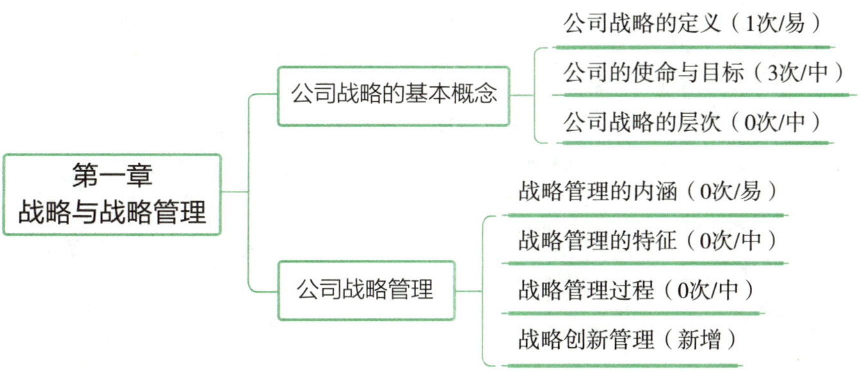

注：图中难代表难度高的知识点，中代表难度中等的知识点，易代表难度低的知识点；X次为考频指数，以近3年考题为统计依据。

本章重难点精讲

第一节　公司战略的基本概念

本节视频详解
使用“会计云课堂”App/微信扫码听课

01 公司战略的定义（★）

复习建议	考试题型	考察套路	关键词
理解并记忆传统概念与现代概念的特征和主要观点	客观题型	将战略的传统概念或现代概念判断的关键点融入到案例中，然后据此选出题干反映的主要观点有哪些	（1）传统概念：计划性、全局性、长期性 （2）现代概念：应变性、竞争性、风险性

公司战略含义的多种表述可分为**传统概念**和**现代概念**两大类。

概念	含义	特征	阐释
传统概念	战略是公司为之奋斗的终点与公司为达到它们而寻求的途径的结合物	计划性	公司战略是一种有意识、有预计、有组织的行动程序，是解决一个公司如何从现在的状态达到将来预期的问题。战略主要为公司提供发展方向和途径，包括一系列处理某种特定情况的方针政策，属于公司“行动之前的概念”
		全局性	公司战略是以公司的全局为对象，根据公司总体发展的需要而制定的。它所规定的是公司的总体行动，它所追求的是公司的总体效果
		长期性	公司战略既是公司谋取长远发展要求的反映，又是公司对未来较长时期内如何生存和发展的通盘筹划

致亲爱的学员：

本章是您学习《公司战略与风险管理》这门科目的开端，也是您学习这门科目的奠基石。本章内容看似庞杂、琐碎甚至晦涩，但其实不过是“纸老虎”。本章在考试中所占分值较低，只要反复阅读、再配合相关课程进行学习，即可达到事半功倍的效果。我们在“本章重难点精讲”中设置了二维码，快扫我们的听课二维码，就可以免费观看名师知识点详细讲解。莫愁前路无知己，小“码”和您在一起！

友情提示：前两章考点视频，扫码免费享有。

使用步骤：

1. 下载安装最新版本的“会计云课堂”App
2. 登录东奥个人账号
3. 点击首页右上角的“扫一扫”即可听课

扫我下载“会计云课堂”App

为方便您在学习中可以快速了解知识点的重要程度，本书中将知识点进行分类。★★★代表重要知识点，★★代表次重要知识点，★代表非重要知识点。

续表

概念	含义	特征	阐释
现代概念	战略为“一系列或整套的决策或行动方式”，这套方式包括刻意安排的(计划性）战略和任何临时出现的（非计划性）战略	应变性	由于公司所处的内外部环境是动态多变的，这就要求公司战略既要有一定的稳定性，又要有一定的适应性，即要求公司战略要具有主动适应的能力
		竞争性	战略是关于公司在激烈的竞争中如何与竞争对手抗衡的行动方案，同时也是针对来自各方面的许多冲击、压力、威胁和困难，从而迎接这些挑战的行动方案。市场如战场，现代的市场总是与激烈的竞争密切相关，公司制定战略就是为了取得优势地位，战胜对手，保证自己的生存和发展
		风险性	公司战略的制定为公司的发展明确了方向，便于公司齐心协力地前进，但公司战略是一把“双刃剑”，也隐含着风险
联系	战略既不是完全深思熟虑的事先计划（常规战略），也不是纯粹的突发应变（应急战略），而是两者的结合体。因此，公司既需要有一个正确的战略定位，事先做出缜密的战略计划，又必须顺应内外部环境的变化，不拘泥于原有的战略计划，即时地、有意识地、主动地进行战略调整		

【提示】战略的应变性是从产业或市场的层次上来看的。战略的应变性强调公司应该采用何种措施来适应所处的内外部环境，即战略的应变性认为，战略是帮助公司确定其在市场中的位置，并据此正确地配置资源，从而形成公司可持续性的竞争优势。战略是协调公司内部资源与外部环境的力量。例如，德国大众汽车进入美国市场时，发现了小型汽车的空当，从而推出了甲壳虫，获得了很大的成功。此战略强调的就是战略的应变性。

【相关链接】雅戈尔集团是一家以品牌服装为主业的大型跨国集团公司。在2020年，由于新冠疫情的袭来，彻底打乱了该集团的经营计划。对此，该集团为了实现既定的战略目标（事先的计划——保持主打产品衬衫的领先地位），推行“开大店、关小店”的理念（突发应变——针对疫情这种突发情况进行调整），把一些小的店铺关闭，加速渠道优化的进程。

经典题解

【例题1·多选题】海华公司是一家智能机器人制造企业，目前生产甲、乙、丙三种型号机器人。近年来机器人制造行业市场需求变化较大，该公司为了实现预定的战略目标，正积极主动地进行生产经营的调整和决策，并取得了良好成效。下列各项中，对海华公司上述做法表述正确的有(　　)。

A. 海华公司的战略是理性计划的产物

B. 海华公司的战略是在其内外环境的变化中不断完善规划的结果

C. 海华公司采取主动态势预测未来

D. 海华公司的战略是事先的计划和突发应变的组合

【解析】“该公司为了实现预定的战略目标”表明该公司事先是有计划的，但是随着“机器人制造行业市场需求变化较大”的影响，海华公司采取随机应变的策略，“积极主动地进行生产经营的调整（根据‘调整’可以看出该战略是在其变化的环境中不断进行完善）和决策”，以主动态势预测未来，因此，海华公司的战略并不是理性计划的产物（理性计划是指企业按照之前制定的战略进行发展，不会随着外部环境进行调整）。因此，选项B、C、D正确，选项A错误。

【答案】BCD

02 公司的使命与目标（★★）

（一）公司的使命

复习建议	考试题型	考察套路	关键词
重在理解，重点掌握公司使命包含的三方面的关键特点	客观题型、主观题型	将公司使命所包含的三方面内容的关键点融入到案例中，然后据此选出题干涉及的是哪方面内容	（1）公司目的：营利、为其所有者带来经济价值 （2）公司宗旨：经营业务范围 （3）经营哲学：价值观、基本信念、行为准则、企业文化

公司的使命首先是要阐明企业组织的根本性质与存在理由，一般包括三个方面：

内容	定位	具体阐释	举例
公司目的	生存目的定位	其为公司全体员工树立了一个共同为之奋斗的价值标准，一般包括股东财富和社会责任	美国赫德森零售公司的公司目的："为我们的股东提供一种有吸引力的财务收益""改进我们经营所在社区的环境"
公司宗旨	经营范围定位	通常包括公司的产品（服务）、顾客对象、市场和技术等几个方面，其为实现公司目的应进行哪些经营活动和以什么方式进行这些活动指明了方向	宝洁公司的宗旨："为现在和未来的世世代代，提供优质、超值的品牌日用品和服务"
经营哲学	文化定位	其阐明了公司的经营思想，是公司为其经营活动方式所确立的价值观、基本信念和行为准则，反映了公司处理自身和社会关系的重点和态度	松下公司的经营哲学："致力于社会生活的改善和提高""把大众需要的东西，变得像自来水一样的便宜" 同仁堂的经营哲学："品味虽贵，必不敢减物力；炮制虽繁，必不敢省人工"

经典题解

【例题2·单选题】 I公司在1998年宣布进入IT服务领域之前，已经是全球最具规模的个人及商用PC生产制造商，在PC领域具有极高的知名度和美誉度，拥有全球具有价值和最广泛的PC销售网络和渠道。同时，与其欲战略转型的行业——IT服务领域之间也有着非常大的共享空间——巨大的品牌忠诚度、大致相似的目标客户群体，以及I公司多年在PC领域练就的高技术特性等。本案例体现了I公司（　　）。

A. 公司宗旨的变化

B. 经营哲学的变化

C. 战略层次的变化

D. 公司目的的变化

【解析】"I公司……是全球最具规模的个人及商用PC生产制造商……与其欲战略

转型的行业——IT 服务领域”体现的是企业经营业务范围的调整，即公司宗旨的变化，选项 A 正确。

【答案】A

【例题 3 · 多选题】下列各项表述中可以作为某互联网公司使命的有(　　)。

A. 从单一的网络贸易平台向复合型的网络贸易搜索引擎转变

B. 2025 年实现 1 万亿美元的订单金额

C. 让天下没有难做的生意

D. 公司的目标客户定位是全球的中小企业买家和卖家

【解析】公司的使命首先是要阐明企业组织的根本性质与存在理由，一般包括三个方面：公司目的、公司宗旨和经营哲学。选项 A、D 属于公司宗旨；选项 B 属于公司的目标；选项 C 属于经营哲学。

【答案】ACD

（二）公司的目标

复习建议	考试题型	考察套路	关键词
重在记忆，重点掌握战略目标体系和财务目标体系包含的指标	客观题型	给出几个指标，然后判断属于战略目标体系的范畴还是财务目标体系的范畴	（1）财务目标体系：定量指标，主要体现在财务指标上 （2）战略目标体系：定性指标，主要体现于在什么方面优于竞争对手，使企业获得竞争优势

公司目标是一个多元化的体系。既包括财务目标，又包括战略目标；既包括定性目标，又包括定量目标；既包括短期目标，又包括长期目标。

从整个公司的角度来看，获取良好的财务业绩和良好的战略业绩要求公司的管理层既要建立财务目标体系又要建立战略目标体系。

<table>
<tr><td>含义</td><td colspan="2">公司目标是指在分析公司所处外部环境和内部条件的基础上确定的公司各项经营活动的发展方向和奋斗目标，是公司使命的具体化。建立公司目标体系就是将公司的使命转换成明确具体的业绩标准，从而使得公司的进展有一个可以测度的目标</td></tr>
<tr><td rowspan="2">分类</td><td>财务目标体系</td><td>提高收益增长率、提高股利增长率、提高投资回报率、增加现金流量、提高市场占有率、评价股票价格、增加公司信任度等</td></tr>
<tr><td>战略目标体系（指企业在战略管理过程中所要实现和改善的市场地位和竞争能力，取得满意的战略绩效目标）</td><td>占据领先地位、提高竞争优势、更短的产品开发周期、更高的产品质量、更低的总成本、更卓越的顾客服务等</td></tr>
</table>

经典题解

【例题 4 · 多选题】下列关于甲餐饮服务上市公司建立战略目标体系目的的表述中，正确的有(　　)。

A. 提高市场占有率和盈利率

B. 为客户提供优质的产品和服务

C. 占领全球的食品服务业

D. 提升市场对公司股票价格的评价

【解析】选项 A 和选项 D 属于财务目标体系的建立目的；选项 B 和选项 C 属于战略目标体系的建立目的。

【答案】BC

03 公司战略的层次（★★）

复习建议	考试题型	考察套路	关键词
围绕关键词记忆，重点掌握公司战略各层次的核心要素	客观题型	在题干中给出战略类型，然后选出对应的核心要素	（1）总体战略：选择经营范围，合理配置企业经营所需资源 （2）业务单位战略：确立竞争优势，有效控制资源的分配和使用 （3）职能战略：配置企业内部资源，发挥协同效应

公司战略是对公司各种战略的统称。现代管理学如 MBA、EMBA 等认为公司战略是一个自上而下的整体性规划过程，将其分为总体战略（公司层战略）、业务单位战略（竞争战略）和职能战略（职能层战略）三个层次。

类型	含义	提示
总体战略	又称公司层战略。公司层战略主要强调公司应该在哪些经营领域进行生产经营活动，即回答两个方面的问题：一是“我们应该做什么业务”，即确定企业的使命与任务、产品及市场领域（主要涉及产业、产品和市场定位）；二是“我们怎么样去管理这些业务”，即在公司不同的业务单位之间如何分配资源以及采取何种成长方向等	公司层战略常常涉及整个企业的财务结构和组织结构方面的问题
业务单位战略	是在总体战略的指导下，一个业务单位进行竞争的战略，也称竞争战略。“业务单位”被赋予一定的战略决策权力，可以根据外部市场的状况对产品和市场进行战略规划并进行战略决策。竞争战略要解决的核心问题是如何通过确定顾客需求、竞争者产品以及本公司产品这三者之间的关系，来奠定本公司产品在市场上的特定地位并维持这一地位。其目标是取得竞争优势	对于一家单业务公司来说，总体战略和业务单位战略只有一个，即合二为一；只有对业务多元化的公司来说，总体战略和业务单位战略的区分才有意义
职能战略	又称职能层战略，是指企业中的各职能部门制定的指导职能活动的战略，描述了在执行总体战略和业务单位战略的过程中，企业中的每一个职能部门所采用的方法和手段。主要涉及企业内各职能部门，如营销、财务、生产、研发、人力资源等，其主要职责是如何更好地配置企业内部资源，为各级战略服务，并提高组织效率	在职能战略中，协同作用具有非常重要的意义。这种协同作用首先体现在单个的职能中各种活动的协调性与一致性，其次体现在各个不同职能战略和业务流程或活动之间的协调性与一致性

第二节　公司战略管理

本节视频详解
使用“会计云课堂”App/微信扫码听课

01 战略管理的内涵（★）

战略管理是一种区别于传统职能管理的管理方式。因此，企业战略管理的含义可以界定为企业战略管理是为实现企业的使命和战略目标，科学地分析企业的内外部环境与条件，制定战略决策，评估、选择并实施战略方案，控制战略绩效的动态管理过程。

02 战略管理的特征（★★）

复习建议	考试题型	考察套路	关键词
围绕关键词记忆，重点掌握各特征的含义	客观题型	根据案例信息，选出对应的特征或正确表述	（1）综合性：涉及所有部门 （2）高层次：高层领导推动 （3）动态性：及时调整战略

与传统的职能管理相比，战略管理具有以下特征：

特征	含义及表现
综合性管理	（1）全程管理。战略管理是一个过程，包括战略的分析、选择和实施。在这个过程中，各个阶段互为支持、互为补充，忽略其中任何一个阶段，公司战略管理都不可能成功 （2）整体最优。战略管理要将公司视为一个整体来处理，强调整体最优，而不是局部最优。战略管理不是强调公司某个局部或某一部门的重要性，而是通过制定公司的宗旨、目标来协调各单位、各部门的活动，使他们形成合力。因此，公司战略管理要涵盖总体战略、业务单位战略和职能战略
高层次管理	战略决策涉及一个公司活动的各个方面，虽然它需要公司上、下层管理者和全体员工的参与和支持，但公司的最高层管理人员介入战略决策也是非常重要的。这不仅是由于他们能够统观公司全局，了解公司的全面情况，而且更重要的是他们具有对战略实施所需资源进行分配的权力
动态性管理	来自内外部环境的影响力在很大程度上会影响公司的战略目标和发展方向。战略管理一定要注重公司与其所处的内外部环境的互动性。因此，公司战略管理活动应具有动态性，即适应公司内外部各种条件和因素的变化并进行适当调整或变更

03 战略管理过程（★★）

复习建议	考试题型	考察套路	关键词
围绕关键词记忆，重点掌握评估战略备选方案的“三性”标准	客观题型、主观题型	（1）根据案例信息，选出目标企业使用的标准类型 （2）教材原文考查，如战略实施解决的主要问题有哪些	（1）适宜性标准：SWOT+目标实现 （2）可接受性标准：利益相关者是否接受 （3）可行性标准：从收益、风险、可行性角度分析

战略分析、战略选择和战略实施共同构成了公司的战略管理过程。

（一）战略分析

回答的问题	目的	内容	阐释
公司的目前状况	评价影响公司目前和今后发展的关键因素，并确定在战略选择步骤中的具体影响因素	外部环境分析	外部环境分析要了解公司所处的环境（宏观环境、产业环境、竞争环境和国家竞争优势）正在发生哪些变化，这些变化将给公司带来哪些机会和威胁
		内部环境分析	内部环境分析可以从公司的资源与能力、价值链和业务组合等几个方面展开。内部环境分析要了解公司自身所处的相对地位，公司具有哪些资源以及战略能力

（二）战略选择

回答的问题	主要内容	具体内容	阐释
公司向何处发展	可选择的战略类型	总体（公司层）战略	包括发展战略、稳定战略、收缩战略三种基本类型
		业务单位（竞争）战略	包括基本竞争战略、中小企业的竞争战略、蓝海战略三类战略
		职能（职能层）战略	包括市场营销战略、研究与开发战略、生产运营战略、采购战略、人力资源战略、财务战略等多个职能部门的战略
	战略选择过程	制订战略选择方案	公司可以从对公司整体目标的保障、对中下层管理人员积极性的发挥以及公司内部各部门战略方案的协调等多个角度考虑，选择自上而下的方法、自下而上的方法或上下结合的方法来制订战略方案

续表

回答的问题	主要内容	具体内容	阐释
公司向何处发展	战略选择过程	评估战略备选方案	评估战略备选方案通常使用三个标准： ①适宜性标准，把公司的使命和目标作为评估战略的依据。即考虑选择的战略是否发挥了公司的优势，克服了公司的劣势；是否利用了外部环境提供的机会，将外部威胁削弱到了最低程度；是否有助于公司目标的实现 ②可接受性标准，了解和公司有关的利益相关者的利益期望，在战略制定、评价和实施过程中，这些利益相关者会有哪些反应，选择的战略能否被公司各利益相关者接受 ③可行性标准，要了解公司自身所处的相对地位，具有哪些资源以及战略能力，因为对战略的评估最终要落实到战略收益、风险和可行性分析的财务指标上，即考虑是否有相应的资源和能力来实施该战略
		选择战略	指最终的战略决策，即确定准备实施的战略。当用多个指标对多个战略方案的评价产生不一致的结果时，确定最终的战略可以考虑选择下列方法：①把公司目标作为选择战略的依据；②提交上级管理层审批；③聘请外部专家进行战略选择工作

（三）战略实施

回答的问题	解决的主要问题	阐释
如何将战略转化为实践	确定和建立一个有效的组织结构	组织结构是指公司中各种劳动分工与协作方式的总和，规定着组织内各个组成部分的任务、职责、权力和相互关系，公司的组织结构要服从于公司战略，为实现公司战略服务
	保证人员和制度的有效管理	人力资源和科学的管理体制关系到战略实施的成败
	正确处理和协调公司内部关系	公司内部各种团体有其各自的利益要求和目标，而许多要求是互相冲突的，这些冲突可能会导致各种争斗和结盟。因此，在战略实施过程中，公司内部各部门和各层次如何分配使用现有的资源显得格外重要

续表

回答的问题	解决的主要问题	阐释
如何将战略转化为实践	选择适当的组织协调和控制系统	战略实施离不开公司内部各单位的集体行动和协调，公司必须确定采用什么标准来评价各下属单位的效益，并控制它们的行动
	协调好公司战略、结构、文化和控制诸方面的关系	如何处理出现的利益再分配与公司文化的适应问题，如何通过对公司文化的管理来保证公司战略的成功实施是非常重要的

经典题解

【例题5·单选题】 成立于1991年的甲电器股份有限公司是目前全球最大的集研发、生产、销售、服务于一体的国有控股专业化空调企业。2021年年初，该公司在制定未来五年发展规划时，要求各部门积极提交战略方案，企业最高管理层在各部门提交战略方案的基础上，加以协调和平衡，对各部门的战略方案进行必要的修改后加以确认。根据上述信息可以判断，该公司战略形成的方法是（　　）。

A. 自上而下的方法

B. 自下而上的方法

C. 上下结合的方法

D. 上下分离的方法

【解析】 根据不同层次管理人员介入战略分析和战略选择工作的程度，可以将战略形成的方法分为三种形式：自上而下的方法、自下而上的方法和上下结合的方法。其中，自下而上的方法是指在制定战略时，企业最高管理层对下属部门不作具体规定，而要求各部门提交战略方案。企业最高管理层在各部门提交的战略方案基础上，加以协调和平衡，对各部门的战略方案进行必要的修改后加以确认。

【答案】 B

【例题6·单选题】 甲公司是国内一家大型品牌折扣连锁卖场。经过13年的发展，甲公司在北京已经拥有8家实体门店。近两年，随着更多消费者的“屏幕转移”，开始利用碎片化时间在手机等移动设备上进行购物，甲公司也抓住这一消费行为变化的契机，启动了对全渠道零售的战略布局。为此甲公司集中各部门的经营骨干组成项目小组对该方案进行评估。项目小组在评估时主要关注了该方案的收益、风险，以及企业目前和未来可能需要的资源。根据上述信息可以判断，甲公司进行战略方案评估时主要依据的标准是（　　）。

A. 可行性标准

B. 盈利性标准

C. 适宜性标准

D. 可接受性标准

【解析】 评估战略备选方案通常使用三个标准：①**适宜性标准**，考虑选择的战略是否发挥了公司的优势，克服了劣势；是否利用了机会，将威胁削弱到最低程度；是否有助于公司实现目标；②**可接受性标准**，考虑选择的战略能否被公司利益相关者接受；③**可行性标准**，对战略的评估最终要落实到战略收益、风险和可行性分析的财务指标上。因此，甲公司进行战略备选方案评估时主要依据的标准是可行性标准，选项A正确。

【答案】 A

能量小贴士	千里之行始于足下，既然开始了就别轻易停下，既然选择了这条路，就要学会调控自己的情绪，以美好姿态迎接挑战

04 战略创新管理（★★）

复习建议	考试题型	考察套路	关键词
理解+关键词记忆	客观题型、主观题型	根据案例信息，判断战略创新的类型以及成功的战略创新赖以实现的关键情境	（1）产品创新：产品和服务的变化 （2）流程创新：产品和服务的生产和交付方式的变化 （3）定位创新：产品和服务的重新定位 （4）范式创新：思维模式的变化

（一）创新的重要性

（1）创新是企业适应不断变化的外部环境、确保自身生存发展至关重要的能力。

（2）创新是企业获得持续竞争优势最主要的来源。

（3）持续不断的创新是维持企业竞争优势的根本保障。

（二）战略创新的类型

类型	含义	举例
产品创新	组织提供的产品和服务的变化。创造某种新产品或对某一新产品或老产品的功能进行改进和创新	荷兰的菲利浦公司，打破旧的电熨斗设计，首先在市场上推出了无绳电熨斗，使操作更简单、更安全
流程创新	产品和服务的生产和交付方式的变化。广义的流程创新，包括操作程序、方式方法和规则体系的创新，其本质是改变业务过程。流程创新的基本方法无非是对现有的流程进行清理、简化、整合和自动化处理，当然在恰当的时候还需要增加一些流程来实现对整个业务的优化	好莱坞的一个电影从立项到发行，流程不断完善，每个过程都有专业人员进行商业化运作。在电影立项之前，时装、汽车、手表等品牌商通过与电影的合作，传播、销售到世界各地；如果电影发行之后大获成功，随之而来的就是电影周边的有限版权、玩具版权的开发，这都是电影所带来的衍生收入，好莱坞通过内置广告和品牌将文化变成商品，使得电影持续产生利益
定位创新	产品和服务进入市场的环境的变化。以前企业通过定位打造品牌更多是考虑竞争，一开始呈现出来的就是差异化的业务或运营。而现在企业定位的作用更多是考虑如何让产品和服务更好地适应企业的市场环境	好想你旗下的枣博士之前的目标客户是企事业单位的团购，后来其对该产品进行重新定位，专注于为 25 岁至 45 岁的白领女性提供日常休闲食品

续表

类型	含义	举例
范式创新	影响组织业务的潜在思维模式的变化。革除旧有的既定看法和思维模式，以新的视角、新的方法和新的思维模式，形成新的结论或思想观点，进而用于指导新的实践的过程	特斯拉的成功被业界归为是互联网思维的成功，而马斯克的开放专利之举，也正是体现了互联网“自由、平等、开放、分享”的精神。特斯拉开放所有专利的目的就在于让更多的人或企业，在一个较低的门槛上，就可以站在巨人的肩膀上，投入到世界电动汽车发展和普及的浪潮当中。从开放专利表面上看，是让竞争对手占了便宜，然而此举却无形中提高了特斯拉技术的普适性，使得它在未来标准制定中抢占了有利的地位

【提示】上述四种创新类型经常交织在一起，其界限并不十分清晰。

（三）探索战略创新的不同方面

企业在战略创新决策之前，有必要考虑创新各个不同方面的特点。这些特点有可能影响企业关于创新时机和领域的战略决策。

方面	含义
创新的新颖程度——渐进性还是突破性	创新管理的一个关键问题涉及创新的新颖程度。从微小的、逐步的提高到改变了人们的思维方式和使用方式的本质性的变化，就是渐进性创新向突破性创新的演进过程。渐进性创新是一系列持续、稳步前进的变化过程，使企业能够保持平稳、正常运转。渐进性创新往往发生在某些时点，影响企业体系当中的某些部分，强调“做得更好”。而突破性创新是全面性的变化过程，使企业整个体系发生改变，强调“创造性毁灭”
创新的平台和产品家族	要使持续的创新达到理想的效果，途径之一是借助“基础平台”或“产品家族”这一概念。这种方法的基本思路是，依托一个稳健的基础平台或可以扩展的产品家族，为创新提供一定范围的延展空间，平台或产品家族通过将技术应用于若干市场，能有效地补偿公司在研发上的高额初始投资
创新的层面——在组件层面还是架构层面	认识创新机会的重要视角还有创新的层面。有些创新改变了组件层面，有些创新则改变了整个系统架构。成功的创新要求管理者能够掌握和使用关于组件的知识，也要掌握如何将这些组件组合在一起的架构的知识（组件的融合）
时机——创新生命周期	创新的机会随着时间的推移而改变。在新的行业，围绕着新产品和服务的概念进行创新大有作为。而更为成熟的行业趋向于关注流程创新和定位创新，寻找成本更低、更快捷地销售产品和服务的方法，或者找到并占有新的细分市场

【相关链接1】创新生命周期模型所描述的创新模式的三个不同发展阶段

阶段	含义	特征
流变阶段（酝酿阶段）	这个阶段有很大的不确定性。没有人知道技术手段和市场需要的“正确”配置是怎样的，因此许多市场参与者（包括大量新创企业）都在进行大量的实验（伴随着许多失败）和快速学习	新旧技术的共存和两者的快速提高。在这一阶段常常可以观察到“帆船效应”，即成熟的技术加快自己的改进速度，以此作为对新的竞争技术的回应
过渡阶段	出现主导设计并且侧重点转向模仿和开发的阶段被称为“过渡阶段”。实验成果开始融汇形成“主导设计”，开始确定游戏的规则。在形成新的配置时会聚焦于最受欢迎的方案。“浪潮”开始滚滚向前，创新选项越来越多地集中于一组核心的可能性。创新的兴趣及其带来的资源也越来越多地聚焦在主导设计的可能性上。此时，关键特征日益稳定，实验也转向排除缺陷和完善主导设计	这一阶段创新的主要活动从根本概念的开发转向关注产品差异化，以及更稳定、更廉价、更高质量和更多样的功能等
成熟阶段	随着创新概念的进一步成熟，渐进性创新变得更加重要，重点也转向价格等因素。这意味着围绕这些产品而成长起来的行业日益将注意力转向合理化、规模经济和流程创新，以此来降低成本，提高生产率。产品创新更多的是通过定制化来满足特定客户的特殊需求	创新的空间变得越来越小，在科研人员的构想中，外部新的创新的可能性正在出现。最终会出现新的技术，并有可能对现有的规则形成挑战

【相关链接2】创新生命周期各阶段的主要元素

创新特征	流变阶段	过渡阶段	成熟阶段
竞争重点	功能性的产品性能	产品差异化	降低成本
创新的驱动因素	关于客户需求的信息，技术投入	通过扩展内部的技术能力来创造机会	降低成本、提高质量等方面的压力
创新的主要类型	产品的经常性的主要变化	随着生产规模扩大，要求出现重大流程创新	渐进性的产品和流程创新
产品线	多样性，通常包括定制的设计	包括至少一种稳定或主导设计	大多数是无差异的标准产品
生产流程	灵活但低效，目标带有实验性，而且经常变化	变得越来越严格和明确	高效，通常形成资本集约化并且相对严格

（四）战略创新的情境

成功的战略创新赖以实现的关键情境：

1. 建立创新型组织

所谓创新型组织，是指创新能力和创新意识较强，能够源源不断进行一系列创新活动的组织。

创新型组织的组成要素

组成要素	关键特征
共同使命、领导力和创新的意愿	明确阐述共同的使命感；延伸战略目标——“高管层的承诺”
合适的组织结构	组织设计使得创造力、学习和互动成为可能；关键问题是在“有机的”和“机械的”模式之间找到恰当的平衡
关键个体	发明者、组织发起者、技术把关人员和其他角色赋予创新活力或促进创新
全员参与创新	组织的全体成员都是创新活动的积极响应者和参与者
有效的团队合作	适当地使用团队（在本部门、跨职能和组织间）来解决问题，需要在团队选择和建设上给予投入
创造性的氛围	培育创新文化；营造激励创新的环境氛围
跨越边界	内部和外部的顾客导向；广泛的网络

2. 制定创新的战略

（五）创新管理的主要过程

从创新的视角来看，一个创新模型是将创意变成现实并从中获取价值的过程。创新管理一般经历“搜索—选择—实施—获取”四个阶段。

1. 搜索阶段——如何找到创新的机会

主要涉及搜索环境中有关潜在变革的信号。

2. 选择阶段——要做什么以及为什么

主要涉及对不同的机会和市场做出选择。

3. 实施阶段——如何实现创新

主要涉及将潜在的想法变成现实，逐渐汇集各种知识并产生创新的过程。

4. 获取阶段——如何获得利益

主要涉及从创新中获取一些价值。

经典题解

【例题 7 · 单选题】珈蓝公司是一家汽车制造企业，其不断对汽车零部件采购、汽车研发、汽车组装以及产成品运输等价值链环节进行优化，在提升企业生产效率的同时，降低了汽车制造成本以及销售成本。珈蓝公司涉及的战略创新的类型是（　　）。

A. 产品创新

B. 流程创新

C. 定位创新

D. 范式创新

【解析】流程创新是指产品和服务的生产和交付方式的变化。珈蓝公司对其内部采购、研发、组装及运输等环节不断优化，属于流程创新，选项 B 正确。

【答案】B

【例题 8 · 单选题】M 公司是一家综合性天然能源类公司，其率先意识到水电等公共事业方面具有市场交易潜力，因此在取消管制的大背景下，M 公司的网络分布系统建立了全球范围的联系。M 公司采取的战略创新类型是( )。

A. 范式创新

B. 产品创新

C. 流程创新

D. 定位创新

【解析】范式创新是指影响组织业务的潜在的思维模式的变化。M公司“率先意识到水电等公共事业方面具有市场交易潜力……网络分布系统建立了全球范围的联系”属于范式创新，选项A正确。

【答案】A

能量小贴士	如今，许多人经常会有思考停摆的习惯，一想到思考太麻烦，就想也不想，或一味地依赖别人去想，主动让自己的头脑处于关机状态。结果这些习惯导致放弃思考、依赖别人思考、思考扭曲或偏颇，往往使得自己的学习效果不佳

本章疑难问题解答

【问题】公司目的与公司目标的区分。

【解答】(1) 二者定义不同：目的比较抽象，是某种行为活动的终极性的追求（营利/非营利）；目标则比较具体，是某种行为活动的阶段性的追求（可测度的阶段性目标）。

(2) 二者范围不同：目标是在特定的时间内所追求的最终成果；目的则可理解为梦想与期望。目标要围绕目的进行。

历年经典试题回顾

单项选择题

1. 天鸣公司是全球领先的通信基础设施和智能终端提供商，该公司在网站上显著位置有如下说明：致力于把数字科技带入每个人、每个家庭、每个组织，构建万物互联的智能世界。天鸣公司的上述说明体现了该公司的( )。(2020年)

   A. 目的

   B. 宗旨

   C. 经营哲学

   D. 目标

2. 睿祥公司创业初期主营手机业务，后来成长为一家涵盖众多消费电子产品和软硬件的互联网企业。本案例体现了睿祥公司( )。(2019年)

   A. 宗旨的变化

   B. 经营哲学的变化

   C. 战略层次的变化

   D. 公司目的的变化

历年经典试题回顾参考答案及解析

“扫码看解析”

使用“微信”或“会计云课堂”App扫码，即可线上对答案、看解析，错题随手收藏，及时巩固复习。

单项选择题

1. 【答案】B

解析：公司宗旨旨在阐述公司长期的战略意向，其主要说明公司目前和未来所从事的经营业务范围。“致力于把数字科技带入每个人、每个家庭、每个组织，构建万物互联的智能世界”阐述了该公司长期的战略意向，即该公司目前和未来所从事的经营业务范围，选项B正确。

2. 【答案】A

解析：“睿祥公司创业初期主营手机业务，后来成长为一家涵盖众多消费电子产品和软硬件的互联网企业”体现的是经营业务范围的调整，即公司宗旨的变化，选项A正确。

扫一扫　“码”上做题、看解析

本书同步强化练习题均配备二维码，使用“会计云课堂”App扫码，即可线上做题、看解析。

【“会计云课堂”App下载二维码见封底页】

同步强化练习题

一、单项选择题

1. 甲公司评估战略备选方案时，主要考虑选择的战略是否发挥了企业优势，克服了劣势；是否利用了机会，将威胁削弱到最低程度；是否有助于企业实现目标。甲公司评估战略备选方案使用的标准是(　　)。(★★)*

A. 外部性标准

B. 适宜性标准

C. 可行性标准

D. 可接受性标准

2. 中国平安保险公司倡导“以优秀的传统文化为基础，做一个品德高尚、有价值的人”的价值观。从公司的使命角度来看，这属于(　　)。(★★)

A. 公司宗旨　　B. 公司目的

C. 公司的目标　　D. 经营哲学

3. 2018年，贝因美公司为了压倒竞争对手，决定对产品价格进行调整，在渠道上采用了去高价库存的方式，力图获取足够的市场竞争优势。结合上述信息可以判断，该内容属于(　　)。(★★)

* 本书中的题目通过标注不同星级体现不同难度。当本章三星级题目错误率超过70%、二星级题目错误率超过50%或一星级题目错误率超过25%，建议您有针对性地巩固“本章重难点精讲”中的相关知识点。

A. 公司宗旨　　B. 公司目的
C. 公司的目标　　D. 经营哲学

4. 下列各项中，属于多元化公司总体战略的核心要素是（　　）。（★★）
A. 明确企业的竞争战略
B. 选择企业可以竞争的经营领域
C. 协调每个职能中各种活动之间的关系
D. 协调不同职能与业务流程之间的关系

二、多项选择题

1. 下列关于公司建立战略目标体系目的的表述中，正确的有（　　）。（★★）
A. 获得投资回报率
B. 提高股利增长率
C. 提高公司在客户中的声誉
D. 获得持久的竞争力

2. 浪花公司是一家制药企业，主营儿童营养液。由于近年来人口出生率下降，企业的收益受到影响。浪花公司发现市场中营养饮料十分火爆，基于企业目前的状况，浪花公司决定进行转型，进入营养饮料行业，并将营养饮料与原有的儿童营养液相结合，推出新型饮品。除此之外，浪花公司引入数字化技术管理模块，不但提升了企业生产运营效率，还引领了制药行业的风向标。浪花公司涉及的战略创新的类型有（　　）。（★★）
A. 产品创新　　B. 流程创新
C. 定位创新　　D. 范式创新

3. 甲公司是一家手机制造企业，经过多年的发展，其不断地进行产品和流程等方面的创新，逐渐形成了以甲公司为核心，以众多中小企业为支撑的科技产业生态圈，包括耳机、电源、蓝牙音箱、智能手表、空气净化器等多个不同的科技产业。每个企业都为甲公司提供各自领域的优质资源以增强甲公司的产品竞争力，而甲公司则为各个企业带来强大的资金以及平台支撑，以解决各个企业的资金问题和信息匮乏问题。依据战略创新的不同方面的特点，下列关于甲公司的说法正确的有（　　）。（★★）
A. 甲公司科技生态圈的形成属于突破性的创新方式
B. 甲公司科技生态圈的形成属于渐进性的创新方式
C. 甲公司科技生态圈仅体现了架构层面的创新
D. 甲公司科技生态圈体现了组件层面以及架构层面的创新

同步强化练习题参考答案及析

“扫码看解析”

使用“微信”或“会计云课堂”App扫码，即可线上对答案、看解析，错题随手收藏，及时巩固复习。

一、单项选择题

1. 【答案】B
解析：评估战略备选方案中的适宜性标准，主要考虑选择的战略是否发挥了企业的优势，克服了劣势；是否利用了机会，将威胁削弱到最低程度；是否有助于企业实现目标。因此，选项B正确。

2. 【答案】D
解析：经营哲学是公司为其经营活动方式所确立的价值观、基本信念和行为准则，是企业文化的高度概括，选项D正确。

3. 【答案】C

解析：战略目标体系的建立目的在于为公司赢得下列结果：获取足够的市场竞争优势，在产品质量、客户服务或产品革新等方面压倒竞争对手，使整体成本低于竞争对手的成本，提高公司在客户中的声誉，在国际市场上建立更强大的立足点，建立技术上的领导地位，获得持久的竞争力，抓住诱人的成长机会等。贝因美“力图获取足够的市场竞争优势”属于战略目标体系，是公司的目标，选项C正确。

4. 【答案】B

解析：总体战略是根据企业的日标，选择企业可以竞争的经营领域，合理配置企业经营所必需的资源，使各项经营业务相互支持、相互协调，选项B正确。选项A属于竞争战略的核心要素，选项C、D属于职能战略的核心要素。

二、 多项选择题

1. 【答案】CD

解析：战略目标体系的建立目的在于为公司赢得下列结果：获取足够的市场竞争优势，在产品质量、客户服务或产品革新等方面压倒竞争对手，使整体成本低于竞争对手的成本，提高公司在客户中的声誉，在国际市场上建立更强大的立足点，建立技术上的领导地位，获得持久的竞争力，抓住诱人的成长机会等。选项A、B属于财务目标体系的建立目的。

2. 【答案】ABCD

解析：“并将营养饮料与原有的儿童营养液相结合，推出新型饮品”属于产品创新；“浪花公司引入数字化技术管理模块，不但提升了企业生产运营效率”属于流程创新；“基于企业目前的状况，浪花公司决定进行转型，进入营养饮料行业”属于定位创新；“引入数字化技术管理模块，不但提升了企业生产运营效率，还引领了制药行业的风向标”属于范式创新。因此，选项A、B、C、D均正确。

3. 【答案】BD

解析：“经过多年的发展，其不断地进行产品和流程等方面的创新，逐渐形成了以甲公司为核心，以众多中小企业为支撑的科技产业生态圈”说明甲公司采取了渐进性的创新方式，选项A错误，选项B正确。“每个企业都为甲公司提供各自领域的优质资源以增强甲公司的产品竞争力”属于组件层面的创新；“甲公司则为各个企业带来强大的资金以及平台支撑，以解决各个企业的资金问题和信息匮乏问题”属于架构层面的创新，选项C错误，选项D正确。

第二章　战略分析

本章考情分析

本章属于重点章，详细介绍了战略分析的企业外部环境分析（包括宏观环境分析、产业环境分析、竞争环境分析和国家竞争优势分析）、企业内部环境分析（包括资源分析、能力分析、核心能力分析、波特的价值链分析以及多元化经营公司的业务组合分析）、企业内外部环境分析（SWOT 分析）。

本章重点掌握的内容：①宏观环境分析中政治和法律因素、经济因素、社会和文化因素、技术因素的具体内容；②产品生命周期分析；③波特的产业五种竞争力分析；④成功关键因素分析；⑤竞争环境分析（竞争对手分析和产业内的战略群组分析）；⑥国家竞争优势（钻石模型）分析；⑦企业资源与能力分析；⑧波特的价值链分析（五种基本活动、四种支持活动和企业资源能力的价值链分析）；⑨业务组合分析（波士顿矩阵与通用矩阵）；⑩SWOT 分析。

本章介绍的主要内容是企业的内外部环境分析以及主要的战略分析方法和工具，在学习本章内容时，力求整体把握，做到全面复习、综合掌握。

本章考试题型为客观题、简答题和综合题，近 3 年平均分值为 20 分左右。2021 年需要重点关注以下内容可能会考主观题：宏观环境分析（PEST 分析）、产品生命周期分析、波特的产业五种竞争力分析、产业内的战略群组分析、国家竞争优势（钻石模型）分析、企业资源与能力和核心能力分析、价值链分析、波士顿矩阵和 SWOT 分析。

本章复习的关键是理解相关内容，形成清晰脉络，并能做到灵活运用。

2021 年教材主要变化

2021 年教材本章内容与 2020 年教材相比，主要变化：①第一节 宏观环境分析中的“经济环境”调整了部分表述；②新增了部分案例。

本章考点框架

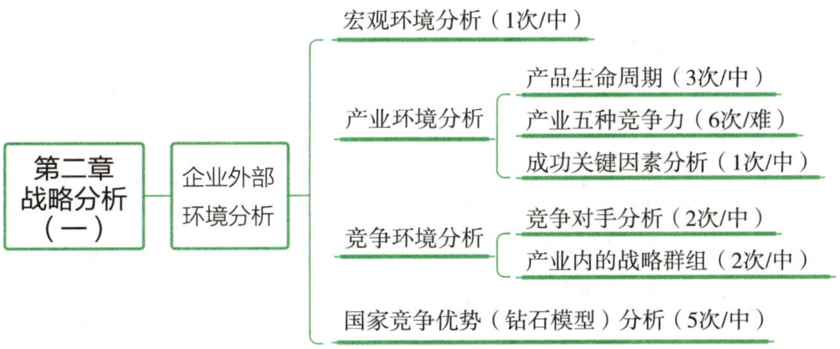

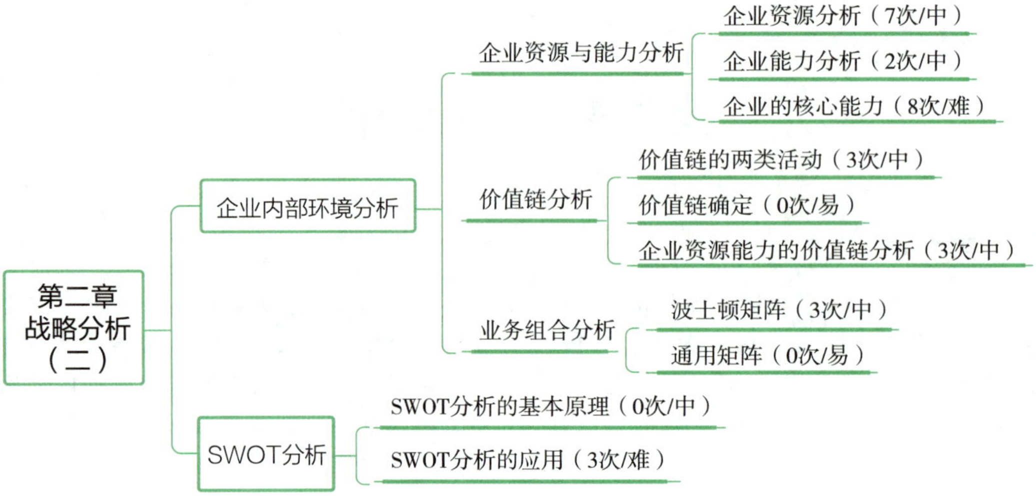

注：图中难代表难度高的知识点，中代表难度中等的知识点，易代表难度低的知识点；X次为考频指数，以近3年考题为统计依据。

本章重难点精讲

第一节　企业外部环境分析

本节视频详解
使用"会计云课堂" App/微信扫码听课

企业外部环境分析是指公司对制订战略时面临的外部环境进行分析，从而寻求机会，规避威胁。这是制订公司战略的基础和前提。外部环境可以从宏观环境、产业环境、竞争环境和国家竞争优势几个层面展开。

01　宏观环境分析（★★）❶

复习建议	考试题型	考察套路	关键词
围绕关键词理解、记忆PEST分析4方面内容的具体表现	客观题型、主观题型	将关键词融入案例，分析判断出该案例中涉及的PEST分析因素	（1）政治和法律环境："政府""政策""法律法规" （2）经济环境："经济" （3）社会和文化环境："人""生活方式""消费心理""文化传统""价值观" （4）技术环境："技术"

PEST分析，即宏观环境分析，是指影响所有产业和企业的宏观因素分析。其中，P是政治（politics），E是经济（economy），S是社会（society），T是技术（technology）。

❶ 为方便您在学习中可以快速了解知识点的重要程度，本书中将知识点进行分类。★★★代表重要知识点，★★代表次重要知识点，★代表非重要知识点。

宏观环境因素	含义	阐释
政治和法律因素（Political and law factors）	是指一个国家或地区的政治制度、体制、方针政策、法律法规等方面。这些因素常常影响着企业的经营行为，尤其是对企业长期的投资行为有着较大影响	政治因素包含以下方面：①政局稳定状况；②政府行为对企业的影响；③政府对组织发展及其作用所持的具体态度和推行的基本政策（例如，产业政策、税收政策、进出口限制、价格管制、外汇管制等）以及这些政策的连续性和稳定性；④各政治利益集团对企业经营活动产生的影响 法律因素主要包括政府制定的法律、法规等
经济因素（Economical factors）	是指企业在制定战略过程中须考虑的国内外经济条件、宏观经济政策、经济发展水平等多种因素	经济因素包含以下方面：①社会经济结构（产业结构、分配结构、交换结构、消费结构和技术结构等）；②经济发展水平与状况（国家经济发展的规模、速度和所达到的水平；其他经济影响因素包括税收水平、通货膨胀率、贸易差额和汇率、失业率、利率、信贷投放以及政府补助等）；③经济体制；④宏观经济政策（综合性的全国发展战略和产业政策、国民收入分配政策、价格政策、物资流通政策等）；⑤其他经济条件（如工资水平、供应商及竞争对手的价格变化等经济因素，可能会影响行业内竞争的激烈程度，也可能会延长产品生命周期、鼓励企业用自动化取代人工、促进外商投资或引入本土投资、使强劲的市场变弱或使安全的市场变得具有风险等）
社会和文化因素（Social and cultural factors）	是指企业所在社会中成员的民族特征、文化传统、价值观念、宗教信仰、教育水平以及风俗习惯等因素	社会和文化因素包含以下方面：①人口因素；②社会流动性；③消费心理；④生活方式变化；⑤文化传统；⑥价值观
技术因素（Technological factors）	是指企业业务所涉及国家和地区的技术水平、技术政策、新产品开发能力以及技术发展的动态等	技术因素主要包括国家科技体制、科技政策、科技水平和科技发展趋势等

致为梦想奋斗的您：

本章是战略学习的重点章，对本章所涉及的战略分析方法和工具要做到“如数家珍”。千万不要被“PEST 模型”“钻石模型”和“SWOT 分析”等高冷的外表吓退，深入了解后就会发现，它们其实是助您前行的“小精灵”。为了让您注会之路的每一步走得踏实且充实，我们贴心地在“本章重难点精讲”中设置了二维码，扫我们的听课二维码，就可以免费观看名师知识点详细讲解，名师带您一起解开“小精灵”的奥秘。

友情提示：前两章考点视频，扫码免费享有。

使用步骤：

1. 下载安装最新版本的“会计云课堂”App
2. 登录东奥个人账号
3. 点击首页右上角的“扫一扫”即可听课

扫我下载“会计云课堂”App

【相关链接1】2013年11月，浙江省温州市鹿城区环保局和鹿城区城管与执法局联合发文，要求该区各餐饮企业在年底前安装“电子警察”——油烟在线智能监控设施。而这套价值八千多元的设备需企业自行买单。更让餐饮企业无奈的是，年底前不安装该套监控设施，来年餐饮企业《排污许可证》年检将不予通过。这引发了鹿城区餐饮企业的集体质疑，认为政府此举是加重企业负担的懒政行为。上述案例体现了政治和法律因素对企业的影响。

【相关链接2】互联网行业PEST分析举例

P	E	S	T
(1)国家出台哪些相关政策？是制约还是促进？ (2)相关法律有哪些？有何影响？	(1)GDP增长率、进出口额及其增长率 (2)消费价格指数、失业率、居民可支配收入	网民人数、性别比例、年龄结构、地域分布、生活方式、消费习惯、受教育程度、宗教信仰等	(1)技术发明、传播或更新的速度、商业化程度和发展趋势 (2)国家投入的研发费用、专利个数等

【易错易混点】政治和法律因素与经济因素的区分

政府出台政策，规定在一些城市实行房地产限购限贷，属于政治和法律因素；政府对房地产业的发展及其作用所持的具体态度是“房子是用来住的，而不是用来炒的”，不应将房地产作为短期刺激经济的手段，也属于政治和法律因素；提高房贷利率，属于通过利率这个经济杠杆对房地产行业进行宏观调控的手段，就属于经济因素。

经典题解

【例题1·单选题】商界有句名言“女人和孩子的钱好赚”。从战略分析角度来看，该说法主要分析的因素是(　　)。

A. 人口因素

B. 价值观

C. 生活方式变化

D. 消费心理

【解析】本题考查PEST分析中社会和文化因素中的消费心理。消费心理指消费者进行消费活动时，所表现出的心理特征与心理活动的过程，大致有四种：从众、求异、攀比和求实。消费者的心理特征包括消费者兴趣、消费习惯、性格、气质等方面的特征。“女人和孩子的钱好赚”主要分析的因素是消费心理，选项D正确。

【名师点题】解答本题的关键是掌握消费心理的内涵及其与价值观的区别。价值观是人们对客观世界及行为结果的评价和看法，反映了人们的人生观和世界观，内涵较为丰富。而消费心理是专门针对消费者的性格、气质、特点等方面的特征而言的。

【答案】D

【例题2·单选题】柯达公司是世界上最大的影像产品及相关服务的生产商和供应商。柯达公司在影像拍摄、分享、输出和显示领域一直处于世界领先地位，100多年来帮助无数的人们留住美好回忆、交流重要信息以及享受娱乐时光。柯达公司长期依赖相对落后的传统胶片部门，而对于数字科技给予传统胶片部门的冲击反应迟钝，直接导致该公司后来经营陷入困境。导致柯达公司经营陷入窘境的主要外部环境因素属于(　　)。

A. 技术环境

B. 政治和法律环境

C. 经济环境

D. 社会和文化环境

【解析】技术进步带来对现有产品的淘汰，属于技术变化带来的影响，选项A正确。

【答案】A

【例题3·单选题】在10多年前，因被报道在全球分店使用含有牛肉调味剂的油脂制作法式炸薯条，麦当劳几乎被迫撤离印度市场。众所周知，麦当劳是以汉堡作为其主打产品的，然而汉堡的主要原料牛肉却成为麦当劳在印度惹争议的一个根源。在印度，信奉印度教的人占到印度总人口的80%，他们将牛奉为神物，宰杀或食用牛肉是对印度教和教徒最大的亵渎。麦当劳宣布于2013年在印度开全素麦当劳餐厅，这表明麦当劳不愿放弃印度市场，为吸引消费者不断做出改进。以上信息表明麦当劳在进行战略规划时考虑了(　　)。

A. 政治和法律因素

B. 经济因素

C. 社会和文化因素

D. 技术因素

【解析】“在印度，信奉印度教的人占到印度总人口的80%，他们将牛奉为神物，宰杀或食用牛肉是对印度教和教徒最大的亵渎”属于社会和文化因素，选项C正确。

【答案】C

【例题4·多选题】甲公司为国内上市的电信公司。甲公司正在研究收购某发展中国家的乙移动通信公司。下列各项因素中，属于甲公司在PEST分析中应当考虑的有(　　)。

A. 甲公司具有较强的财务实力收购乙公司

B. 乙移动通信公司所在国政府历来对企业实施高税收政策

C. 甲公司在国内提供电信服务积累的经验与技术有助于管理乙移动通信公司的业务

D. 乙移动通信公司所在国的电信技术近年来发展迅速

【解析】选项B属于宏观环境分析中的政治和法律因素；选项D属于宏观环境分析中的技术因素；选项A、C属于企业内部资源和能力。因此，选项B、D正确。

【答案】BD

【例题5·多选题】甲服装制造企业计划通过设立合资企业的形式进入乙国。下列选项中，属于甲企业对乙国经济环境进行分析时需要考虑的有(　　)。

A. 乙国技术创新速度较快

B. 乙国近年经济呈稳步增长态势

C. 甲公司在服装制造产业拥有多项国际专利

D. 乙国通货膨胀较为严重

【解析】选项A为技术因素，选项B为经济因素中的经济发展水平与状况，选项C为甲公司内部的资源与能力分析，选项D为经济因素中的通货膨胀率。因此，选项B、D正确。

【答案】BD

02 产业环境分析

（一）产品生命周期（★★）

复习建议	考试题型	考察套路	关键词
围绕关键词理解、记忆，重点掌握产品生命周期各阶段的典型特征	客观题型、主观题型	（1）给出某个阶段的典型特征，判断该产业处于何种阶段 （2）给出某个阶段，判断这个阶段具有哪些典型特征	参见下表四阶段的七方面特征

产品生命周期是指一个产业从初生到衰亡，具有阶段性和共同规律性的厂商行为（特别是进入和退出行为）的改变过程。产业生命周期理论是从产品生命周期理论、企业生命周期理论逐步演化而来的，是生命周期理论在产业经济学中的运用和发展。以产业销售额增长率曲线的拐点来划分，产品生命周期分为导入阶段、成长阶段、成熟阶段和衰退阶段四个阶段。

比较项目	导入期	成长期	成熟期	衰退期
用户购买行为	因为大众对其尚缺乏了解，所以用户很少，只有高收入用户会尝试新的产品	产品销量节节攀升，产品的客户群已经扩大。消费者会接受参差不齐的质量，并对质量的要求不高	新的客户减少，主要靠老客户的重复购买支撑	客户挑剔，追求性价比
产品质量和技术	产品虽然设计新颖，但质量差，尤其是可靠性，技术上有很大的不确定性	产品在技术和性能方面有较大差异，技术渐趋定型	产品逐步标准化，差异不明显，技术和质量改进缓慢，技术上已经成熟	技术被模仿后出现的替代品充斥市场。为降低成本，产品质量可能出现问题
供求状况	需求增长较慢	需求高速增长，供不应求	销量到顶导致难以扩张，市场需求基本饱和，局部生产能力过剩	市场需求减小，产能严重过剩
价格	高价格	最高价格	竞争者之间打价格战，价格开始下降	价格进一步降低，部分企业出局，价格有望提升
战略目标	扩大市场份额，争取成为“领头羊”	争取最大市场份额	在巩固市场份额的同时提高投资报酬率	首先是防御，获取最后的现金流
战略路径	投资于研究开发和技术改进，提高产品质量	市场营销，此时是改变价格形象和质量形象的好时机	提高效率，降低成本	控制成本，以求能维持正的现金流量
经营风险	经营风险非常高	经营风险有所下降，但仍然维持在较高水平	经营风险进一步降低，达到中等水平	经营风险最低

产品生命周期理论在运用上有一定的局限性：

（1）产品生命周期曲线是一条经过抽象化的典型曲线，各产业按照实际销售额绘制出来的曲线远不是这样光滑的，有时要确定一个产业究竟处于哪一阶段是较为困难的，识别不当，容易导致战略上的决策失误。

（2）产业的增长并不总是呈“S”形。有的产业跳过成熟阶段，直接从成长阶段走向衰退阶段；有的产业在经历一段时间衰退之后又重新上升；还有的产业似乎完全跳过了导入阶段这个缓慢的起始阶段。

（3）产业内的公司可以通过改变产品的形式和定位，来影响产业销售额增长率曲线的形状。

（4）与生命周期每一阶段相联系的竞争属性随着产业的不同而不同。有些产业的演变是由集中到分散，有些产业则是由分散到集中，因此无法只用一个战略模式与之对应。

经典题解

【真题6·单选题】 近年来，国产品牌智能手机企业强势崛起，出货量迅猛增长，与国际品牌智能手机在市场上平分秋色。中低端智能手机市场基本被国产智能手机占领，新进入者难以获得市场地位。同时，由于运营商渠道调整，电商等渠道比重加大，产品“同质化”现象加剧，“价格战”日趋激烈。根据上述情况，国内智能手机产业目前所处的生命周期阶段是（　　）。（2018年）

A. 成长期　　B. 导入期

C. 衰退期　　D. 成熟期

【解析】“中低端智能手机市场基本被国产智能手机占领，新进入者难以获得市场地位”“产品‘同质化’现象加剧，‘价格战’日趋激烈”均体现的是产品生命周期中成熟期的特点，选项D正确。

【答案】 D

【例题7·单选题】 甲公司聘请咨询公司对公司所在产业进行研究。咨询公司给出如下结论：产品的客户群已经扩大，消费者对质量的要求不高，各厂家的产品在技术和性能方面有较大差异，此时是改变价格形象和质量形象的好时机。根据以上信息可以判断，该产业处于生命周期的（　　）。

A. 导入期　　B. 成长期

C. 成熟期　　D. 衰退期

【解析】“产品的客户群已经扩大，消费者对质量的要求不高，各厂家的产品在技术和性能方面有较大差异，此时是改变价格形象和质量形象的好时机”属于成长期的特征，选项B正确。

【答案】 B

【例题8·多选题】 乙公司是一家集团企业，业务涉及金融、出版、饮用水、水泥生产等。公司管理层针对饮用水业务进行分析时，发现该产业新的客户减少，主要靠老客户的重复购买支撑。对此，乙公司应重点关注的有（　　）。

A. 提高效率

B. 降低成本

C. 市场营销

D. 生产能力

【解析】 根据“该产业新的客户减少，主要靠老客户的重复购买支撑”可以判断饮用水产业处于成熟期。在成熟期，主要的战略路径是提高效率，降低成本。

【答案】 AB

能量小贴士	立志要如山，行道要如水。不如山，不能坚定；不如水，不能曲达。志当存高远，向着目标前行你才能坚定地走下去。行应至始终，迈着你的步伐走自己想走的道路。告诉你，世界不会围绕着你转，但你的世界会因自己而精彩

（二）产业五种竞争力（★★★）

复习建议	考试题型	考察套路	关键词
重在理解，重点掌握关于产业五种竞争力的辨析	客观题型、主观题型	根据案例信息，分析判断目标企业面临五力中的哪几种力，或该力的影响因素	（1）潜在进入者："进入" （2）替代品："替代" （3）产业内现有企业的竞争："差异小""发展慢""企业多" （4）购买者："消费者""向上游延伸""标准化" （5）供应者："原材料""用工成本""向下游延伸""差异化"

1. 五种竞争力分析

波特认为，决定公司获利能力的首要因素是"产业吸引力"，而产业吸引力是由产业的市场结构决定的。公司在拟定竞争战略时，必须要深入了解决定产业吸引力的竞争法则。竞争法则可以用五种竞争力来具体分析，这五种竞争力包括潜在进入者的进入威胁、购买者的议价能力、替代品的替代威胁、供应者的议价能力及产业内现有企业的竞争。

这五种竞争力能够决定产业的获利能力，它们会影响产品的价格、成本与必要的投资，也决定了产业结构。公司如果要想拥有长期的获利能力，就必须先了解其所处的产业结构。

（1）潜在进入者的进入威胁。

潜在进入者的进入威胁是指有可能进入某一产业的企业一旦进入该产业，对该产业内现有企业的竞争地位和利润以及产业的平均利润率所造成的负面影响。潜在进入者进入威胁的严重程度取决于两方面的因素，即进入新产业的障碍大小与预期现有企业对于新进入者的反应情况。它们统称为进入障碍，前者称为"结构性障碍"，后者称为"行为性障碍"。

①结构性障碍。波特指出存在七种主要的结构性障碍：**规模经济、产品差异、资金需求、转换成本、分销渠道、与规模经济无关的其他优势及政府行为与政策**。

【相关链接】对于波特提出的结构性障碍的理解

结构性障碍类型	要点	阐释
产品差异	指消费者的**品牌忠诚度**	现有在位企业经过苦心经营，已经在品牌、知名度、信誉等方面取得了一定的成就，他们通过有效的经营措施在消费者心目中建立了一种区别于其他企业的差别优势，这种优势往往会影响消费者的好恶和取舍，独到的优势还会引起消费者对其产品和服务的信赖、支持以及对其他产品和服务的拒绝或者抵制情绪，这就构成了进入障碍。新进入产业的企业要么采取特有的措施，要么必须支付足够的成本和经过长期的努力来树立自己的信誉和争取自己的消费者

续表

结构性障碍类型	要点	阐释
资金需求	指新入者进入新产业面临的资金压力	新进入者要进入资金或者技术密集型产业，不仅需要基本建设、设备购置，而且需要研究开发、制造、广告宣传、市场开拓等，处处都需要资金支持。如果产业新进入者不能筹集足够的资金，哪怕市场前景再好，贸然进入也不能做出基本的必要铺垫，必然导致失败
转换成本	指企业从一个产业转向另一个产业或者消费者从一个产品转向另一个产品时必须支付的成本	新进入者进入新产业时，如果不能支付或者不能消化设备的置换、新增、添加辅助设备以及产品和工艺的重新设计、原材料供应的调整、员工的再训练、市场的重新调整等所要付出的成本，则其要冒成本过高的进入风险（注：此处的转换成本可以理解为狭义的转换成本，即行业转换成本）
分销渠道	指新进入者开拓销售渠道所要付出的成本	如果产业中正常的、容易开拓的销售渠道或者开发成本低、含金量高的销售渠道已经被在位企业占领，若产业新进入者没有自己的销售渠道，就必须支付更大的开拓成本，给予中间商更大的优惠和支持
与规模经济无关的其他优势	指在位企业在其他方面的优势	产业的在位企业拥有的技术优势、经验优势和对优势资源的占用，使新进入者难以进入
政府行为与政策	指政府对于在位企业的优惠、规定以及对于产业进入的限制	产业的早期进入企业长期享受政府优惠政策和补贴，在经营中已经降低了成本或者风险，后期进入者可能不能享受这些优惠；同时政府出于产业布局、经济发展规划、环境保护和安全等角度考虑，对有些产业的进入会进行限制

如果按照贝恩的分类，上述七种主要障碍又可归纳为三种主要进入障碍：规模经济、现有企业对关键资源的控制以及现有企业的市场优势。

a. 规模经济。规模经济是指在一定时期内，企业生产产品或者劳务的绝对量增加时，其单位产品固定成本相对下降。若一个产业的规模经济显著，就迫使产业新进入者必须加大投入，以较大的生产规模进入，并冒着产业在位者强烈反击的风险；要么就只能以较小的规模进入，长期忍受高成本劣势。

b. 现有企业对关键资源的控制。现有企业对关键资源的控制一般表现为对资金、专利或专有技术、原材料供应、分销渠道、学习曲线等资源及资源使用方法的积累与控制。如果现有在位企业控制了生产经营所必需的某种关键资源，那么它就会受到保护而不被进入者所侵犯。

c. 现有企业的市场优势。现有企业的市场优势主要表现在品牌优势和政府政策上。

②行为性障碍。行为性障碍，也称为战略性障碍，是指产业新进入者可能遇到的现有在位者的反击。行为性障碍主要有两类：

a. 限制进入定价。限制进入定价是指在一个垄断性市场中，哪怕是只有一个企业进行垄断，仍然存在着其他竞争者随时加入进来的威胁，产业在位者在认识到这一点后应当心甘情愿地牺牲一些短期利润，适当地降低价格，使产业对潜在的进入者不具有那么大的吸引力。限制进入价格是一种使产业新进入者失望或阻止它们进入的价格。

b. 进入对方领域。进入对方领域就是现有在位企业对于产业新进入者采取进入对方领域的行动，好比是“围魏救赵”。其目的在于抵消进入者首先采取行动可能带来的优势，避免对方的行动给自己带来的风险。

【相关链接】滴滴打车、美团彼此进入对方领域：2018年3月6日，滴滴外卖首批上线的9个城市为无锡、南京、长沙、福州、济南、宁波、温州、成都和厦门，滴滴外卖通过降低抽佣和增设奖励来获得首批商家和用户。2018年3月21日，美团打车正式登陆上海，同时上线了出租车和快车两种业务。在南京试点一年后，美团打车最终跨出了布局全国市场的第一步。

（2）替代品的替代威胁。

替代品是指那些与本企业产品具有同样功能或类似功能的产品。产业中现有产品与其替代品之间产生相互竞争行为，这种源自于替代品的竞争会以各种形式影响产业中现有企业的竞争战略。替代品价格越低、质量越好，其对产业现有产品所能产生的竞争压力就越强；反之，其所能产生的竞争压力就越弱。

（3）供应商讨价还价的能力。

一般来说，满足如下条件的供应商会具有比较强大的讨价还价能力：

①供应商所在产业被一些具有比较稳固市场地位而不受市场剧烈竞争困扰的企业所控制，其产品的买主很多，以致于每一单个买主都不可能成为供方的重要客户。（由少数供应商主宰市场）

②供应商各企业的产品各具有一定特色，以致于买主难以转换或转换成本太高，再或者很难找到可与供应商企业产品相竞争的替代品。（供应商产品差异化程度大，替代品少）

③供应商能够方便地实行前向一体化，而购买商难以进行后向一体化。（供应商易向前整合）

④如果供应商充分地掌握了购买商的有关信息，了解购买商的转换成本，也会增加其讨价还价的能力。（供应商掌握的信息充足）

（4）购买商讨价还价的能力。

一般来说，满足如下条件的购买商会具有比较强大的讨价还价能力：

①卖方产业由大量相对来说规模较小的企业所组成，其购买商的总数较少，而每个购买商的购买量较大，占了供应商销售量的很大比例。（购买商少，但采购量大）

②购买商所购买的产品基本上是一种标准化产品，同时向多个供应商购买产品在经济上也完全可行。（采购的是标准化的产品，转换成本低）

③购买商有能力实现后向一体化，而供应商难以前向一体化。（购买商易向后整合）

④当购买商充分了解市场需求、实际市场价格甚至供应商的成本等方面信息时，要比在信息贫乏的情况下掌握更多的讨价还价的筹码，保证自己从供应商那里得到最优惠的价格。（购买商掌握的信息充足）

【提示】劳动力也是供应商的一部分，他们可能对许多产业施加压力。经验表明，短缺的、高技能雇员以及紧密团结起来的劳工可以与雇主或劳动力购买者讨价还价而削减相当一部分产业的盈利能力。

（5）同业竞争者的竞争程度。

产业内现有企业的竞争在下列情况下可能是很激烈的：

①产业内有众多的或势均力敌的竞争对手。（产业集中度低）

②产业趋于成熟，市场需求增长缓慢。（产业处于生命周期的成熟期）

③顾客认为所有商品几乎相同，用户转换成本很低。（顾客认为产业提供的产品或服务属于标准化产品或服务，差异化程度低）

④产业中存在过剩的生产能力。（产业供过于求）

⑤产业进入障碍低而退出障碍高。（产

业容易进入，不容易退出，即退出竞争要比继续参与竞争代价更高）

【相关链接1】退出障碍主要受经济、战略、情感以及社会政治关系等方面的影响，具体包括资产的专用性、退出的固定费用、战略上的相互牵制、情绪上的难以接受、政府和社会的各种限制等。

【相关链接2】供应商讨价还价能力中的转换成本是指客户从购买一个供应商的产品转向购买另一个供应商的产品时所增加的成本。不同行业、不同类型的企业针对的客户对象不同，所能采取的增加转换成本的措施也可能不同（此处的转换成本，是指广义的转换成本，也称为顾客转换成本）。比如，甲公司是一家生产卡车的公司，为了增加经销商的转换成本，可以根据卡车销售量的增加提高对经销商的折扣和奖励，从而加强与经销商间的联系，增进私人感情；甲公司针对最终消费者增加转换成本的措施可能包括品牌宣传，促进顾客对其产品的信任，强化顾客对品牌的忠诚度等。零售店增加老顾客转换成本最常用的方式就是会员制，对会员实行优惠或积分奖励。

总结：进入障碍中提到的转换成本指的是行业转换成本；供应商讨价还价能力中提到的转换成本指的是顾客转换成本。

2. 产业中的在位企业对付五种竞争力的战略选择

（1）公司必须进行自我竞争战略定位，通过利用低成本优势或差异化优势把公司自身与产业五种竞争力相隔离，进而超越竞争对手。

（2）在市场有效细分的基础上，聚焦于受五种竞争力影响更少的细分市场作为目标市场，即通过采用集中化战略来获取竞争优势。

（3）公司必须努力去改变这五种竞争力。公司可以通过与供应者或购买者建立长期战略联盟，以减少相互之间的讨价还价；还可以寻求进入阻绝战略（如限制进入定价）来减少潜在进入者的威胁等。

3. 五种竞争力模型的局限性

五种竞争力模型更多的是一种理论思考工具，而非可以实际操作的战略工具。其主要局限性：

（1）该模型假定行业的规模是固定的，因此，只有通过夺取对手的份额来占有更大的资源和市场。但现实中企业之间往往不是通过吃掉对手而是与对手共同做大行业的蛋糕来获取更多的资源和市场。同时，市场可以通过不断地开发和创新来增大容量。

（2）该模型假设战略制定者可以了解整个行业的信息，现实中显然是难以做到的。

（3）该模型假设企业与供应商、客户或分销商及竞争对手之间只有竞争关系，没有合作关系。但现实中企业与供应商、客户或分销商及竞争对手之间存在多种合作关系，不一定完全是你死我活的竞争关系。

【提示】五种竞争力模型基于经济学视角，强调“冲突对抗性”，从而隐含了以“市场竞争为手段、自身利益为中心”的判断与选择。这种带有主观价值的决策偏好预设，必然会使整个企业战略探索的眼光受限，在无形中妨碍了企业对于战略与环境关系的思路拓展与行动选择。事实上，市场力量之间的关系，既可能竞争也可能合作，还可能“做事时合作、分利时竞争”共存。

（4）该模型对产业竞争力的构成要素考虑不够全面。

哈佛商学院教授亚非在波特五种竞争力模型的基础上，提出了第六个要素，即新增了源自于互补品厂商的互动互补作用力，进一步丰富了五种竞争力理论框架。

互补品厂商，也称协力业者，是指与自身企业具有相互支持与互补关系的其他企业。在互补关系中，该公司的产品与另一家公司的产品互相配合使用，可以得到更好的使用效果。互补品厂商之间的利益通常互相一致，也可称之为通路伙伴，彼此间产品相互支持，并拥有共同的利益。

【相关链接】一般来说，利用六力互动模型，考察企业与互补品厂商的关系，较易发现其中存在着多种合作可能，因为这两者的配合行动，通常能够更好地满足双方共同买方的需要。对许多企业来说，作为战略考虑，在市场开拓与渠道建设中，可以选择互补品提供商作为合作伙伴。例如：水泥生产企业就可以找沙石料老板、建材供应商等，帮助销售自己的产品，这样做，可在不显著增加合作伙伴成本的前提下，增加其业务量与收益。当然，要准确判定各种产品或服务之间，存在的到底是互补品效应还是替代品效应，这两类效应到底何种更显著，有时是比较困难的。例如，早期人们担心电脑普及可能会推动无纸化办公，作为纸张的替代品，会造成纸张消费的减少，而后来的结果却发现带来了纸张消费的增加，似乎是作为互补品的效应更大些。还有，企业与互补品厂商之间，存在着长期"做大饼"的合作可能，并不排除短期内存在的各自都想"多分饼"的竞争冲突。再如，就家用轿车市场的发展来说，如果车价、油价、上牌、保险、维修、道路、停车等所涉及的各方面，只关注自身多收费，就会使最终顾客不堪重负，从而导致整个车市萎缩。

从互补品角度切入，进行企业战略构思，还可以提出更多的富有创意的设想。例如，小企业在进入新市场时，可以采取为产业中大企业拾遗补缺的做法，通过为顾客提供互补品而盈利；大企业在业务深化与拓展过程中，可以通过自身产品系列化或者整合市场互补品厂商资源，为目标顾客提供更为完善的一揽子配套解决方案，实现合作共赢。

经典题解

【真题9·多选题】近年来国内洗涤品生产企业面临日益沉重的竞争压力。国外著名洗涤品公司加快进入中国市场的步伐；原材料及用工成本不断上涨；国内洗涤品生产企业众多，产品差异较小，消费者选择余地大；新型洗涤品层出不穷，产品生命周期缩短，原有洗涤品不断遭到淘汰。从产业五种竞争力角度考察，国内洗涤品生产企业面临的竞争压力包括(　　)。(2018年)

A. 产业内现有企业的竞争

B. 购买者讨价还价

C. 供应者讨价还价

D. 潜在进入者的进入威胁

【解析】"国内洗涤品生产企业众多，产品差异较小"体现了产业内现有企业的竞争强度大，选项A正确。"国内洗涤品生产企业众多，产品差异较小，消费者选择余地大"体现了购买者的讨价还价能力强，选项B正确。"原材料及用工成本不断上涨"体现了供应者的讨价还价能力强，选项C正确。"国外著名洗涤品公司加快进入中国市场的步伐"体现了潜在进入者的进入威胁大，选项D正确。

【答案】ABCD

【例题10·单选题】Y公司是一家制作紫砂陶的家族企业。紫砂陶制作以特产于当地的一种具有特殊团粒结构和双重气孔结构的紫砂泥料为原料，采用百种以上的自制工具，经过打泥片、拍打身筒、镶接身筒或镶接与雕塑结合等步骤最终完成陶制品。该公司成立80多年来，经过世代相传积累了丰富的紫砂陶制作经验和精湛技艺，产品远销海内外。目前一些企业试图进入紫砂陶制作领域。根据上述信息，Y公司给潜在进入者设置的进入障碍是(　　)。

A. 资金需求

B. 学习曲线

C. 行为性障碍

D. 分销渠道

【解析】"该公司成立80多年来，经过世代相传积累了丰富的紫砂陶制作经验和精湛技艺"体现的是学习曲线，选项B正确。

【答案】B

【例题11·单选题】甲公司是一家大型化工企业，产品的原材料主要来源于钛铁矿，同行业7家主要竞争对手则以金红石为原料。

由于开采成本上升，金红石价格大幅上涨，而钛铁矿的开采成本不变。甲公司利用成本优势立即大幅度扩张生产能力，并且降低产品价格，使得3家竞争对手退出该产品领域，甲公司的市场份额因此提升到50%以上，该行业很长一段时间内没有新的进入者。运用产业五种竞争力理论分析甲公司对付五种竞争力的主要手段，下列表述中正确的是（　　）。

A. 通过差异化手段与竞争对手竞争

B. 通过采用不同的原材料增强对于供应商的讨价还价能力

C. 采用限制进入定价手段形成进入障碍

D. 利用成本优势抵御产业替代品的威胁

【解析】依据“并且降低产品价格……该行业很长一段时间内没有新的进入者”，可以得知甲公司通过“限制进入定价”这种手段给潜在进入者设置了行为性进入障碍，选项C正确。

【名师点题】本题中甲公司与竞争对手虽然原材料不同，但最终产品是相同的，因此不存在差异化问题。

【答案】C

【例题12·多选题】新能源汽车区别于传统汽油车的最核心技术是“三电”：驱动电机、动力电池和整车电控，这可以说是新能源汽车的三颗心脏。X公司是多家新能源汽车制造企业的驱动电机供应商。根据波特的产业五种竞争力分析理论，下列各项关于X公司与其客户讨价还价能力的说法中，正确的有（　　）。

A. X公司能够进行后向一体化时，其讨价还价能力强

B. X公司提供的驱动电机差异化程度越高，其讨价还价能力越强

C. X公司的客户购买量越大，X公司讨价还价能力越弱

D. X公司掌握的客户的转换成本信息越多，其讨价还价能力越强

【解析】X公司能够进行前向一体化时，其讨价还价能力强，选项A错误。

【答案】BCD

【例题13·多选题】按照波特的产业五种竞争力分析模型，下列各项因素中，可能对某家航空公司获取产业竞争优势产生不利影响的有（　　）。

A. 进入航空业需要大量的资本投入

B. 航空产业的产业增长率开始处于下降趋势

C. 由于廉价航空公司兴起，使得机票价格大幅降低

D. 由于许多大型国际企业采用视频会议管理跨国业务，使得商务航空服务需求降低

【解析】进入航空业需要大量的资本投入，表明进入航空业结构性障碍高，有助于保护现有航空公司获取产业竞争优势，即对现有航空公司获取产业竞争优势产生有利影响，选项A错误。航空产业的产业增长率开始处于下降趋势，竞争者之间争夺有限的市场份额，导致产业竞争程度增强，对现有航空公司获取产业竞争优势产生不利影响，选项B正确。选项C、D属于替代产品的威胁，将对现有航空公司获取产业竞争优势产生不利影响，选项C、D正确。

【答案】BCD

【例题14·多选题】甲公司是一家重型汽车生产企业。甲公司管理层正在考虑进军小轿车生产产业，并创立一个全新品牌的小轿车。甲公司在运用“五力”模型评估面临的进入障碍时，应当考虑的因素有（　　）。

A. 为进入小轿车产业而成立新厂所需的资金是否足够

B. 政府是否出台限制某些公司进入小轿车产业的政策

C. 甲公司是否能够承担从重型汽车生产到小轿车生产的转换成本

D. 市场上汽车生产用合金材料供应商的数目及其议价能力

【解析】选项A属于影响产业进入障碍的资金需求；选项B属于影响产业进入障碍的政府政策；选项C属于影响产业进入障碍的转换成本；选项D影响的是供应商的讨价还价的能力。

【答案】ABC

（三）成功关键因素分析（★★）

复习建议	考试题型	考察套路	关键词
重在记忆产品生命周期各阶段在市场方面的成功关键因素	客观题型	阶梯式问法：先判断出目标企业所处的生命周期阶段，再选出对应的成功关键因素	（1）导入期："广告""开辟" （2）成长期："商誉""开拓""新" （3）成熟期："保护现有""渗入别人" （4）衰退期："企业形象"

成功关键因素是在探讨产业特性与企业战略之间的关系时，常使用的概念。一个产业的成功关键因素是指那些影响产业内企业在市场上最大限度获利的关键因素。企业的经营就如同体育竞技项目，也需要找到自己所在产业的成功关键因素。例如，打篮球需要一定的身高和良好的弹跳能力；踢足球需要速度和团队的配合；棋类项目则需要敏捷的思维和良好的心理素质。企业作为产业的一份子，必须把握所在产业的成功关键因素。总之，成功企业的实践表明：企业要想在竞争中获胜，必须在某一或某些方面上比竞争对手做得更好。

成功关键因素是企业取得产业成功的前提条件。下面三个问题是确认产业的成功关键因素时必须考虑的：

（1）顾客在各个竞争品牌之间进行选择的基础是什么？（市场共性）

（2）产业中的一个卖方厂商要取得竞争成功需要什么样的资源和竞争能力？（资源能力共性）

（3）产业中的一个卖方厂商获取持久的竞争优势必须采取什么样的措施？（竞争动态）

【提示】

（1）不同产业的成功关键因素各不相同。即使是处于同一个产业中的不同企业，由于各自所处的外部环境的差异和内部条件的不同，其成功关键因素也不尽相同。例如，在零售业中，沃尔玛侧重于卫星定位系统支持下的系统、高效、完善的物流配送体系，以及在此基础上与供应商的良好发展关系；而家乐福则侧重于鲜明的市场布局策略、兼有廉价性和综合性的大卖场的业态选择以及对消费者心理的准确把握等。随着产品生命周期的演变，成功关键因素也会发生变化。

（2）成功关键因素是产业和市场层次的特征。

（3）从市场角度看，产品生命周期各阶段中的成功关键因素：

方面	导入期	成长期	成熟期	衰退期
市场	广告宣传，争取了解，开辟销售渠道	建立商标信誉，开拓新销售渠道	保护现有市场，渗入别人的市场	选择市场区域，改善企业形象

经典题解

【真题15·多选题】近几年VR（虚拟现实）产品的销售量节节攀升，顾客群逐渐扩大；不同企业的产品在技术和性能方面有较大差异；消费者对产品质量的要求不高。从市场角度看，现阶段VR行业的成功关键因素有（　　）。（2019年）

A. 保护现有市场

B. 建立商标信誉

C. 开拓新销售渠道

D. 改善企业形象

【解析】“近几年VR（虚拟现实）产品的销售量节节攀升，顾客群逐渐扩大；不同企业的产品在技术和性能方面有较大差异；消费者对产品质量的要求不高”说明现阶段VR行业处于成长期。从市场角度看，成长期的成功关键因素是建立商标信誉，开拓新销售渠道，选项B、C正确。选项A属于成熟期的市场特征；选项D属于衰退期的市场特征。

【答案】BC

03 竞争环境分析

竞争环境分析包括两个方面：一是从个别企业视角去观察分析竞争对手的实力（用显微镜观察）；二是从产业竞争结构视角观察分析企业所面对的竞争格局（用放大镜观察）。

（一）竞争对手分析（★★）

复习建议	考试题型	考察套路	关键词
理解竞争对手的五种能力分析	客观题型	根据案例信息，选出对竞争对手的分析类型	（1）快速反应能力：对企业行为的反应 （2）适应变化能力：对外部环境的反应 （3）持久力：持久战 （4）成长能力：持续发展 （5）核心能力：强于竞争对手

公司的战略选择必然影响着竞争对手的行为与反应，这是公司进行战略选择时必须要考虑的。公司只有事先考虑到竞争对手对公司战略的行为与反应，并做出了相应的应对措施，才能保证战略选择的正确性。有效的竞争对手分析有助于公司了解、解读和预测竞争对手的行为与反应。

对竞争对手的分析有四个方面的主要内容，即竞争对手的未来目标、假设、现行战略和潜在能力。

1. 竞争对手的未来目标

对竞争对手未来目标的分析可以预测竞争对手对其所处位置是否满意，由此判断竞争对手会如何改变战略，以及它对外部事件会做出什么样的反应。例如，日本摩托车企业在20世纪70~80年代的战略目标很明显，就是要全面占领美国这块世界上最大最好的市场。因此，像本田公司，在遇到关税壁垒时就可能采取到美国直接投资建厂的办法绕过美国关税壁垒的限制。

2. 竞争对手的假设

对竞争对手的假设分析，目的在于揭示竞争对手对其自身、所在产业以及产业内其他企业的评价和看法。对竞争对手的假设进行仔细检验，可以帮助企业的战略管理层识别竞争对手对所处环境的偏见和盲点。根除这些盲点可以帮助公司辨识立即遭到竞争对手报复的可能性，并有针对性地采取行动使其报复失灵。假设可以分为以下两类：

（1）竞争对手对自身的假设。有些企业认为自己在功能和质量上高人一筹，有些企业则认为自己在成本和价格上具有优势。名牌产品企业对低档产品的渗透可能不屑一顾，而以价格取胜的企业对其他企业的削价则会迎头痛击。

（2）竞争对手对所在产业以及产业内其

他企业的假设。例如，哈雷公司在20世纪60年代不仅对摩托车产业充满信心，而且对日本企业过于掉以轻心，认为他们不过是在起步学习阶段，对自己构不成威胁。然而，日本人一边低头哈腰地表示："我们是小学生"；一边却对美国人小觑自己刻骨铭心：看谁笑到最后。经过20年的修炼，日本摩托车终于在美国修成正果。再如20世纪50年代，王安电脑公司曾经红火一时，最后却倒闭了，其中一个主要原因就是当年的王安对市场的评估出现了战略性的错误，当时王安认为在未来的三五年内国际电脑市场会以小型机和中型机为基础，而不是家庭PC机，然而事实却恰恰相反，家庭电脑成为了电脑市场的主流。由于对市场的理解出现了错误，公司的战略也随之出现偏差，而竞争对手却把握住了时机，使得王安电脑公司被挤出了市场。

实际上，对战略假设，无论是对竞争对手，还是对自己，都要仔细检验，这可以帮助管理者识别出所处环境的偏见和盲点。可怕的是，许多假设是尚未清楚意识到或根本没有意识到的，甚至是错误的；也有的假设过去正确，但由于经营环境的变化而变得不那么正确了，但企业仍在遵循着过去的假设。

3. 竞争对手的现行战略

对竞争对手现行战略的分析，目的在于揭示竞争对手正在做什么、能够做什么。

通过对竞争对手现行战略的分析，可以帮助公司了解竞争对手目前是如何进行竞争的，以及如果将来竞争结构发生了变化，竞争对手进行战略调整的力度。

竞争对手的现行战略是具体的、多方面的，应从竞争对手的各个方面去分析。从营销战略的角度看，本田的营销战略至少包括这样一些内容：在产品策略上，以小型车切入美国市场，提供尽可能多的小型车产品型号，提高产品吸引力；在小型车市场站稳脚跟后再向大型车市场渗透；在价格上，通过规模优势和管理改进降低产品成本，低价销售；在促销上，建立摩托车新形象，使其与哈雷的粗犷风格相区别。事实证明，本田的营销战略是行之有效的，并大获成功。相对而言，哈雷公司却没有明确的发展战略和清晰的实现战略的途径。哈雷公司的母公司虽然也为哈雷公司注入资本并提高产量，也曾一度进行小型车的生产，但结果由于多方面因素的不协同而以失败告终。

4. 竞争对手的能力

目标也好，战略也好，都要以能力为基础。在分析研究了竞争对手的目标与战略之后，还要深入研究竞争对手是否有能力采用其他战略实现其目标。这就涉及企业如何规划自己的战略以应对竞争。如果相较于竞争对手本企业具有全面的竞争优势，那么则不必担心在何时何地发生冲突。但是如果竞争对手具有全面的竞争优势，那么只有两种办法：或是不要触怒竞争对手，甘心做一个跟随者，或是避而远之。如果竞争对手不具有全面的竞争优势，而是在某些方面、某些领域具有差异化优势，则可以在本企业自己具有的差异化优势方面或领域把文章做足，但要避免以己之短，碰彼之长。

竞争对手的能力分析，主要围绕竞争对手以下几方面的能力：

（1）核心能力。

（2）成长能力。

（3）快速反应能力。

（4）适应变化的能力。

（5）持久力。

【易错易混点】快速反应能力和适应变化能力的区分

类型	含义	举例
快速反应能力	竞争对手对其他公司的行动迅速做出反应的能力	当滴滴打车发动价格战时，快的打车是否能够做出相应调整

续表

类型	含义	举例
适应变化能力	竞争对手对外部环境变化的适应能力	当劳动力成本上升时，竞争对手是否能够快速采取措施进行应对，比如中国的许多工厂迁至越南

经典题解

【真题 16·单选题】随着人民生活水平日益提高，我国消费者对家电产品的选择不仅关注价格，更注重产品的智能属性。家电生产企业甲公司预计其最大的竞争对手乙公司正在积极运用智能控制、红外线感应、定位系统、自动识别、自动扫描等技术开发新一代智能家电产品，以提升该公司在高端家电领域的市场份额。甲公司对乙公司进行的上述分析属于(　　)。(2018 年)

A. 财务能力分析

B. 快速反应能力分析

C. 成长能力分析

D. 适应变化能力分析

【解析】适应变化能力关注的是竞争对手对"外部变化"的"反应"，即当外部环境产生变化时，竞争对手能否对外部事件做出反应。"随着人民生活水平日益提高，我国消费者对家电产品的选择不仅关注价格，更注重产品的智能属性"属于外部环境变化；"预计其最大的竞争对手乙公司正在积极运用智能控制、红外线感应、定位系统、自动识别、自动扫描等技术开发新一代智能家电产品，以提升该公司在高端家电领域的市场份额"是甲公司对其竞争对手乙公司面对外部环境的变化所做出反应的分析，属于适应变化能力分析，选项 D 正确。

【答案】D

（二）产业内的战略群组（★★）

复习建议	考试题型	考察套路	关键词
理解并记忆战略群组分析的四点作用	客观题型、主观题型	（1）对案例中的企业进行战略群组划分 （2）分析案例中体现的战略群组分析的作用	"竞争状况"；"移动障碍"；"着眼点"；"机会""蓝海"

战略群组，也称战略集团，是指某一个产业内执行同样或类似战略，或具有类似战略特征的一组企业。

战略群组分析既不同于产业整体分析方法，也不同于单个企业的个别分析方法，而是介于两者之间。它是将产业中的企业分成特征不同的群组加以研究，并找出带有共性的事物，更准确地把握产业中竞争的方向和实质，避免以大代小或以小代大所造成的缺陷。

1. 战略群组的特征

关于如何确定战略群组，波特提出如下一些变量：产品或服务的差异化（多样化）程度、品牌的数量、技术领先程度、研究开发能力、产品或服务的质量、纵向一体化程度、价格水平、组织的规模、所使用的分销渠道等。

为了识别战略群组，必须选择这些特征的 2~3 项，并且将该产业的每个战略群组在图上画出来。不过，应该避免选择那些同一产业中所有企业都相同的特征。

2. 战略群组分析

战略群组分析的作用：

（1）了解战略群组间的竞争状况。

（2）了解战略群组间的“移动障碍”。

（3）了解战略群组内企业竞争的主要着眼点。

（4）预测市场变化或发现战略机会。

【提示】

（1）企业的直接竞争对手通常是来自于同一战略群组内的企业。

（2）即便是处于同一产业内，不同的战略群组所面对的竞争强度也可能是不同的。

（3）战略群组之间存在移动壁垒，打算进入另一个战略群组的企业必须首先对移动壁垒进行评估。

经典题解

【真题17·单选题】七彩公司以“文化娱乐性”和“观光游览性”为两维坐标，将旅游业分为不同的战略群组，并将“文化娱乐性高、观光游览性低”的文艺演出与“文化娱乐性低、观光游览性高”的实景旅游两类功能结合起来，率先创建了“人物山水”旅游项目，它将震撼的文艺演出置于秀丽山水之中，让观众在观赏歌舞演出的同时将身心融于自然。七彩公司采用战略群组分析的主要思路是（　　）。（2019年）

A. 了解战略群组间的竞争状况

B. 了解战略群组间的“移动障碍”

C. 预测市场变化或发现战略机会

D. 了解战略群组内企业竞争的主要着眼点

【解析】“率先创建了‘人物山水’旅游项目，它将震撼的文艺演出置于秀丽山水之中，让观众在观赏歌舞演出的同时将身心融于自然”体现的是预测市场变化或发现战略机会，选项C正确。

【答案】C

04 国家竞争优势（钻石模型）分析（★★）

复习建议	考试题型	考察套路	关键词
记忆四要素名称、理解四要素表现	客观题型、主观题型	分析判断案例中东道国体现了哪几种要素，或东道国的情况是否符合钻石模型分析要求	“劳动力”“资金”“技术人才”；“需求情况”；“相关产业”“上下游产业”；“竞争状况”

如果说波特的价值链是分析企业内部活动的微观分析工具，波特的五种竞争力模型是分析企业所属产业环境的中观分析工具。那么，波特的钻石模型就是分析国家和地区竞争力的宏观分析工具。

钻石模型，也称国家竞争优势模型。波特认为，一国的国内经济环境对企业开发其自身的竞争能力有很大影响。其中，影响最大、最直接的是以下四个因素：生产要素、需求条件、相关与支持性产业以及企业战略、企业结构和同业竞争。在一个国家的许多产业中，最有可能在国际竞争中取胜的是那些国内“四要素”环境对其特别有利的产业。因此，“四要素”环境是产业国际竞争力的最重要来源。

四要素	含义	举例
生产要素	指一个国家的基本条件（如天然资源、教育、基础设施等）和在此基础上发展起来的高级和专业条件（如高度的专业技巧与应用科技等）	荷兰的花卉业很发达，但并不是因为其位居热带才有了首屈一指的花卉业，而是因为它在花卉的培育、包装及运送上具有高度专精的研究机构

续表

四要素	含义	举例
需求条件	指本国市场对该项产业所提供产品或服务的需求数量和客户成熟度	日本家庭因为地狭人稠，所以，日本的家电都朝小型、可携带的方向发展。正是因为日本国内市场拥有一群最挑剔的消费者，这使得日本拥有全球最精致、最高价值的家电产业
相关与支持性产业	单独的一个企业或单独的一个产业，都很难保持竞争优势，只有形成有效的“产业集群”，即上下游产业及相关产业之间形成良性互动（形成“提升效应”），才能使产业竞争优势持久发展	意大利的制鞋业全球闻名，这与意大利竞争力强大的机械制造商、设计公司、皮革处理厂等相关产业是分不开的。日本的数码相机产业发达，这源于日本在光学产品、复印机等行业的全球霸主地位
企业战略、企业结构和同业竞争	影响企业战略、企业结构的因素有各国政府设定的发展目标、企业自身目标、个人事业目标、民族荣誉与使命感所带来的诱因等。另外，当地若有很强的竞争对手，也会刺激企业不断地进行自我提升与改进	华泰医药公司拟在J国建立一个药品研发和生产基地，并对该国的相关情况进行了调查分析。发现“J国本土医药企业虽然数量较多，但规模小，竞争主要围绕价格进行”

经典题解

【真题18·多选题】卓力公司是一家汽车玻璃生产企业，拟在S国投资建立汽车玻璃生产基地，并对S国的相关环境进行了分析。卓力公司所做的下列分析中，符合钻石模型四要素分析要求的有（　　）。（2020年）

A. S国的汽车玻璃业发展落后，仅有一家本国汽车玻璃生产企业，其他国家的汽车玻璃生产企业尚未进入

B. S国政府鼓励并支持该国汽车玻璃业的发展

C. S国的汽车制造业处于成长期

D. S国的土地租金和电力价格长期处于较低水平

【解析】选项A属于同业竞争；选项B不属于钻石模型分析的范畴；选项C属于需求条件（汽车制造业处于成长期，说明市场需求旺盛）；选项D属于生产要素。因此，选项A、C、D正确。

【答案】ACD

【提示】运用钻石模型分析国际化经营中准备进军的东道国某个产业的竞争力时（外部环境分析），“生产要素”“需求条件”“相关与支持性产业”“企业战略、企业结构和同业竞争”这四个要素均指的是东道国的因素。而运用钻石模型分析某个特定国家或地区的某个产业的竞争力时，“生产要素”“需求条件”“相关与支持性产业”“企业战略、企业结构和同业竞争”这四个要素均指的是该国的因素。因此，运用钻石模型分析某个产业的竞争力时，一定要明确分析的对象。

第二节 企业内部环境分析

本节视频详解

使用“会计云课堂”App/微信扫码听课

基于资源的观点认为，公司内部环境同外部环境相比，具有更重要的意义，对企业创造市场优势具有决定性的作用。核心能力的形成需要企业不断地积累，战略制定所需的各种资源，

需要企业不断地学习、创新和超越。企业内部所拥有的资源和能力是决定一个企业能否取得竞争优势的关键，决定了一个企业在市场中的竞争地位。

01 企业资源与能力分析

（一）企业资源分析（★★）

复习建议	考试题型	考察套路	关键词
记忆企业的三类资源划型及教材举例；记忆决定企业竞争优势的企业资源判断标准的名称及教材举例	客观题型、主观题型	将教材的举例融入到案例信息中，然后据此选出该案例涉及的资源类型或者决定企业竞争优势的企业资源判断标准	参考下面知识点讲解

企业资源分析是指企业对其所拥有的资源进行识别和评价的过程。通过分析企业资源，可以确定企业的优势和劣势，综合评估企业的战略能力。

1. 企业资源的主要类型

企业资源是指企业在向社会提供产品或服务的过程中所拥有、控制或可以利用的、能够帮助实现企业目标的各种生产要素的集合。企业资源主要分为三种：有形资源、无形资源和人力资源。

（1）有形资源是指可以用货币形态度量的、唯一可在资产负债表中清楚体现的资源。包括实物资源和财务资源。

（2）无形资源是指企业长期积累的、没有实物形态的，甚至无法用货币精确度量的资源，通常包括品牌、商誉、技术、专利、商标、企业文化及组织经验等。如迪士尼最重要的无形资源便是迪士尼的品牌、米老鼠和唐老鸭等卡通形象。

（3）人力资源是指组织成员向组织提供的知识、技能和决策能力等，其反映组织的效率和效果。其评价指标有更快、更敏捷、更高的质量等。它可以体现在精益制造、高质量生产、对市场的快速反应等方面。

【提示】有关资源的表述

（1）有形资源的战略价值不仅与账面价值有关，还取决于其产生竞争优势的潜力。

（2）资产负债表中的无形资产并不能代表企业的全部无形资源，甚至可以说，有相当一部分无形资源是游离在企业资产负债表之外的。无形资源是一种十分重要的企业核心竞争力的来源。

经典题解

【真题19·多选题】天翔航空公司于2016年年初率先布局航空互联网。现在该公司已有50多架飞机完成改造和机组培训，为乘客提供了稳定的互联网接入服务，并由此赢得了明显的竞争优势。下列各项中，属于天翔航空公司竞争优势来源的资源有（　　）。（2017年）

A. 文化资源　　B. 人力资源

C. 技术资源　　D. 物质资源

【解析】“机组培训，为乘客提供了稳定的互联网接入服务”属于人力资源，选项B正确；“率先布局航空互联网”属于技术资源，选项C正确；“50多架飞机完成改造”属于物质资源，选项D正确。

【答案】BCD

【例题20·多选题】乙公司是苏州一家集团企业，其主营业务为原木材料的供应，其他业务为家具制造、公园设施基建工程业务等。乙公司拥有多年加工木材的经验及大型加工场所，木材产量位居全国第二。乙公司自主品牌家具在2008年成为欧洲单一品牌家具销量之首。根据上述信息可以判断，乙公司所拥有的无形资源有(　　)。

A. 加工场　　B. 组织经验

C. 品牌　　D. 专利

【解析】无形资源是指企业长期积累的、没有实物形态的，甚至无法用货币精确度量的资源，通常包括品牌、商誉、技术、专利、商标、企业文化及组织经验等。乙公司拥有多年加工木材的经验，说明其有组织经验，同时拥有自主品牌，选项B、C正确。选项A属于有形资源，选项D在题干中并未提及。

【答案】BC

2. 决定企业竞争优势的企业资源判断标准

在分析一个企业拥有的资源时，必须知道哪些资源是有价值的，可以使企业获得竞争优势。其主要的判断标准如下：

(1) **资源的稀缺性**。稀缺资源是指现有的或潜在的竞争者没有或很少能拥有的资源，通常都是不可再生资源。通俗地讲，稀缺资源是指地球上越来越少、不可再生或者再生速度赶不上人类需求，价值越来越高的资源。例如，石油、金、银、铜、宝石、玉石等资源。

(2) **资源的不可模仿性**。资源的不可模仿性是指企业所特有的，并且是竞争对手难以模仿的资源，也就是说它不像材料、机器设备那样能在市场上轻易购买到，而是难以转移或复制。这种难以模仿的资源能为企业带来超过平均水平的利润。资源的不可模仿性主要有以下四种形式：

①物理上独特的资源。

项目	内容
定义	有些资源的不可模仿性是**物质本身的特性**所决定的
案例	a. 香港半岛酒店位置优越，矗立于九龙半岛尖沙咀区的心脏地带，坐拥维多利亚海港的醉人美景，四周都是著名的购物、商业及娱乐中心，更是全九龙最长及最主要街道——弥敦道的起讫点 b. 迪士尼的"米老鼠"，拥有米老鼠原创形象的版权、米老鼠影视作品的版权等。同时，迪士尼公司在米老鼠形象上申请了45种全类的注册商标
真题常考关键词	地理位置、版权、商标、发明专利

②具有路径依赖性的资源。

项目	内容
定义	指那些必须经过**长期积累**才能获得的资源
案例	中国海尔公司在售后服务环节的竞争优势并不是仅仅在于有一支训练有素的售后服务人员队伍，更重要的是由于海尔多年来不断完善营销体制建设，能够为这支队伍的健康运作提供坚实的基础和保障
真题常考关键词	营销体制、管理体制

③具有因果含糊性的资源。

项目	内容
定义	指由于独特的历史条件、形成原因的模糊性和复杂性，其他企业难以开发或复制的资源。这些资源的潜在复制者不能清楚其价值究竟在何处，或不能找出准确的复制方法
案例	美国西南航空公司以拥有“家庭式愉快，节俭而投入”的企业文化著称
真题常考关键词	企业文化

④具有经济制约性的资源。

项目	内容
定义	指企业的竞争对手已经具有复制其资源的能力，但因市场空间有限不能与其竞争的情况
案例	迪士尼在上海开了一家超大型的主题乐园，如果你也有资金，也想开一家，但是晚了，一个城市的市场只能支撑一家超级主题乐园
真题常考关键词	市场空间小

【相关链接】具有路径依赖性的资源

戴尔计算机公司从1984年成立时的1000美元销售额，发展到2001年销售额达到310亿美元，是一段颇富传奇色彩的经历。戴尔公司有两大法宝：“直接销售模式”和“市场细分模式”。而据戴尔的创始人迈克尔·戴尔透露，他早在少年时就已经奠定了这两大法宝的基础。

戴尔12岁那年，进行了人生的第一次生意冒险：戴尔酷爱集邮，但在集邮的过程中发现了集邮市场中的无限商机，他发现邮票价格迅速上涨，但是在拍卖会上买邮票会支付较高的价格，因此，他想，如果自己作为一个“拍卖会”是不是会赚取一些佣金呢？这样一来，自己既能学到集邮的知识，又可以赚钱，他开始从身边的人寻找机会，通过说服自己一些同样喜欢集邮的朋友、邻居把邮票委托给他，然后在专业刊物上刊登卖邮票的广告。出乎意料地，他赚到了2000美元，第一次尝到了抛弃中间人，“直接接触”的好处。有了第一次，就再也忘不掉了。后来，戴尔的创业一直和这种“直接销售模式”分不开。

上初中时，戴尔就已经开始做电脑生意了。他自己买来零部件，组装后再卖掉。在这个过程中，他发现一台售价3000美元的IBM个人电脑，零部件只要六七百美元就能买到。而当时大部分经营电脑的人并不太懂电脑，不能为顾客提供技术支持，更不可能按顾客的需要提供合适的电脑。这就让戴尔产生了灵感：抛弃中间商，自己改装电脑，不但有价格上的优势，还有品质和服务上的优势，能够根据顾客的直接要求提供不同功能的电脑。

这样，后来风靡世界的“直接销售模式”和“市场细分模式”就诞生了。其内核就是真正按照顾客的要求来设计制造产品，并把它在尽可能短的时间内直接送到顾客手上。

（3）资源的不可替代性。不可替代的资源是指不具有战略等价性的资源。所谓战略等价性的资源，是指如果当两种资源可以分别用于实施同一种战略的话，那么这两种资源就被视为具有战略等价性的资源。即不可替代的资源是竞争对手无法通过其他资源来替代它，在为顾客创造价值的过程中具有不可替代的作用。如一家企业管理层与员工之间在相互信任基础上建立起来的融洽和谐的工作关系就是很难被替代的资源。

（4）资源的持久性。持久的资源是指能够给企业带来持久的竞争优势，而不是昙花一现的资源。如上市公司LZ环保近三年连续收到政府补助（财务资源），由此可以看出政府对该公司产业的重视与支持，同时，该公司也应提高自身业绩以避免对政府补助的过度依赖，毕竟政府补助本身具有不稳定性和不可持续性。因此，LZ环保获得的政府补助不属于持久的资源。

持久的资源不在于它会被模仿，而在于它是不是能长期地被持有和使用，资源的贬值速度越慢越有利于形成核心能力。比如一些品牌资源会随着时间的推移实际上在不断地升值。

经典题解

【真题21·多选题】研发和生产家用滤水壶的汇康公司秉承“使员工幸福，让顾客满意”的理念，建立并持续实施了一套以顾客需求为导向、充分调动员工积极性的管理体制，使该公司的技术发明专利数量、盈利率和顾客满意率长期稳居行业前列，显示出难以模仿的竞争优势。汇康公司的资源不可模仿性主要表现为（　　）。（2019年）

A. 物理上独特的资源

B. 具有路径依赖性的资源

C. 具有因果含糊性的资源

D. 具有经济制约性的资源

【解析】“秉承‘使员工幸福，让顾客满意’的理念”属于具有因果含糊性的资源；“建立并持续实施了一套以顾客需求为导向、充分调动员工积极性的管理体制”属于具有路径依赖性的资源；“该公司的技术发明专利数量”属于物理上独特的资源。因此，选项A、B、C正确。

【答案】ABC

【例题22·单选题】甲公司是某省唯一一家风力发电企业，另外两家发电企业是火力发电企业。与其他两家发电企业相比，甲公司具有一定的经营优势：①风力发电站设在本省最适宜设立风电厂的出口，该出口常年具有风力发电所必需的有效风速；②风机和风车等风力发电设备全部从国外进口；③拥有省内水平最高的风电工程师；④享受国家对风电企业给予的税收优惠政策。与省内其他两家发电企业相比，能够帮助甲公司建立竞争优势的资源是（　　）。

A. 先进的风力发电设备

B. 正在享受的税收优惠政策

C. 地理位置和风力资源

D. 拥有省内水平最高的风电工程师

【解析】选项A和选项D属于可以被模仿或复制的资源，不能建立竞争优势；选项B属于企业面临的有利的外部环境，并不属于企业资源的范畴；选项C属于不可被模仿的资源，能够帮助企业建立竞争优势。

【答案】C

【例题23·多选题】香港半岛酒店（五星级观光酒店）位于九龙半岛的天星码头旁，占据有利的地理位置，游客可以遥望对岸香港岛和维多利亚港美不胜收的海景和夜景。关于半岛酒店这一大特色，以下表述正确的有（　　）。

A. 是半岛酒店难以被竞争对手模仿的无形资源

B. 有助于半岛酒店获得竞争优势

C. 是一种有形资源

D. 是一种稀缺性资源

【解析】有些有形资源可以被竞争对手轻易地取得，因此，这些资源便不能成为企业竞争优势的来源。但是，具有稀缺性的有形资源能使公司获得竞争优势。“香港半岛酒店（五星级观光酒店）位于九龙半岛的天星码头旁，占据有利的地理位置，游客可以遥望对岸香港岛和维多利亚港美不胜收的海景和夜景”表明它是一大特色，构成其竞争优势的一个来源，选项B、C、D正确。

【名师点题】香港半岛酒店的地理位置属于能够给企业带来持续竞争优势的稀缺性资源和不可模仿性资源（物理上独特的资源）。

【答案】BCD

（二）企业能力分析（★★）

复习建议	考试题型	考察套路	关键词
记忆五种企业能力的名称，并理解各自的特点	客观题型、主观题型	将各能力主要内容融入案例中，分析出目标企业拥有的企业能力类型	参见下表“主要内容”

1. 企业能力的定义

企业能力是指企业配置资源，发挥其生产和竞争作用的能力。企业能力来源于企业的有形资源、无形资源和人力资源的整合，是企业各种资源有机组合的结果。

2. 企业能力的构成

企业能力主要由研发能力、生产管理能力、营销能力、财务能力和组织管理能力等组成。

类型	含义	主要内容
研发能力	指企业利用从研究和实际经验中获得的现有知识或从外部引进的技术，为生产新的产品、装置，建立新的工艺和系统而进行实质性的改进工作的能力	（1）研发投入 （2）研发团队 （3）研发管理机制 （4）研发效果
生产管理能力	生产是企业进行资源转换的中心环节，它必须在数量、质量、成本和时间等方面符合要求的条件下形成有竞争性的生产能力	（1）建立生产设施 （2）生产流程优化 （3）完善供应链管理 （4）提高质量管理水平 （5）优化库存管理
营销能力	指企业引导消费以占领市场、获取利润的产品（服务）竞争能力、销售活动能力和市场决策能力	（1）产品竞争能力（成本、价格、质量、市场份额） （2）销售活动能力（营销推广能力、营销管理能力） （3）市场决策能力
财务能力	指企业的筹资能力、运用和管理资金的能力	（1）筹资能力 （2）资金运用及管控能力 （3）投资能力
组织管理能力	指企业职能管理体系的任务分工、岗位职责分工、集权与分权的划分、组织结构设计、管理层次和管理幅度的确定	（1）建立合理的组织结构 （2）建立有效的组织管理体制和机制 （3）战略分析和判断能力、战略决策能力 （4）管理协调能力

【相关链接】小米公司是一家年轻的科技企业，其在生产管理模式上主要采用零库存管理（生产管理能力），这在极大程度上降低了成本。2013年，小米公司抓住了物联

网发展浪潮的契机，启动了小米生态链计划（市场决策能力），运用小米公司之前积累的大量资金（财务能力），准备在5年之内投资100家硬件创业公司，为小米生态链打开布局。在2016年，小米公司改变之前的口碑营销策略，先后聘请张子枫、王一博等明星作为代言人（销售活动能力），赢得了不少新客户。在2019年5月17日，小米集团通过内部信宣布成立大家电事业部（组织管理能力），由集团高级副总裁王川担任该事业部总裁，向雷军汇报。更值得骄傲的是，小米公司研发的电视（研发能力）在2019年全年在中国售出1021万台，高居中国第一（产品竞争能力）。

（三）企业的核心能力（★★★）

复习建议	考试题型	考察套路	关键词
理解并记忆“辨别企业核心能力的3个关键性测试”名称；掌握基准分析类型的辨析	客观题型、主观题型	（1）将3个关键性测试的关键点融入到案例中，然后判断该业务是否具备核心能力 （2）分析案例信息，选出目标企业采用的基准类型	3个关键性测试：“对顾客有价值”“有竞争优势”“独一无二”

1. 核心能力的概念

所谓核心能力，就是企业在具有重要竞争意义的经营活动中能够比其竞争对手做得更好的能力。

2. 核心能力的辨别

辨别企业能力是否属于核心能力的三个关键性测试（企业如何打造自己的核心竞争力）：

关键性测试	含义	举例
它对顾客是否有价值（必须很好地实现顾客所看重的价值）	任何一个产品或者服务，只有被顾客所认可、满足顾客的需求之后才具有价值，那么企业要想具备核心竞争力，就应该很好地实现这种价值，最大程度地满足顾客的需求。显著地降低成本从而控制价格、提高产品质量、提高服务效率、增加顾客的效用等都可以提升其对顾客的价值	索尼公司的核心能力是“迷你化”，它给顾客的核心利益是好携带；联邦快递的核心能力是极高水准的后勤管理，它给顾客的核心利益是及时运送
它与企业竞争对手相比是否有优势	如人力资源、生产制造、产品质量、研究开发、销售网络和企业文化等方面的优势	佳能公司的光学镜片成像技术和微处理技术与竞争对手相比有优势；本田公司的引擎设计和制造与竞争对手相比有优势
它是否很难被模仿或复制（向着企业“特有”“不可超越”的方向发展）	必须是企业所特有的，并且是竞争对手一段时间内难以超越的优势	苹果公司电脑的产品设计创新能力，它首开使用鼠标操作电脑的先河，它的麦金托电脑可看可感的设计；宝洁、百事可乐优秀的品牌管理及促销能力；丰田的精益生产能力等

3. 核心能力的评价

评价核心能力的方法：

（1）企业的自我评价。

（2）产业内部比较。

（3）基准分析（标杆分析）。

基准分析是把企业自己和标杆企业相比，进而评价企业的核心能力。

一般来说，能够衡量业绩的活动都可以成为基准对象。当然，把企业的每一项活动都作为基准对象是不切实际的。企业可以主要关注以下几个领域：占用较多资金的活动；能显著改善与顾客关系的活动；能最终影响企业结果的活动等。

基准对象的不同决定了基准类型的不同，基准类型主要包括内部基准、竞争性基准、过程或活动基准、一般基准、顾客基准五种类型。

①内部基准。

项目	内容
含义	标杆伙伴是企业内部其他业务单位或部门
阐释	a. 主要适用于大型多部门的企业集团或跨国公司 b. 优点：由于不涉及商业秘密的泄露和其他利益冲突等问题，容易取得标杆伙伴的配合，简单易行；还可以促进内部沟通和培养学习气氛 c. 缺点：视野狭隘，不易找到最佳实践，很难实现创新性突破
关键判断点	企业内部

②竞争性基准。

项目	内容
含义	标杆伙伴是产业内部直接竞争对手
阐释	a. 同行业竞争者之间的产品结构和产业流程相似，面临的市场机会相当，竞争对手的作业方式会直接影响企业的目标市场。因此，竞争对手的信息对于企业在进行策略分析及市场定位上有很大的帮助，收集的资料具有高度相关性和可比性 b. 由于标杆伙伴是直接竞争对手，信息具有高度商业敏感性，难以取得竞争对手的积极配合以获得真正有用或是准确的资料，从而极有可能使标杆管理流于形式或者失败
关键判断点	同行业+直接竞争

③过程或活动基准。

项目	内容
含义	标杆伙伴是不同产业但拥有相同或相似核心活动、流程的企业
阐释	a. 理论基础是大多数产业均存在一些相同或相似的核心活动或流程，如物流、人力资源管理、营销手段等 b. 优点：双方没有直接的利害冲突，更加容易取得对方的配合；可以跳出产业的框框约束，视野开阔，随时掌握最新经营方式，成为强中之强 c. 缺点：投入较大，信息相关性较差，最佳实践需要较为复杂的调整转换过程，实施较为困难 d. 例如，多米诺比萨饼公司通过考察研究某医院的急救室来寻求提高送货人员的工作效率的途径，以提高员工的应急能力
关键判断点	不同行业+无竞争但具有类似核心经营

④一般基准。

项目	内容
含义	标杆伙伴是处于同一产业具有相同业务但不在一个市场上竞争的企业
阐释	a. 优点：由于彼此不是直接竞争对手，容易找到愿意分享信息的标杆对象 b. 例如，华夏航空股份有限公司是中国第一家专门从事支线航空客货运输的航空公司。其致力于编织中国立体交通体系中最薄弱的部分——支线航空网络，开创了以三四线城市与一二线城市的互通互融为目标的航空运输模式。德国汉莎航空股份公司是德国的国家航空公司。按照载客量和机队规模计算，为欧洲最大的航空公司；按照乘客载运量计算，为世界第四大航空公司。汉莎航空的核心业务是经营定期的国内及国际客运和货运航班。飞行网络遍布全球450多个航空目的港，除航空运输外，汉莎航空还向客户提供一系列的整体服务方案。因此，这两家航空公司虽然处于同一产业，但彼此也不是直接竞争对手。如果华夏航空股份有限公司以德国汉莎航空股份公司为标杆进行基准分析，选择的基准类型就属于一般基准
关键判断点	同行业+非直接竞争

⑤顾客基准。

项目	内容
含义	以顾客的预期为基准进行比较
阐释	能够更好地满足客户的需求
关键判断点	顾客预期

【易错易混点】基准分析类型辨析

类型	适用情形	举例
内部基准	同一企业内部	C公司的销售一部以销售二部为基准
竞争性基准	同一产业，直接竞争对手之间	S手机制造商以其直接竞争对手H手机制造商为基准
过程或活动基准	不同产业，但具有相似核心活动或流程	某物流公司为提高工作效率以医院急救室为基准
一般基准	同一产业，非直接竞争对手之间	A国专营国内航线的甲航空公司以B国专营国内航线的乙航空公司为基准

（4）成本驱动力和作业成本法。与传统的成本计算方法相比，作业成本法能提供更有用的信息。

（5）收集竞争对手的信息。对竞争对手的分析能够让企业知道自己的优势和劣势，企业平时要留意收集竞争对手的信息和市场信息，及时掌握竞争对手的动态。

4. 企业核心能力与成功关键因素

区别点：成功关键因素应被看作是产业和市场层次的特征，而不是针对某个个别公司。拥有成功关键因素是获得竞争优势的必要条件，而不是充分条件。

共同点：它们都是公司盈利能力的指示器。虽然在概念上的区别是清楚的，但在特定的环境中区分它们并不容易。例如，一个成功关键因素可能是某产业所有企业要成功都必须具备的，但它也可能是特定公司所具备的独特能力。

经典题解

【真题24·多选题】多年成功经营的丰盛纺织集团收购了某国一家频临破产的纺织厂，并组织该厂管理人员到集团旗下国内某著名纺织厂调研、学习，收效良好。丰盛集团所收购的纺织厂基准分析的类型涉及(　　)。(2019年)

A. 一般基准

B. 顾客基准

C. 竞争性基准

D. 内部基准

【解析】“多年成功经营的丰盛纺织集团收购了某国一家频临破产的纺织厂”说明二者虽具有相同业务，但是不存在直接竞争关系，属于一般基准，选项A正确；“并组织该厂管理人员到集团旗下国内某著名纺织厂调研、学习，收效良好”属于内部基准，选项D正确。

【答案】AD

【真题25·单选题】西康酒店是一家位于中国西部某著名旅游景区的五星级酒店，为了提升管理水平，西康酒店定期派人去东部旅游景区的五星级酒店学习，从而逐步提升了服务质量和财务业绩。西康酒店进行基准分析的基准类型是(　　)。(2017年)

A. 内部基准

B. 过程或活动基准

C. 一般基准

D. 竞争性基准

【解析】两者都是酒店，具有相同的业务，但不存在直接竞争关系，因此，基准类型属于一般基准，选项C正确。

【答案】C

【例题26·单选题】迅驰电梯公司是世界上最大的电梯、自动扶梯和自动走道的制造、安装和服务公司。2018年公司总裁鲍博在主持公司年度会议时，为迅驰电梯公司提出了一个愿景：超越自己，在提供卓越服务方面成为世界范围内所有公司——不仅仅是电梯公司——公认的领袖。为了追求服务卓越，迅驰电梯公司未来的参照标准是像UPS(主营快递承运、包裹递送)这样具有类似核心业务的公司。从基准分析类型判断，鲍博的观点是基于(　　)。

A. 竞争性基准

B. 过程或活动基准

C. 一般基准

D. 顾客基准

【解析】迅驰电梯公司未来的参照标准是像UPS这样具有卓越服务核心业务的公司，UPS公司是快递承运商与包裹递送公司，二者属于不同行业，但具有类似核心业务，因此属于过程或活动基准，选项B正确。

【答案】B

【例题27·多选题】对于电梯制造企业而言，其产业的成功关键因素包括(　　)。

A. 拥有核心能力

B. 具有比其他竞争对手做得更好的能力

C. 销售能力

D. 售后服务

【解析】成功关键因素所涉及的是每一个产业成员所必须擅长的东西，或者说公司要取得竞争和财务成功所必须集中精力搞好的一些因素。成功关键因素是企业取得产业成功的前提条件。核心能力，就是企业在具有重要竞争意义的经营活动中能够比其竞争对手做得更好的能力。成功关键因素应被看作是产业和市场层次的特征，而不是针对某个个别公司。拥有成功关键因素是获得竞争优势的必要条件，而不是充分条件。选项A、B属于某个企业取得竞争优势的核心能力因素；选项C、D属于电梯产业的成功关键因素。

【名师点题】解答本题的关键是熟悉“成功关键因素”与“核心能力”的区别。成功关键因素基于整体，而核心能力基于个体。

【答案】CD

【例题 28·多选题】某货运航空公司在客户满意度调查中发现未能很好地满足部分客户的需求，遂决定向国内某知名餐饮企业学习如何能更好地满足客户的需求。根据以上信息可以判断，该货运航空公司主要采用了(　　)。

A. 内部基准

B. 竞争性基准

C. 过程或活动基准

D. 顾客基准

【解析】货运航空公司和国内某知名餐饮企业二者不属于同一行业，不存在直接竞争的关系，但是这两个企业具有类似核心经营，即如何更好地满足客户需求，体现了过程或活动基准，选项 C 正确。同时，“货运航空公司在客户满意度调查中发现未能很好地满足部分客户的需求，遂决定向国内某知名餐饮企业学习如何能更好地满足客户的需求”体现了顾客基准，选项 D 正确。

【答案】CD

02 价值链分析

价值链分析是波特提出来的用于分析企业竞争优势的理论。该理论认为，企业的竞争优势归根结底来自企业为顾客所创造的超过其成本的价值，即竞争优势 = 价值 - 成本。价值是指顾客所认同的利益，成本是指企业为满足顾客利益而付出的各种支出和费用。因此，企业要想提升其竞争优势，必须从创造价值和降低成本两方面入手。

波特认为，每一个企业的价值链都是由以独特方式联结在一起的九种活动类别构成的。具体是指内部后勤、生产经营、外部后勤、市场销售、服务五种基本活动和采购管理、技术开发、人力资源管理、企业基础设施四种支持活动。这些活动对企业的相对成本地位都有贡献，同时也是构成差异化的基础。一个企业与其竞争对手的价值链差异就代表着竞争优势的一种潜在来源。对此，波特指出：“企业正是通过比其竞争对手更廉价或更出色地开展这些重要的战略活动来赢得竞争优势的。”显而易见，波特的“价值链”理论对于提高企业竞争优势具有现实的启发意义。

(一) 价值链的两类活动（★★）

复习建议	考试题型	考察套路	关键词
理解并记忆五种基本活动、四种支持活动的表现形式和教材举例	客观题型、主观题型	(1) 分析判断案例中目标企业体现的活动类型 (2) 根据给出的活动类型，选出该活动对应的表现形式	参见下表“阐释”中的举例

价值链分析将企业的生产经营活动分为基本活动和支持活动两大类。

1. 基本活动

基本活动，又称主体活动，即一般意义上的制造型企业的“生产经营环节”。这些活动都与商品实体的加工流转直接相关，包括内部后勤、生产经营、外部后勤、市场销售和服务五种活动。

基本活动	阐释
内部后勤（原材料供应）	又称进货物流，是指对资源的接收、储存和分配活动，是为企业下一步生产经营活动所做的准备工作。如原材料搬运、仓储、库存控制、车辆调度和向供应商退货等。这一活动的本质，是对生产的输入
生产经营（生产加工）	将投入的各种资源转化为最终产品的相关活动，如加工制造、组装、包装、质检、设备维护等。这一活动的本质，是输入向输出的转化过程
外部后勤（成品储运）	又称出货物流，是指与最终产品的集中、仓储和调配有关的活动，为产成品的销售做准备。如产成品库存管理、产成品搬运、订单处理、送货车辆调度等。这一活动的本质，是产品的输出
市场销售（市场营销）	促进产品在市场上销售的各种活动，如广告、促销、定价、销售队伍管理、渠道选择与管理等。这一活动的本质，是产品价值的实现
服务（售后服务）	为增加或保持产品价值而向顾客提供的各种服务活动，如安装、维修、培训、咨询、零部件供应和产品调试等。这一活动的本质，是产品的价值保证和增值

2. 支持活动

支持活动，又称辅助活动，是指用以支持基本活动而其内部之间又相互支持的活动，包括采购管理、技术开发、人力资源管理和企业基础设施。

支持活动	阐释
采购管理	购买用于企业价值链各种投入的活动。这里的采购是广义的，既包括原材料的采购，也包括其他资源投入的购买与管理。例如，企业聘请咨询公司为企业进行广告策划、市场预测、管理信息系统设计、法律咨询等都属于采购管理
技术开发	每项价值创造活动都包含着技术成分，无论是技术诀窍、程序，还是在工艺设备中所体现出来的技术。这也是一个广义的概念，既包括生产性技术，也包括非生产性技术。例如，决策技术、信息技术、产品技术、管理技术等
人力资源管理	涉及企业职工的招聘、雇用、培训、提拔和退休等各项管理活动。人力资源管理不仅对基本活动和支持活动起到辅助作用，而且支撑着整个价值链
企业基础设施	企业组织结构、惯例、控制系统以及文化等。企业高层管理人员往往能在这些方面发挥重要作用，因此高层管理人员也被视作基础设施的一部分。企业的基础设施包括企业的总体管理、计划、财务、法律支援、质量管理等，还包括企业与政府以及公众的公共关系

【提示】企业基础设施，也称企业基础体系（企业运营中各种保障措施的总称），是指企业履行基本管理职能的各种活动，包括企业的总体管理、计划、财务管理、会计核算、法律管理、质量管理、企业与政府以及公众的公共关系等诸多方面的活动。企业的基础设施支撑了整个企业价值链，如财务管理就是通过对整个企业的资金管理来履行其职能的。

【相关链接】以沃尔玛为例

供应商 → 配送中心 → 卖场 → 顾客

基本活动	内部后勤：沃尔玛在设置新卖场时，尽量以其现有配送中心为出发点，卖场一般都设在配送中心周围，以缩短送货时间，降低送货成本
	外部后勤：一次购物满 2000 元或以上，沃尔玛皆可提供送货服务，在指定范围内每次收取 49 元的费用（因为商品价格中不含送货成本）
	市场销售：沃尔玛拥有多种销售渠道（如购物广场、山姆会员店、社区店等），适合各种类型消费者；提出了“天天平价、始终如一”的口号
	服务：沃尔玛在售后服务中提出了“高品质退货”和“无条件退货”的口号，这种毫不犹豫的退货服务给了客户无后顾之忧的安全感
支持活动	采购管理：沃尔玛启动的农超对接基地，帮助沃尔玛实现了超市内 1/3 的蔬果类产品购自于定点农场
	技术开发：借助自己的商用卫星，沃尔玛便捷地实现了信息系统的全球联网。通过这个网络，全球 4000 多家门店可在一小时之内对每种商品的库存、上架、销售量全部盘点一遍
	人力资源管理：沃尔玛不但要求食品部门工作人员必须具有一定的工作经验，还为其提供专业的培训，安排一些公开课，帮助他们了解跟其工作有关的技能和知识，从而更好地为顾客服务
	企业基础设施：沃尔玛“以人为本”的企业文化理念极大地激发了员工的积极性和创造性，使员工为削减成本出谋划策，设计别出心裁的货品陈列方式等

经典题解

【真题 29 · 单选题】根据波特的价值链分析理论，下列各项中，属于企业支持活动（或称辅助活动）的是（ ）。（2017 年）

A. 聘请咨询公司实施广告策略

B. 物流配送产品

C. 生产设备的维修

D. 通过互联网进行广告宣传

【解析】采购管理（支持活动）中的采购是广义的，既包括原材料的采购，也包括其他资源投入的购买与管理。例如，企业聘请咨询公司为企业进行广告策划等，选项 A 正确。选项 B 属于基本活动中的外部后勤；选项 C 属于基本活动中的生产经营；选项 D 属于基本活动中的市场销售。

【答案】A

【例题 30 · 多选题】按照波特的价值链理论，企业的下列各项活动中，属于支持活动的有（ ）。

A. 书店提供网络在线销售服务

B. 家电生产企业利用自有仓库储存其产成品

C. 快递公司重整其人力资源管理，提升员工的服务能力

D. 制鞋企业设立特定研究中心专门从事人体工程学和产品生产的研究

【解析】书店提供网络在线销售服务，属于基本活动中的市场销售，选项 A 错误。

家电生产企业利用自有仓库储存其产成品，属于基本活动中的外部后勤，选项B错误。快递公司重整其人力资源管理，提升员工的服务能力，属于支持活动中的人力资源管理，选项C正确。制鞋企业设立特定研究中心专门从事人体工程学和产品生产的研究，属于支持活动中的技术开发，选项D正确。

【答案】 CD

【例题31·多选题】 按照波特的价值链理论，企业的下列各项活动中，属于基本活动的有( )。

A. 甲公司对产品加工设备进行检修

B. 乙公司对员工进行强化职业道德培训

C. 丙公司加大产品的营业推广力度

D. 丁公司聘请某会计师事务所进行内部控制有效性审计

【解析】 选项A属于基本活动中的生产经营，选项C属于基本活动中的市场销售；选项B属于支持活动中的人力资源管理，选项D属于支持活动中的采购管理。

【答案】 AC

（二）价值链确定（★）

在对企业价值活动进行分解时需要把握的原则：

1. 具有不同的经济性

2. 对产品差异化产生很大的潜在影响

3. 在成本中所占比例很大或所占比例在上升

【提示】 对企业价值活动进行分解时需要把握的原则

（1）具有不同的经济性，意思是各项“活动”的经济性不一样。活动的经济性不同是指决定它们效率的因素不同。例如，一项活动的效率与规模（规模经济）有关，另一项活动却与经验（学习曲线）有关。区分开这些活动的目的是利用不同的经济性来提高效率、降低成本。

（2）对产品差异化产生很大的潜在影响，就是有助于实现差异化的意思。例如，某化妆品公司的技术部门研发出某眼霜的抗氧化功能，极大地提高了产品的差异化，那么这个研发抗氧化功能的活动可以单独分离为一项价值活动。

（3）在成本中所占比例很大或所占比例在上升，就是对于实现低成本影响较大的活动。例如，某公司一年的成本费用总额是2000万元，其中网络技术部的系统开发维护费用达到300万元，且近三年平均增长率达到8%，那么应该认为这项活动具有重要影响，应将其分离为一项单独的价值活动。

（三）企业资源能力的价值链分析（★★）

复习建议	考试题型	考察套路	关键词
记忆“企业资源能力的价值链分析”的标题性内容，并理解各自的含义	主观题型	将企业资源能力的价值链分析三点内容的关键点融入到案例中，分析目标企业主要体现了哪几点	“关键性活动”；“价值链内”“活动与活动之间”；“上下游企业之间”

企业资源能力的价值链分析要明确以下几点：

1. 建立和强化支持企业建立竞争优势的关键性活动（战略重点聚焦）

价值链的各项基本活动和支持活动对企业建立竞争优势的贡献程度是不同的。企业在建立竞争优势时，要结合自身实际情况，集中企业资源重点发展具有一定优势的关键性活动，并使其成为企业的核心竞争力，而放弃一些劣势环节。

2. 优化企业内部价值链各种活动之间的联系方式

价值链中基本活动之间、基本活动与支持活动之间以及支持活动之间存在各种联系，选择或构筑最佳的联系方式对于提高企业价值创造和战略能力是十分重要的。

【相关链接】自1999年起，海尔开始进行流程再造，实施了“并行工程”（产品及相关支持流程并行），使海尔“美高美”彩电在产品设计上打了一个漂亮的速度战。按原有的开发程序，产品从设计到整体投放市场需要6个月；按国际最快的产品开发程序，需要3个月；而海尔“美高美”彩电仅用了2个月。这是海尔公司优化各种活动之间的联系所带来的优势。

3. 优化价值系统中各项价值活动之间的联系方式

按照波特的逻辑，每个企业都处在产业链中的某一环节，一个企业要赢得和维持竞争优势不仅取决于其内部价值链，而且还取决于在一个更大的价值系统（即产业价值链）中，一个企业的价值链同其供应商、销售商以及顾客价值链之间的联接。后来，有关学者在产业价值链基础上又提出了价值网模型。价值网强调“以顾客为中心”，在专业化分工的生产服务模式下，把处于“价值链”上不同位置并存在密切关联的企业或者相关利益体整合在一起，建立一个以顾客为核心的价值创造体系，共同为顾客创造价值。价值网在战略思维上发生了巨大的变化，它强调竞争和合作两个方面。基于价值网理念提出了构建企业的生态系统，该系统超越了传统企业内部价值链和产业价值链，而是涉及供应商、分销商、外包服务公司、融资机构、关键技术提供商、互补产品制造商，甚至包括竞争对手、客户、监管机构与媒体等对公司经营产生直接或间接影响的诸多因素。关于价值网模型和企业生态系统在第四章第五节会详述。

【相关链接】宜家公司是一家家庭装饰用品零售企业，非常注重发展自己与顾客、供应商之间共同创造价值的关系，它不把向顾客提供产品和服务视为一种简单的交易，而是视为一种崭新的劳动分工，即将一些原来由加工者和零售商所做的工作交给顾客去做，公司则专心致志地向顾客提供价格低廉而质量优良的产品。

经典题解

【例题32·多选题】甲公司是一家复印机生产企业。关于甲公司的价值链，下列表述正确的有(　　)。

A. 进货材料搬运、部件装配、订单处理、广告、售后服务等活动属于基本活动

B. 原材料采购、信息系统开发、招聘等活动属于支持活动

C. 价值链的每项活动对甲公司竞争优势的影响是不同的

D. 公司的基础设施包括厂房、建筑物等

【解析】基本活动，又称主体活动，一般可以分为内部后勤、生产经营、外部后勤、市场销售和服务五种活动，选项A正确。支持活动，又称辅助活动，是指用以支持基本活动而且内部之间又相互支持的活动，包括采购管理、技术开发、人力资源管理和企业基础设施，选项B正确。虽然价值链的每项活动，包括基本活动和支持活动，都是企业成功所必经的环节，但是，这些活动对企业竞争优势的影响是不同的，选项C正确。对价值链定义的落脚点在“活动”上，公司的厂房、建筑物等属于固定资产而不是一种活动，选项D错误。

【答案】ABC

03 业务组合分析

价值链分析有助于对企业的能力进行考察，这种能力来源于独立的产品、服务或业

务单位。但是，对于多元化经营的公司来说，还需要将企业的资源和能力作为一个整体来考虑。波士顿矩阵与通用矩阵是公司业务组合分析的主要方法。

（一）波士顿矩阵(★★)

复习建议	考试题型	考察套路	关键词
理解掌握横纵坐标含义、四类业务的典型特征及战略目标	客观题型、主观题型	将业务的横纵坐标情况融入案例中，判断业务类型及其典型特征或战略目标情况	(1)“问题”业务：“最差现金流”“智囊团或项目组”“选择性投资” (2)“明星”业务：“双高”“优先发展” (3)“现金牛”业务：“大量现金流”“市场营销型人物” (4)“瘦狗”业务：“双低”“撤退”

1. 定义及用途

波士顿矩阵（BCG矩阵）是由美国波士顿咨询公司创始人率先提出的，是对企业当前的业务组合进行分析、评价的战略管理工具。它把公司经营的全部业务的组合作为一个总体来看待，故也称“统筹分析法”。这种方法假定企业由两个以上的业务组成，每个业务有明显的差异并具有不同的细分市场。在拟定每个业务的战略时，主要考虑的是它们的相对市场占有率（企业实力）和市场增长率（市场引力）。

波士顿矩阵以相对市场占有率为横坐标，市场增长率为纵坐标，划分为四个象限。企业各类业务按其相对市场占有率和市场增长率的高低填入相应的位置，形成矩阵。波士顿矩阵的纵坐标表示市场增长率，是指企业所在产业某项业务前后两年市场销售额增长的百分比。通常用10%作为市场增长率高低的界限，大于分界线（10%）的增长率为高，小于分界线（10%）的增长率为低。横坐标表示本企业在产业中的相对市场占有率，是指企业某项业务的市场份额与这个市场上最大竞争对手的市场份额之比，通常用1.0作为相对市场占有率高、低的界限，高于分界线（1.0）的相对市场占有率为高，低于分界线（1.0）的相对市场占有率为低。

市场增长率是决定企业业务结构是否合理的外在因素。相对市场占有率是决定企业业务结构是否合理的内在因素。

波士顿矩阵主要解决如何使企业的业务组合适应外部市场需求的变化，并将企业有限的资金有效地分配到合理的业务组合中去，以提高企业的整体竞争力。

2. 业务类型

根据市场增长率和相对市场占有率的不同组合，会出现4种不同性质的业务类型：

（1）市场增长率和相对市场占有率“双高”的产品群（“明星”业务）。

（2）市场增长率和相对市场占有率“双低”的产品群（“瘦狗”业务）。

（3）市场增长率高、相对市场占有率低的产品群（“问题”业务）。

（4）市场增长率低、相对市场占有率高的产品群（“现金牛”业务）。

3. 四类业务的特点及战略选择

业务类型	业务特点	组织管理模式选择
“明星”业务（高增长—强竞争地位）	该业务相对市场占有率和市场增长率均高，宜采取发展战略，增加投资，增强其有利的竞争地位。该类业务是企业长期发展的机会和利润来源	采用事业部制组织结构进行管理，由既懂生产技术、又懂市场营销的人员任事业部经理
“问题”业务（高增长—弱竞争地位）	该业务市场增长率高，但相对市场占有率低。对于那些经过改进可能成为“明星”的业务进行重点投资，以提高市场占有率，使其转变为明星业务；对于没有发展前途或无利可图的问题业务则应采用收割或放弃战略	采用矩阵制组织结构（智囊团或项目组）进行管理，选拔有规划能力、敢于冒风险的人员负责
“现金牛”业务（低增长—强竞争地位）	该业务相对市场占有率高，但市场增长率低，不宜大力发展，可采取维持巩固的稳定战略，也可采取收割战略。“现金牛”业务所产生的大量现金，可用来满足其他业务的需要	采用事业部制组织结构进行管理，由懂市场营销的人员任事业部经理
“瘦狗”业务（低增长—弱竞争地位）	该业务相对市场占有率和市场增长率都很低，带来的利润少，但却占用资金。该业务没有发展前途，可采取收割或放弃战略，如逐渐撤退或彻底清算等	将经过整顿后暂时保留下来的瘦狗业务并入其他事业部，统一管理

4. 波士顿矩阵的运用

在充分了解了四种业务的特点后还需进一步明确各项业务在公司中的不同地位，从而进一步明确其战略。通常有四种战略分别适用于不同的业务：

（1）发展战略。适用于“明星”业务和“问题”业务中有希望转化为“明星”的业务。应加大投入，促其成长。

（2）保持战略（维持战略）。适用于较大的“现金牛”业务，该战略的目标是维持某项业务的相对市场占有率，使其继续为企业提供大量现金，对其适当投入可维持现状。

（3）收割战略。适用于处境不佳的“现金牛”类业务、前景黯淡的“问题”类业务和“瘦狗”类业务。这种战略主要是为了获得短期收益，目标是在短期内获得最大限度的现金流量。

（4）放弃战略。适用于给企业造成很大负担而又无利可图的“瘦狗”类业务和“问题”类业务。目标是通过清理和变卖某些业务，减轻企业负担，以便将有限的资金用于效益较好的业务。

经典题解

【真题33·多选题】凯阳公司拥有发电设备制造、新能源开发、电站建设和环保4部分业务，这些业务的市场增长率依次为5.5%、11%、5%和13%，相对市场占有率依次为1.3、1.1、0.8和0.2。根据波士顿矩阵原理，上述4部分业务中，可以视情况采取收割战略的有（　　）。（2020年）

A. 发电设备制造业务

B. 电站建设业务

C. 环保业务

D. 新能源开发业务

【解析】发电设备制造业务属于低增长—强竞争地位的“现金牛”业务；新能源开发业务属于高增长—强竞争地位的“明

星”业务；电站建设业务属于低增长—弱竞争地位的“瘦狗”业务；环保业务属于高增长—弱竞争地位的“问题”业务。对处境不佳的“现金牛”业务、没有发展前途的“问题”业务和“瘦狗”业务应视具体情况采取收割战略，选项A、B、C正确。

【答案】ABC

【真题34·单选题】实行多元化经营的达梦公司在家装行业有很强的竞争力，市场占有率达50%以上。近年来家装市场进入低速增长阶段，根据波士顿矩阵原理，下列各项中，对达梦公司的家装业务表述正确的是(　　)。(2019年)

A. 该业务应采用撤退战略，将剩余资源向其他业务转移

B. 该业务应由对生产技术和销售两方面都很内行的经营者负责

C. 该业务的经营者最好是市场营销型人物

D. 该业务需要增加投资以加强竞争地位

【解析】“近年来家装市场进入低速增长阶段”“市场占有率达50%以上”说明达梦公司的家装业务属于“低增长—强竞争”地位的“现金牛”业务，其经营者最好是市场营销型人物，选项C正确。

【答案】C

【真题35·单选题】天兆公司经营造船、港口建设、海运和相关智能设备制造四部分业务，这些业务的市场增长率分别为7.5%、9%、10.5%和18%，相对市场占有率分别为1.2、0.3、1.1和0.6。该公司四部分业务中，适合采用智囊团或项目组等管理组织的是(　　)。(2018年)

A. 港口建设业务

B. 造船业务

C. 相关智能设备制造业务

D. 海运业务

【解析】“问题”业务适合采用矩阵制组织结构（智囊团或项目组）等进行管理。问题业务对应高市场增长率（大于10%），低相对市场占有率（小于1.0）。相关智能设备制造业务的市场增长率为18%，相对市场占有率为0.6，属于“问题”业务，因此适合采取智囊团或项目组等管理组织，选项C正确。

【答案】C

【真题36·单选题】环美公司原以家电产品的生产和销售为主业，近年来逐渐把业务范围扩展到新能源、房地产、生物制药等行业。依据波士顿矩阵分析法，下列各项环美公司对其业务所做定位的描述中，错误的是(　　)。(2017年)

A. 新能源行业发展潜力巨大、前景广阔，公司在该领域竞争优势不足。公司应当对新能源业务进行重点投资，以提高市场占有率

B. 房地产业进入“寒冬”期，公司的房地产业务始终没有获利。公司应当果断地从该业务中撤出

C. 生物制药行业近年来发展迅猛，公司收购的一家生物制药企业由弱到强，竞争优势日益显现。公司应当在短期内优先供给其所需资源，支持该业务继续发展

D. 家电业务的多数产品进入成熟期，公司在家电行业竞争优势显著。公司应当对该业务加大投资力度，以维持公司在行业中的优势地位

【解析】依据波士顿矩阵分析法，新能源业务属于高增长—弱竞争地位的“问题”业务，对于发展潜力巨大、前景广阔的该业务应进行重点投资，以提高市场占有率，选项A正确；房地产业务属于低增长—弱竞争地位的“瘦狗”业务，对于该业务应当果断地放弃，选项B正确；生物制药业务属于高增长—强竞争地位的“明星”业务，对于该业务公司应当在短期内优先供给其所需资源，支持该业务继续发展，选项C正确；家电业务属于低增长—强竞争地位的“现金牛”业务，该类业务本身不需要投资，反而能为企业提供大量资金，用以支持其他业务的发展，选项D错误。

【答案】D

【例题37·单选题】 下列各项企业竞争策略正确运用了波士顿矩阵分析的是( )。

A. 放弃与对手的竞争，不再对市场增长快的产品加大投入

B. 对于市场占有率高但市场增长率低的产品，应加大投资以进一步提高该产品的竞争力

C. 减少对市场占有率低且价格竞争激烈的产品的投资

D. 加大对市场占有率下滑产品的广告投放，以使该产品的市场占有率回升

【解析】 市场增长率高的产品属于明星产品或问题产品，对于明星产品和有发展前途的问题产品应加大投入，选项A错误。市场占有率高但市场增长率低的产品属于现金牛产品，该类产品不宜大力发展，可采取维持巩固的稳定战略，也可采取收割战略，选项B错误。市场占有率低且价格竞争激烈的产品属于瘦狗产品，瘦狗产品应采用撤退战略，选项C正确。对于市场占有率下滑的产品，如瘦狗产品，通常不再追加投资，选项D错误。

【答案】 C

（二）通用矩阵（★）

通用矩阵（GE矩阵）是美国通用电气公司在波士顿矩阵的基础上创立的一种业务组合分析工具。

1. 基本原理

说到GE矩阵就一定要结合BCG矩阵一起进行比较讨论，因为GE矩阵可以说是为了克服BCG矩阵的缺点所开发出来的。由于基本假设和很多局限性都与BCG矩阵相同，其最大的改善就在于用了更多的指标来衡量两个维度。

相比BCG矩阵，GE矩阵也提供了产业吸引力和企业实力之间的类似比较，但不像BCG矩阵用市场增长率来衡量市场吸引力，用相对市场占有率来衡量企业实力，其只是单一指标；而GE矩阵使用数量更多的因素来衡量这两个变量，纵轴用多个指标反映产业吸引力，横轴用多个指标反映企业竞争地位，同时**增加了中间等级**。也由于GE矩阵使用多个因素，可以通过增减某些因素或改变它们的重点所在，来很容易地使GE矩阵适应经理的具体意向或某产业特殊性的要求。

GE矩阵比BCG矩阵在以下三个方面表现得更为成熟：

（1）市场/产业吸引力代替市场增长率被吸纳进来成为一个评价维度。市场吸引力较之市场增长率显然包含了更多的考量因素。

（2）竞争地位代替相对市场占有率成为另外一个维度，由此对每一个经营业务的竞争地位进行评估分析。同样，竞争实力较之相对市场占有率亦包含了更多的考量因素。

（3）GE矩阵有9个象限，而BCG矩阵只有4个象限，使得GE矩阵结构更复杂、分析更准确。

2. 通用矩阵的局限

通用矩阵虽然改进了波士顿矩阵过于简化的不足，但是也存在自身的不足：

（1）用综合指标来测算产业吸引力和企业的竞争地位，这些指标在一个产业或一个企业的表现可能会有不一致，评价结果也会由于指标权数分配的不准确而存在偏差。

（2）划分较细，这对于业务类型较多的多元化大公司来说必要性不大，且需要更多数据，方法比较繁杂，不易操作。

能量小贴士	乐观一点，用力微笑吧！隐晦的日子总敌不过我们阳光的心态

第三节　SWOT 分析

本节视频详解
使用“会计云课堂” App/ 微信扫码听课

01 SWOT 分析的基本原理（★★）

复习建议	考试题型	考察套路	关键词
理解掌握 SWOT 分析包含的四方面的含义	客观题型、主观题型	分析案例中目标企业体现的优势、劣势、面临的机会和威胁	参见下表“表现”

SWOT 分析是对企业的内部条件和外部环境的各方面内容进行综合概括，分析企业的优势和劣势及面临的机会和威胁，进而帮助企业进行战略选择的一种方法。S 是指企业内部的优势（Strengths），W 是指企业内部的劣势（Weakness），O 是指企业外部环境的机会（Opportunities），T 是指企业外部环境的威胁（Threats）。

企业内部的优势和劣势分析主要是着眼于企业自身的实力及其与竞争对手的比较，而企业外部的机会和威胁分析则将注意力放在外部环境的变化及对企业的可能影响上。通过 SWOT 分析，可以帮助企业把资源和行动聚集在自己的强项和有最多机会的地方，并让企业的战略变得更加明朗。在分析时，应把所有的内部因素（优势和劣势）集中在一起，然后依据外部的力量（机会和威胁）来对这些因素进行评估。

SWOT 分析的 4 个要素

要素	含义	表现
优势(S)	能给企业带来重要竞争优势的积极因素或独特能力	产品市场占有率高、拥有充足的资金、熟练的技术工人和较强的产品开发能力
劣势(W)	限制企业发展且有待改正的消极方面	财务状况恶化、产品质量下降、管理效能低下
机会(O)	随着企业外部环境的改变而产生的有利于企业的时机	政府的支持、与购买者和供应者建立良好的关系等
威胁(T)	随着企业外部环境的改变而产生的不利于企业的时机	新竞争对手的出现、市场增长缓慢、购买者和供应者讨价还价能力增强等

02 SWOT 分析的应用（★★★）

复习建议	考试题型	考察套路	关键词
理解并记忆每种内外部环境搭配对应的战略类型	客观题型、主观题型	分析案例中目标企业的内外部环境情况，判断是否遵循了“内外搭配”原则，及其对应的战略类型	（1）增长型——SO （2）多种经营——ST （3）扭转型——WO （4）防御型——WT

外部环境

内部环境	机会	威胁
优势	增长型战略（SO）	多种经营战略（ST）
劣势	扭转型战略（WO）	防御型战略（WT）

（一）优势—机会（SO 战略）

增长型战略是一种发展企业内部优势与利用外部机会的战略，是一种理想的战略模式。当企业具有特定方面的优势，而外部环境又为发挥这种优势提供有利机会时，可以采取该战略。例如，良好的产品市场前景、供应商集中度降低和竞争对手有财务危机等外部条件，配合企业市场份额高等内在优势可成为企业收购竞争对手、扩大生产规模的有利条件。

（二）优势—威胁（ST 战略）

多种经营战略是指企业利用自身优势，回避或减轻外部威胁所造成的影响的战略。例如，竞争对手利用新技术大幅度降低成本，给企业带来很大的成本压力；同时材料供应紧张，其价格可能上涨；消费者要求大幅度提高产品质量等。但若企业拥有充足的资金、熟练的技术工人和较强的产品开发能力，便可利用这些优势开发新工艺、简化生产工艺过程、提高原材料利用率，从而降低材料消耗和生产成本。另外，开发新技术产品也是企业可选择的战略之一。新技术、新材料和新工艺的开发与应用是最具潜力的降低成本的措施，同时，它可提高产品质量，从而回避外部威胁的影响。

（三）劣势—机会（WO 战略）

扭转型战略（转向战略）是利用外部机会来克服内部劣势，使企业改变劣势而获取优势的战略。当存在外部机会，但由于企业存在一些内部劣势而妨碍其利用机会时，可采取措施先克服这些劣势。

（四）劣势—威胁（WT 战略）

防御型战略是一种旨在减少内部劣势，规避外部威胁的收缩战略。当企业存在内忧外患时，往往面临生存危机，企业应主动进行业务重组或者彻底放弃，设法避开威胁和消除劣势。

通过 SWOT 分析可以将企业战略分析过程中总结出的企业内部的优势与劣势、外部环境的机会与威胁转换为企业下一步的战略开发方向。SWOT 分析成为战略分析与战略选择两个阶段的连接点。

【提示】一颗黄豆的成长历程

（1）当阳光、雨水充足（O），黄豆种子自身发育良好（S）时，它选择茁壮成长，开花结果。（SO–增长型战略）

（2）当阳光、雨水充足（O），但是黄豆种子自身发育不良（W）时，它需要花更多精力才能扭转劣势，破土而出。（WO–扭转型战略）

（3）当天气寒冷又干旱（T），并且黄豆种子自身发育不良（W）时，它很难发芽成长，只能默默忍耐，减少养分消耗。（WT–防御型战略）

（4）当天气寒冷又干旱（T），但是黄豆种子自身发育良好（S）时，它没有发芽长大的环境，但是为了实现自身价值，它选择将自己磨成豆奶粉。（ST–多种经营战略）

经典题解

【真题 38 · 单选题】飞牛公司是一家农用无人机研发和制造企业。下列各项中，符合飞牛公司 SWOT 分析要求的是（　　）。（2020 年）

A. 农用无人机市场需求旺盛，飞牛公司有较强的研发和制造能力，应加快业务发展。此为ST战略

B. 农用无人机市场需求旺盛，飞牛公司缺乏精通业务的营销人员，应与有实力的公司合作。此为SO战略

C. 农用无人机市场竞争日趋激烈，飞牛公司有较强的研发和制造能力，应加大技术和产品创新力度。此为WO战略

D. 农用无人机市场竞争日趋激烈，飞牛公司缺乏精通业务的营销人员，应加大相关人才的招聘和培养力度。此为WT战略

【解析】“农用无人机市场需求旺盛”属于机会（O），“飞牛公司有较强的研发和制造能力”属于优势（S），应为SO战略，选项A错误。“农用无人机市场需求旺盛”属于机会（O），“飞牛公司缺乏精通业务的营销人员”属于劣势（W），应为WO战略，选项B错误。“农用无人机市场竞争日趋激烈”属于威胁（T），“飞牛公司有较强的研发和制造能力”属于优势（S），应为ST战略，选项C错误。“农用无人机市场竞争日趋激烈”属于威胁（T），“飞牛公司缺乏精通业务的营销人员”属于劣势（W），应为WT战略，选项D正确。

【答案】 D

【真题39·单选题】近年来新能源汽车产业及市场迅猛增长。国内汽车制造商华新公司于2018年进入新能源汽车制造领域，但是受技术和管理水平制约，其产品性能欠佳，市场占有率较低。根据SWOT分析，该公司应采取的战略是(　　)。(2019年)

A. 增长型战略

B. 多元化战略

C. 防御型战略

D. 扭转型战略

【解析】“近年来新能源汽车产业及市场迅猛增长”体现了外部环境中的机会（O）；“受技术和管理水平制约，其产品性能欠佳，市场占有率较低”体现了内部环境中的劣势（W）。根据SWOT分析，该公司应采取的战略是WO战略，即扭转型战略，选项D正确。

【答案】 D

【例题40·多选题】J公司是国内风力发电装备制造行业的龙头企业，拥有雄厚的资金实力和品牌优势。2019年，J公司在国家政策支持下，投资开展了作为总包方/分包方参与配电网建设的新业务。由于相关技术研发力量不足，且市场竞争激烈，该业务一直处于亏损状态。下列各项对J公司所做的SWOT分析并提出的相应战略中，正确的有(　　)。

A. J公司新业务的相关技术研发力量不足，且市场竞争激烈，应将新业务出售。此为WT战略

B. J公司虽然新业务的相关技术研发力量不足，但面对国家政策的支持，应寻找有实力的公司，结成战略联盟。此为ST战略

C. J公司拥有雄厚的资金实力和品牌优势，但自身研发能力不足，应寻找有实力的公司，结成战略联盟。此为WO战略

D. J公司拥有雄厚的资金实力和品牌优势，应借国家政策支持的东风，加强技术攻关力度，争取新业务尽快扭亏为盈。此为SO战略

【解析】J公司新业务的“相关技术研发力量不足”属于内部环境中的劣势，“市场竞争激烈”属于外部环境中的威胁，应进行业务调整，设法避开威胁和消除劣势，可以将新业务出售，此为**WT战略**，选项A正确。J公司新业务的“相关技术研发力量不足”属于内部环境中的劣势，但面对“国家政策的支持”属于外部环境中的机会，应寻找有实力的公司，结成战略联盟，此为**WO战略**，选项B错误。J公司“拥有雄厚的资金实力和品牌优势”属于内部环境中的优势，但“自身研发能力不足”属于内部环境中的劣势，而**SWOT分析的是内部环境和外部环境的组合，不会出现内部环境中的优势和劣势的结合**，选项C错误。J公司“拥有雄厚的

资金实力和品牌优势”属于内部环境中的优势，“借国家政策支持的东风”属于外部环境中的机会，加强技术攻关力度，争取新业务尽快扭亏为盈，此为SO战略，选项D正确。

【答案】AD

本章疑难问题解答

【问题1】对“与生命周期每一阶段相联系的竞争属性随着产业的不同而不同”中“竞争属性”的理解。

【解答】竞争属性简单来说就是产业的竞争特点，如竞争者数量、竞争的手段是价格竞争还是非价格竞争等随着产业集中度的不同会有很大的不同，而产品生命周期描述的仅是一个产业从零散到集中这样一个逻辑顺序，因此，产品生命周期分析不具有普适性。

【问题2】学习曲线效应与规模经济效应有哪些区别和联系？

【解答】区分由于学习曲线所产生的学习经济和由于规模而产生的规模经济是很必要的。学习曲线也称为经验曲线，是指随着产品累计产量的增加，由于经验和专有技术的积累所带来的单位产品成本的下降。如劳动效率的提高、工艺的改进、产品的改良等。它与规模经济往往交叉地影响产品成本的下降水平。规模经济是指在一定的产销量范围内，由于固定成本总额是不变的，伴随着产销量的增加而使得单位产品固定成本降低。即使是学习经济很小的情况下，规模经济也可能是很大的；同样的，在规模经济很小时，学习经济也可能是很大的。

【问题3】资本密集型产业与劳动密集型产业有何区别？

【解答】如果按照经济活动中投入生产要素的比例进行产业划分，可将特定产业划分为资本密集型产业与劳动密集型产业两种类型。

资本密集型产业是指在投入的劳动力和资本（资金）这两种生产要素中，单位产品占用的资本（资金）数量较多的那一类产业。其主要依靠技术和设备投入，对劳动力的依赖程度较低。通俗地讲，资本密集型产业是指在其产品成本构成中，直接人工成本占比较低，而直接材料成本和制造费用占比较高的产业。例如，交通、钢铁、机械、石油、化学等基础工业和重化工业都是典型的资本密集型产业。资本密集型产业具有以下特点：技术装备程度高、资本投资量大、容纳劳动力较少。

劳动密集型产业是指在投入的劳动力和资本（资金）这两种生产要素中，单位产品占用的资本（资金）数量较少的那一类产业，主要依靠大量使用劳动力，对技术和设备的依赖程度较低。劳动密集型产业的产品成本构成中直接人工成本所占比重较大，而制造费用所占比重较小。例如，纺织、服装、玩具、皮革、家具等制造业都是典型的劳动密集型产业。劳动密集型产业具有以下特点：技术装备程度低、资本投资量小、容纳劳动力较多。

【问题4】如何理解成本驱动力和作业成本法？

【解答】作业成本法的指导思想：“成本对象消耗作业，作业消耗资源（成本费用）”。作业成本法把直接成本和间接成本（包括期间费用）作为产品（服务）消耗作业的成本同等地对待，拓宽了成本的计算范围，使计算出来的产品（服务）成本更加准确真实。作业成本法不仅是一种成本计算方法，更是成本计算与成本管理的有机结合。作业成本法基于成本动因（亦称成本驱动因素，是指导致成本发生的因素，即成本的诱因）进行成本分配：根据作业活动耗用资源的情况，将资源耗费分配给作业；再依照成本对象消耗作业的情况，把作业成本分配给成本对象。

作业成本管理是以提高客户价值、增加企业利润为目的，基于作业成本法的成本管理方法。应用作业成本计算提供的信息，从成本的角度，在管理中努力提高增加顾客价值的作业（增值作业）效率，消除或遏制不增加顾客价值的作业（非增值作业），实现企业生产流程和生产经营效率效果的持续改善，增加企业价值。

【问题5】如何理解“问题”业务适用发展、收割和放弃战略？

【解答】发展战略是以提高某项业务相对市场占有率为目标，增加资金投入。收割战略，也称收获战略，该种战略主要是为了获得短期收益，目标是在短期内得到最大限度的现金流量，而不顾长期效益。放弃战略的目标是通过清理和变卖某些业务，减轻企业负担，以便将有限的资源用于经营效益较好的业务。

“问题”业务是一种高市场增长率、低相对市场占有率的业务。

（1）如果该业务未来前景光明，有发展前途（有利用价值），并且企业有能力进一步提高该业务的相对市场占有率，那么企业就应该投入重金打造该业务，使其尽快转化为“明星”业务，即采用发展战略。

（2）如果该业务未来发展前景不明朗，并且企业没有能力进一步提高该业务的相对市场占有率，但该业务可以在短期内给企业带来一定收益（短期内有一定的利用价值），那么企业就应该尽可能地控制和减少对该业务的资金投入，在短期内最大限度地压榨它的现金流入，即采用收割战略。

（3）如果该业务未来前景黯淡，没有发展前途（没有利用价值），并且企业也没有能力进一步提高该业务的相对市场占有率，那么企业就会毫不犹豫地舍弃该项业务，即采用放弃战略。

历年经典试题回顾

一、单项选择题

1. 山野公司是国际著名的户外运动服装设计和生产商。该公司的产品广受消费者喜爱，被誉为户外运动服装行业的第一品牌。不少企业试图进入该行业并挑战山野公司的市场地位，但都未获成功。山野公司为潜在进入者设置的结构性障碍是(　　)。(2020年)

A. 规模经济

B. 现有企业的市场优势

C. 学习曲线

D. 现有企业对关键资源的控制

2. 广记公司是一家卤制品生产企业。该公司凭借其长期积累形成的原料配制秘方和生产工艺诀窍等资源生产的多种卤制品，深受消费者喜爱，近年国内市场占有率一直位居第一。在下列资源不可模仿性的形式中，广记公司的上述资源属于(　　)。(2020年)

A. 物理上独特的资源

B. 具有因果含糊性的资源

C. 具有经济制约性的资源

D. 具有路径依赖性的资源

3. 宝灵公司是一家牙膏生产企业。目前牙膏行业的销售额达到前所未有的规模，各个企业生产的不同品牌的牙膏在质量和功效等方面差别不大，价格竞争十分激烈。在上述情况下，宝灵公司的战略重点应是(　　)。(2020 年)

A. 扩大市场份额

B. 在巩固市场份额的同时提高投资报酬率

C. 提高投资报酬率

D. 争取最大市场份额

4. 2016 年，多年成功经营的啤酒生产企业宝泉公司投资新建了一家果蔬饮料生产企业，但因管理不善出现持续亏损。最近宝泉公司组织果蔬饮料生产企业的管理人员到本公司的啤酒生产企业调研、学习，收效良好。宝泉公司所实施的基准分析的类型属于(　　)。(2019 年)

A. 顾客基准　　B. 一般基准

C. 内部基准　　D. 竞争性基准

5. 平阳公司是国内一家中型煤炭企业，近年来在政府出台压缩过剩产能政策、行业竞争异常激烈的情况下，经营每况愈下，市场份额大幅缩减。根据 SWOT 分析，平阳公司应采取(　　)。(2018 年)

A. 扭转型战略　　B. 增长型战略

C. 防御型战略　　D. 多种经营战略

6. 甲公司是 C 国著名的生产和经营电动汽车的厂商。2017 年，公司制定了国际化战略，拟到某发展中国家 N 国投资建厂。为此，甲公司委托专业机构对 N 国的现有条件进行了认真详细的分析。根据波特的钻石模型理论，下列分析中不属于钻石模型 4 要素的是(　　)。(2018 年)

A. N 国电动汽车零部件市场比较落后，供应商管理水平较低

B. N 国电动汽车市场刚刚兴起，市场需求增长较快

C. N 国政府为了保护本国汽车产业，对甲公司的进入设定了限制条件

D. N 国劳动力价格相对 C 国较低，工人技术水平和文化素质不高

二、多项选择题

1. 朝晖汽车制造公司为了获取成本优势，与汽车发动机供应商建立了良好关系，保证生产进度不受影响；所需外购配件由就近的泰达公司提供，减少了运输费用；内部各个配件厂分布在总装厂周围，建立大规模生产线实现规模经济。该公司的上述做法涉及其价值链中的(　　)。(2020 年)

A. 内部后勤　　B. 生产经营

C. 外部后勤　　D. 采购管理

2. 经营连锁超市的茂林公司为了改善内部管理，开展了顾客满意度调查，组织相关管理人员走访学习了某著名连锁餐饮集团管理下属分店的经验，并瞄准本行业标杆企业制定了整改方案。茂林公司进行基准分析所采用的基准类型有(　　)。(2020 年)

A. 内部基准　　B. 一般基准

C. 竞争性基准　　D. 顾客基准

3. 惠丰公司是一家柴油机生产企业。最近，该公司拟把业务延伸到农机生产领域。下列各项中，属于惠丰公司进入新产业所面临的结构性障碍有(　　)。(2019 年)

A. 现有农机企业采取限制进入定价行为

B. 现有农机企业的品牌优势

C. 政府颁布的农机产业进入政策

D. 现有农机企业对销售渠道的控制

4. 华泰医药公司拟在 J 国建立一个药品研发和生产基地，并对该国的相关情况进行了调查分析。下列各项中，符合钻石模型四要素分析要求的有(　　)。(2019 年)

A. J 国近年来经济增长较快，对高质量药品需求与日俱增

B. J 国政府近期颁布了多项支持医药产业发展的政策

C. J 国药品研发人才不足，尚无一项药品专利

D. J 国本土医药企业虽然数量较多，但规模小，竞争主要围绕价格进行

三、简答题

1. W 镇是一个有 1300 年建镇史的江南水乡古镇，因其历史街区保留了大量经典明清建筑群，被称为“江南六大古镇”之一。1999 年 6 月，当地政府组建 W 镇旅游公司，开始了 W 镇古镇保护和旅游开发历程。然而，W 镇的起步条件相对落后，旅游资源与其他江南水乡古镇雷同，且同一地区的 Z 庄和 X 镇已小有名气，W 镇旅游如果不能另辟蹊径，很难满足日益挑剔的旅游消费者的品味。

   在吸收借鉴其他古镇旅游开发经验教训的基础上，W 镇旅游公司走出了一条创新发展的路径，实现了古镇旅游转型升级和遗产活化保护的协调发展。

   (1) 多元化的产品、业态和盈利模式：观光+休闲度假+商务+会展+文化。W 镇的旅游开发定位在商务和休闲市场，设计开发出 W 镇戏剧节、木心美术馆、现代艺术展、互联网大会等新产品，多业态复合经营已成为增加营业收入的主力。

   (2) 脱胎换骨式基建改造和整体风貌保护。W 镇进行了大规模的脱胎换骨式的基建改造，实现了给排水系统、水电气系统的全面升级。景区保护基于街区风貌的整体打造，对建筑外立面和空间、周边环境进行系统整治，使古建筑更适合居住。

   (3) 外来资本和本土专业化管理相结合。W 镇与一家上市旅游公司合作，后者既是战略投资者，又是旅旅产品推介的渠道商。同时，政府和投资者之间达成共识，全权委托深谙当地文脉的本土专业团队开展经营管理工作，形成“内容商+渠道商+资本+政府”的经营管理模式。

   (4) 社区重构和部分空心化。W 镇将全部居民迁出，再将部分商铺返租给原来的部分住户。这样“部分空心化”的社区重构，使得居民与游客的矛盾不复存在，也便于整体产权开发和集中统一管理，有效遏制过度商业化的问题。

   自 2001 年开放迎客以来，W 镇旅游开发获得的惊人发展受到专家和同行的肯定，被誉为中国古镇保护之“W 镇模式”。

   要求：

   (1) 依据钻石模型四要素，简要分析 W 镇旅游业发展的优势；

   (2) 依据企业资源的主要类型，简要分析 W 镇旅游业发展的优势。(2020 年)

2. VD 公司诞生于 2013 年年底，当时已有 15 年儿童英语培训工作经历的方雯决定创办一家在线英语教育服务公司，以解决线下英语师资良莠不齐、同质化、教学内容陈旧、价格和时间成本高等问题。借助互联网的手段，专注于为 4~12 岁少年儿童提供一对一的在线英语教育服务，采用碎片化的、性价比高的、与纯北美外教老师进行渗透式学习交流方式，因材施教，给每个孩子带来个性化的学习体验，这是 VD 公司的基本业务模式。

   VD 公司在教学设计上摒弃了传统教学模式，迎合儿童特点，将英语教学与影视、娱乐相结合，寓教于乐，激发小学员们的兴趣，也让教和学成为师生情感交流的平台。VD 公司选择自主研发教材而非原版引进，为中国小朋友量身定制最适合他们的教材。VD 公司一直坚持研发高品质产品，形成了各个单元课件，其后又通过不断对产品的打磨，构建了包括教学大纲、教学内容课件、课前课后的练习、教师教案以及教师培训等整套线上的教研体系。

   线下教育对于北美本土的教师来说，要放弃当地生活或者拖家带口来到中国，困难是非常大的。线上模式则使这一困境得以根本改变。北美现有符合 VD 公司招募条件的教师总数接近 1000 万人，通过在线方式，VD 公司可以筛选出最优秀的 1%。通过招募成为 VD 外教后，VD 平台通过一系列在线教学交流分享，帮助每一位老

师成为线上“专家”。

VD 平台帮助小学员从几万名老师中匹配、推荐、自主选择老师。这在传统的线下培训中是不可能的。同时，根据儿童教育规律，让孩子与五个左右的不同的老师去学习和交流，以达到提升认知度和理解力的最好效果。

自 2013 年成立以来，引领线上教育的 VD 公司一直在快速壮大。由于 VD 公司近乎极致的规划设计与极其周密的运作，使竞争对手难以复制和超越。

要求：运用识别企业核心能力 3 个关键性测试，简要分析 VD 公司是否具备核心能力。（2020 年改编）

3. 海浪水泥公司成立于 1997 年，主要从事水泥及其熟料的生产和销售，2002 年 2 月成功上市。

海浪水泥总部坐落于 A 省。A 省是全国水泥生产主要原材料石灰石储量第二大的省份，且石灰石质量较高。海浪水泥凭借先天条件坐拥原材料成本和质量优势。

水泥产品体积大、单位重量价值低，而且其资源点和消费点的空间不匹配，这些是造成水泥行业运输成本居高不下的主要原因。海浪水泥利用自身位居长江附近的地理位置优势，积极推行其他水泥企业难以复制的“T 型”战略布局：在拥有丰富石灰石资源的区域建立大规模生产的熟料基地，利用长江的低成本水运物流，在长江沿岸拥有大容量水泥消费的城市群建立粉磨厂，形成“竖端”熟料基地+长江水运、“横端”粉磨厂深入江、浙、沪等地市场的“T 型”生产和物流格局，改变了之前通过“中小规模水泥工厂+公路运输+工地”的生产物流模式，解决了长江沿岸城市石灰石短缺与当地水泥消耗量大之间的矛盾。

海浪水泥不断完善“T 型”战略布局，率先在国内新型干法水泥生产线低投资、国产化的研发方面取得突破性进展，这标志着中国水泥制造业的技术水平跨入世界先进行列，确保公司为市场提供规模可观的低价高质产品；公司在沿江、沿海建造了多个万吨级装卸水泥和熟料的专用码头，着力建设或租赁中转库等水路上岸通道；集团设立了物流公司和物流调试中心；公司强化对终端销售市场的开拓，推行中心城市一体化销售模式，在各区域市场建立贸易平台；公司物流实现了工业化和信息化的深度融合，以 GPS 和 GIS 为核心的物流调度信息系统实现了一体化、可视化的管理。通过“T 型”战略的实施，海浪水泥进一步巩固了其“资源—生产—物流—市场”的产业链优势。

2018 年海浪水泥年报显示：公司营业收入同比大幅增长 70.50%，净利润同步增长 88.05%，净利润增长幅度超过营业收入增长幅度。

要求：

（1）从企业资源角度，简要分析海浪水泥的竞争优势；分析海浪水泥资源“不可模仿性”的主要形式；

（2）简要分析海浪水泥企业能力。（2019 年）

4. 2004 年，春城白药开始尝试进军日化行业。而此时日化行业的竞争已经异常激烈。B 公司、L 公司、D 公司、H 公司等国际巨头们凭借其规模经济、品牌、技术、渠道和服务等优势，基本上占领了 C 国日化行业的高端市场，占据了 C 国牙膏市场 60%以上的份额；清雅公司、蓝天公司等本土日化企业由于普遍存在产品特色不突出、品牌记忆度弱等问题，加上自身实力不足，因而多是在区域市场的中低端市场生存。整个产业的销售额达到前所未有的规模，且市场基本饱和。谁想要扩大市场份额，都会遇到竞争对手的顽强抵抗。已有相当数量的本土日化企业淡出市场。价格竞争开始成为市场竞争的主要手段，定位在高端市场的国际巨头们也面临着发展的“瓶颈”，市场份额、增长速度、盈利能力都面临着新的考验，它们的产品价格开始向下移动。

春城白药进入日化行业先从牙膏市场开始。春城白药没有重蹈本土企业的中低端路线，而是反其道而行之。通过市场调研，春城白药了解到广大消费者对口腔健康日益重视，而当时市场上的牙膏产品大多专注于美白、防蛀等基础功能，具有更多口腔保健功能的药物牙膏还是市场“空白点”。于是，春城白药创出了一个独特的、有助于综合解决消费者口腔健康问题的药物牙膏——春城白药牙膏，并以此树立起高价值、高价格、高端的“三高”形象。

春城白药进入牙膏市场短短几年表现突出，不仅打破本土品牌低端化的现状，还提升了整个牙膏行业价格体系。从 2010 年开始，随着春城白药推出功能化的高端产品，国际巨头们也纷纷凭借自身竞争优势推出功能化的高端产品抢占市场。B 公司推出抗过敏牙膏；L 公司推出全优七效系列牙膏；D 公司推出去渍牙膏；H 公司推出专效抗敏牙膏。这些功能性很强的口腔保健牙膏定价都与春城白药牙膏不相上下。这些功能化的高端牙膏产品出现后，消费者的需求得到进一步满足，整个市场呈现出“销售额增长大于销售量增长”的新特点。

要求：

（1）简要分析春城白药进军日化行业时，日化行业所处的产品生命周期发展阶段；

（2）运用“解决口腔健康问题功能程度”和“价格水平”两个战略特征，各分为“高”“低”两个档次，对 2010 年以前的 B 公司、L 公司、D 公司、H 公司、清雅公司、蓝天公司、春城白药进行战略群组划分；

（3）根据战略群组分析的作用，分析：

①定位在高端市场的国际巨头们的产品价格开始向下移动的依据；

②春城白药在日化行业中战略群组定位的依据；

③B 公司、L 公司、D 公司、H 公司相继推出功能化高端牙膏的依据。（2016 年）

历年经典试题回顾参考答案及解析

“扫码看解析”

使用“微信”或“会计云课堂”App 扫码，即可线上对答案、看解析，错题随手收藏，及时巩固复习。

一、单项选择题

1.【答案】B

解析：现有企业的市场优势主要表现在品牌优势和政府政策。“该公司的产品广受消费者喜爱，被誉为户外运动服装行业的第一品牌”属于品牌优势，选项 B 正确。

2.【答案】D

解析：具有路径依赖性的资源是指那些必须经过长期的积累才能获得的资源。“凭借其长期积累形成的原料配制秘方和生产工艺诀窍等资源生产的多种卤制品”属于具有路径依赖性的资源，选项 D 正确。

3.【答案】B

解析：“目前牙膏行业的销售额达到前所未有的规模，各个企业生产的不同品牌的牙膏在质量和功效等方面差别不大，价格竞争十分激烈”表明牙膏行业目前处于成熟期，成熟期的战略重点是在巩固市场份额的同时提高投资报酬率，选项 B 正确。

4. 【答案】C

解析： 果蔬饮料以及啤酒都属于宝泉公司自身的业务，属于内部基准，选项 C 正确。

5. 【答案】C

解析： “近年来在政府出台压缩过剩产能政策、行业竞争异常激烈”说明平阳公司面临外部环境的威胁（T）；“经营每况愈下，市场份额大幅缩减”说明平阳公司面临内部环境的劣势（W）。根据 SWOT 分析，平阳公司应该采取的战略是 WT 战略，即防御型战略。

6. 【答案】C

解析： 选项 A 属于相关与支持性产业；选项 B 属于需求条件；选项 C 不属于钻石模型四要素范畴；选项 D 属于生产要素。

二、多项选择题

1. 【答案】ABD

解析： “所需外购配件由就近的泰达公司提供，减少了运输费用”属于内部后勤，选项 A 正确；“内部各个配件厂分布在总装厂周围，建立大规模生产线实现规模经济”属于生产经营，选项 B 正确；“与汽车发动机供应商建立了良好关系，保证生产进度不受影响”属于采购管理，选项 D 正确。

2. 【答案】CD

解析： “瞄准本行业标杆企业制定了整改方案”属于竞争性基准，选项 C 正确；“经营连锁超市的茂林公司为了改善内部管理，开展了顾客满意度调查”属于顾客基准，选项 D 正确。

3. 【答案】BCD

解析： 贝恩将结构性障碍分为 3 类，分别为规模经济、现有企业对关键资源的控制、现有企业的市场优势（品牌优势、政府政策）。选项 A 属于行为性障碍；选项 B、C、D 属于结构性障碍。

4. 【答案】ACD

解析： 选项 A 体现的是钻石模型中的需求条件；选项 B 体现的是宏观环境分析中的政治和法律因素；选项 C 体现的是钻石模型中的生产要素；选项 D 体现的是钻石模型中的企业战略、企业结构和同业竞争。

三、简答题

1. 【答案】

（1）①生产要素。

a. 初级生产要素。“W 镇是一个有 1300 年建镇史的江南水乡古镇，因其历史街区保留了大量经典明清建筑群，被称为‘江南六大古镇’之一”“外来资本”。

b. 高级生产要素。“脱胎换骨式基建改造”“全权委托深谙当地文脉的本土专业团队开展经营管理工作”。

c. 专业生产要素。“多元化的产品、业态和盈利模式”“脱胎换骨式基建改造和整体风貌保护”“外来资本和本土专业化管理相结合”“全权委托深谙当地文脉的本土专业团队开展经营管理工作”“社区重构和部分空心化”。

②需求条件。国内需求市场是产业发展的动力。本地客户的素质非常重要，特别是内行而挑剔的客户。假如本地客户对产品、服务的要求或挑剔程度在国际上数一数二，就会激发出该国企业的竞争优势。“W 镇旅游如果不能另辟蹊径，很难满足日益挑剔的旅游消费者的品味”。

③相关与支持性产业。相关与支持性产业与优势产业是一种休戚与共的关系。“多元化的产品、业态和盈利模式：观光+休闲度假+商务+会展+文化”“脱胎换骨式基建改造和整体风貌保护”。

④企业战略、企业结构和同业竞争。创造与持续产业竞争优势的最大关联因素是国内市场强有力的竞争对手。“W 镇的起步条件相对落后，旅游资源与其他江南水乡古镇雷同，且同一地区的 Z 庄和 X 镇已

小有名气，W镇旅游如果不能另辟蹊径，很难满足日益挑剔的旅游消费者的品味”。

（2）①有形资源。“W镇是一个有1300年建镇史的江南水乡古镇，因其历史街区保留了大量经典明清建筑群，被称为‘江南六大古镇’之一” “外来资本” “脱胎换骨式基建改造”。

②无形资源。“多元化的产品、业态和盈利模式：观光+休闲度假+商务+会展+文化”“脱胎换骨式基建改造和整体风貌保护”“外来资本和本土专业化管理相结合”“社区重构和部分空心化”“被誉为中国古镇保护之‘W镇模式’”。

③人力资源。“全权委托深谙当地文脉的本土专业团队开展经营管理工作”。

2.【答案】

（1）它对顾客是否有价值？“因材施教，给每个孩子带来个性化的学习体验”“为中国小朋友量身定制最适合他们的教材”。

（2）它与企业竞争对手相比是否有优势？“自2013年成立以来，引领线上教育的VD公司一直在快速壮大。由于VD公司近乎极致的规划设计与极其周密的运作，使竞争对手难以复制和超越”。

（3）它是否很难被模仿或复制？“由于VD公司近乎极致的规划设计与极其周密的运作，使竞争对手难以复制和超越”。

VD公司同时满足三个关键测试，具备核心能力。

3.【答案】

（1）从企业资源角度，海浪水泥所展示的竞争优势如下：

①海浪水泥有形资源所展示的竞争优势。“海浪水泥凭借先天条件坐拥原材料成本和质量优势”“海浪水泥利用自身位居长江附近的地理位置优势，积极推行其他水泥企业难以复制的‘T型’战略布局”“率先在国内新型干法水泥生产线……方面取得突破性进展”“公司在沿江、沿海建造了多个万吨级装卸水泥和熟料的专用码头，着力建设或租赁中转库等水路上岸通道；集团设立了物流公司和物流调试中心”“公司强化对终端销售市场的开拓，推行中心城市一体化销售模式，在各区域市场建立贸易平台；公司物流实现了工业化和信息化的深度融合，以GPS和GIS为核心的物流调度信息系统实现了一体化、可视化的管理”。

②海浪水泥无形资源所展示的竞争优势。“率先在国内新型干法水泥生产线低投资、国产化的研发方面取得突破性进展，这标志着中国水泥制造业的技术水平跨入世界先进行列”。

海浪水泥资源“不可模仿性”的主要形式：

①物理上独特的资源。“海浪水泥凭借先天条件坐拥原材料成本和质量优势”“海浪水泥利用自身位居长江附近的地理位置优势，积极推行其他水泥企业难以复制的‘T型’战略布局”。

②具有路径依赖性的资源。“通过‘T型’战略的实施，海浪水泥进一步巩固了其‘资源—生产—物流—市场’的产业链优势”。

（2）海浪水泥企业能力如下：

①研发能力。“率先在国内新型干法水泥生产线低投资、国产化的研发方面取得突破性进展，这标志着中国水泥制造业的技术水平跨入世界先进行列，确保公司为市场提供规模可观的低价高质产品”。

②生产管理能力。“‘T型’生产和物流格局，改变了之前通过‘中小规模水泥工厂+公路运输+工地’的生产物流模式，解决了长江沿岸城市石灰石短缺与当地水泥消耗量大之间的矛盾”“通过‘T型’战略的实施，海浪水泥进一步巩固了其‘资源—生产—物流—市场’的产业链优势”。

③营销能力。

a. 产品竞争能力。“海浪水泥凭借先天

条件坐拥原材料成本和质量优势”“确保公司为市场提供规模可观的低价高质产品”。

b. 销售活动能力。“公司强化对终端销售市场的开拓，推行中心城市一体化销售模式，在各区域市场建立贸易平台；公司物流实现了工业化和信息化的深度融合，以GPS和GIS为核心的物流调度信息系统实现了一体化、可视化的管理”。

c. 市场决策能力。“积极推行其他水泥企业难以复制的‘T型’战略布局”“海浪水泥不断完善‘T型’战略布局，率先在国内新型干法水泥生产线低投资、国产化的研发方面取得突破性进展”。

④财务能力。“2018年海浪水泥年报显示：公司营业收入同比大幅增长70.50%，净利润同步增长88.05%，净利润增长幅度超过营业收入增长幅度”。

⑤组织管理能力。“积极推行其他水泥企业难以复制的‘T型’战略布局”“海浪水泥不断完善‘T型’战略布局”。

4. 【答案】

（1）春城白药进军日化行业时，日化行业呈现出成熟期的典型特征：

①竞争者之间出现挑衅性的价格竞争。“价格竞争开始成为市场竞争的主要手段”“国际巨头们……的产品价格开始向下移动”。

②成熟期虽然市场巨大，但是已经基本饱和。“整个产业的销售额达到前所未有的规模，且市场基本饱和。谁想要扩大市场份额，都会遇到竞争对手的顽强抵抗。已有相当数量的本土日化企业淡出市场”。

③产品差异不明显。“当时市场上的牙膏产品大多专注于美白、防蛀等基础功能”。

④局部生产能力过剩。“市场基本饱和”“定位在高端市场的国际巨头们也面临着发展的‘瓶颈’”。

综上，春城白药进军日化行业时，日化行业处于产品生命周期的成熟阶段。

（2）运用“解决口腔健康问题功能程度”和“价格水平”两个战略特征，各分为“高”“低”两个档次，将案例中所提及的B公司、L公司、D公司、H公司、清雅公司、蓝天公司、春城白药进行战略群组划分，可分为3个群组：

第一群组：解决口腔健康问题功能程度低、价格水平高的群组：B公司、L公司、D公司、H公司；

第二群组：解决口腔健康问题功能程度低、价格水平低的群组：清雅公司、蓝天公司；

第三群组：解决口腔健康问题功能程度高、价格水平高的群组：春城白药。

（3）根据战略群组分析的作用进行分析：

①定位在高端市场的国际巨头们产品价格开始向下移动，是因为第一群组与第二群组之间以及各群组内部竞争激烈，“日化行业的竞争已经异常激烈”“谁想要扩大市场份额，都会遇到竞争对手的顽强抵抗。已有相当数量的本土日化企业淡出市场”“定位在高端市场的国际巨头们也面临着发展的‘瓶颈’”。而对于第一群组的国际巨头们来说，进入第二群组移动障碍不高，“国际巨头们凭借其规模经济、品牌、技术、渠道和服务等优势……占据了C国牙膏市场60%以上的份额”。

②春城白药定位于日化行业第三群组，是因为那是一片蓝海，“具有更多口腔保健功能的药物牙膏还是市场‘空白点’”。

③B公司、L公司、D公司、H公司相继推出功能化的高端牙膏，是尝试进入第三群组。对国际巨头而言，这一移动障碍也不高。“国际巨头们也纷纷凭借自身竞争优势推出功能化的高端产品抢占市场”。

扫一扫　“码”上做题、看解析

本书同步强化练习题均配备二维码，使用“会计云课堂”App扫码，即可线上做题、看解析。

【“会计云课堂”App下载二维码见封底页】

同步强化练习题

一、单项选择题

1. 金石资源是专注于萤石矿投资开发以及相关产品生产销售的企业，公司位于杭州。萤石产品资源的地域属性强，国内萤石资源主要分布在湖南、浙江、内蒙古、江西等地，但由于湖南、内蒙古等地伴（共）生型萤石矿采选难度较高、经济性较差，于是单一型萤石矿资源相对分布较多的华东地区（浙江等）成为主要萤石精粉产区。金石资源目前是中国萤石行业拥有资源储量、开采及生产加工规模最大的企业。相比于湖南、内蒙古等地，金石资源拥有的具有不可模仿性的资源属于(　　)。(★★★)*

A. 物理上独特的资源

B. 具有因果含糊性的资源

C. 具有路径依赖性的资源

D. 具有经济制约性的资源

2. 苏宁云商实施员工持股计划激励中高层管理人员，尤其意在稳定高层管理人员，为转型护航。苏宁云商的上述活动目的，主要考虑了价值链分析中的(　　)。(★★)

A. 人力资源管理

B. 内部后勤

C. 服务

D. 企业基础设施

3. 下列关于波士顿矩阵中问题业务的表述，正确的是(　　)。(★★)

A. “问题”业务是指市场增长率较低、相对市场占有率较低的业务，因此该业务通常因不能产生大量现金而出现负现金流

B. “问题”业务是指市场增长率较低、相对市场占有率较高的业务，因此企业通常都会实施多元化战略去获取更高的利润

C. “问题”业务是指市场增长率较高、相对市场占有率较高的业务，因此企业通常都会把问题业务淘汰

D. “问题”业务是指市场增长率较高、相对市场占有率较低的业务，因此该业务通常因不能产生大量现金而出现负现金流

4. 甲公司是一家专门生产婴幼儿用品的企业，该公司注意到随着人口出生率的不断下降，婴幼儿市场从长期来看是一个萎缩的市场。随即决定将其婴幼儿产品扩展到成人市场，通过必要的营销措施刺激成人消费者购买。根据以上信息可以判断，该公司对环境进行的分析属于(　　)。(★★)

A. 政治和法律环境

B. 经济环境

C. 社会和文化环境

D. 技术环境

5. 德利公司是一家儿童玩具制造企业。针对近一段时期以来公司销售的WB型产品因质量问题接连遭到客户投诉，为此该公司选择在产品制造、质量和技术方面具有领

---

* 本书中的题目通过标注不同星级体现不同难度。当本章三星级题目错误率超过70%、二星级题目错误率超过50%或一星级题目错误率超过25%，建议您有针对性地巩固“本章重难点精讲”中的相关知识点。

先优势的H通信设备制造商作为标杆，进行对标分析，从而全面改进和提升产品质量。德利公司进行基准分析的基准类型是(　　)。(★★)

A. 内部基准

B. 过程或活动基准

C. 一般基准

D. 竞争性基准

6. 国家放开计划生育并鼓励二胎政策的出台，对于母婴市场来说无疑是一个巨大的利好消息。奶粉行业龙头企业Y公司预测婴幼儿奶粉的市场需求将明显增长，于是制定并实施了新的发展战略，扩大投资，提高生产能力。为了迎合消费者的安全、优质和多样性需求，同时研发了功能性差异的婴幼儿奶粉产品。Y公司外部环境分析所采用的主要方法是(　　)。(★★)

A. 五种竞争力分析

B. PEST分析

C. 成功关键因素分析

D. 产业生命周期分析

7. 百事可乐公司为全球第四大食品和饮料公司。百事可乐公司进入I国市场时，采用和当地厂商合作策略，同时承诺帮I国政府发展经济，协助将农产品销售到世界各国，终于突破该国法令管制，成功进入I国市场。后来不少企业试图进入I国市场并挑战百事可乐公司的市场地位，但因受I国法令管制都未获成功。百事可乐公司为潜在进入者设置的结构性障碍是(　　)。(★★)

A. 规模经济

B. 现有企业的市场优势

C. 学习曲线

D. 现有企业对关键资源的控制

8. 近年来，消费者对美妆护肤方面的需求进一步提升，美容小家电凭借其小巧轻便、使用时间灵活、做工精细、物美价廉深受爱美人群的青睐。G公司在国内最早推出美容小家电产品，目前该公司已建成覆盖全国的营销网络，包括电商销售平台、数以千计的超市专卖柜和实体店以及十几个仓储物流中心。近年来不少企业试图进入美容小家电行业，均未能成功。G公司给潜在进入者设置的进入障碍是(　　)。(★★)

A. 现有企业对关键资源的控制

B. 行为性障碍

C. 现有企业的市场优势

D. 规模经济

9. 哈佛商学院教授亚非在波特教授产业五种竞争力研究基础上，提出了影响产业利润的第六个要素。下列各项中，体现该要素作用的是(　　)。(★★)

A. 甲新能源汽车制造公司并购了其动力电池供应商

B. 某地区房地产业的发展促进了该地区室内装修产业的成长

C. 乙啤酒供应商控制了全市的销售渠道，使其他啤酒供应商在该市难以立足

D. 两家电信服务企业通过降低服务价格，争夺消费者

10. 近年来，国内轿车产业的销售额达到前所未有的水平。不同企业生产的轿车在技术和质量等方面的差异不明显，轿车生产企业的主要战略路径是提高效率、降低成本。按照产品生命周期理论，目前国内轿车产业所处的阶段是(　　)。(★★)

A. 成长期

B. 成熟期

C. 衰退期

D. 导入期

11. 近年来，国内玻尿酸产业的产品销售量节节攀升，竞争者不断涌入。各厂家的产品虽然在技术和性能方面有较大差异，但均可被消费者接受。产品由于供不应求，价格高企。在产品寿命周期的这个阶段，从市场角度看，国内玻尿酸

产业的成功关键因素应当是(　　)。(★★)

A. 建立商标信誉，开拓新销售渠道
B. 保护现有市场，渗入别人的市场
C. 选择区域市场，改善企业形象
D. 广告宣传，开辟销售渠道

12. S公司是国内大型生猪养殖企业，该公司预计在政府政策和市场双重刺激下，生猪养殖结构将发生显著变化，将由以散户养殖为主向以规模化标准养殖为主转变，我国生猪养殖产业化发展进程将加快，其竞争对手H生猪养殖公司将会加大在生猪产业绿色化、规模化和标准化等方面的战略布局。S公司对H公司的上述分析属于(　　)。(★★)

A. 财务能力分析
B. 适应变化的能力分析
C. 快速反应能力分析
D. 成长能力分析

13. 美国西南航空公司主动选择了国内短途航线，并把汽车作为竞争对手，以低成本战略取得很大成功。专营中国国内城际航线的Q航空公司，也采用低成本战略，学习西南航空公司的成本控制措施，在中国竞争激烈的航空市场取得了良好的业绩。Q公司基准分析的类型是(　　)。(★★)

A. 内部基准
B. 竞争性基准
C. 过程或活动基准
D. 一般基准

14. 从事会计职称考前培训的D公司，采取在一些三线城市率先投入大量资本建立大型面授培训机构的战略。由于三线城市的市场空间狭小，不能支撑两个竞争者同时盈利，D公司的竞争者只好放弃竞争。D公司的竞争优势来源于(　　)。(★★)

A. 物理上独特的资源
B. 具有因果含糊性的资源
C. 具有路径依赖性的资源
D. 具有经济制约性的资源

15. 大冷公司是一家拥有80多年历史的中医药公司，其使用国家级保密配方配制的某种药品，具有清热、利尿、祛痰、凉血、解毒的功效。从20世纪90年代推出以来，疗效显著，一直深受患者欢迎。大冷公司拥有的具有不可模仿性的资源属于(　　)。(★★)

A. 物理上独特的资源
B. 具有因果含糊性的资源
C. 具有路径依赖性的资源
D. 具有经济制约性的资源

16. BS热力技术公司致力于为客户提供室内气温、热水和分散式能源管理方面节能、环保以及创新的解决方案，包括了燃气采暖热水炉（壁挂炉）、燃气热水器及空调热泵系统。该公司通过售后用户体验追踪系统随时掌握、分析不同产品的质量问题，并与分销商共享信息，不断提高前来维修的客户的满意度。BS公司的上述做法属于该公司价值链中的(　　)。(★★)

A. 内部后勤
B. 服务
C. 企业基础设施
D. 外部后勤

17. “徒步走”作为一个新兴的集体育和休闲为一体的新生运动，在刚刚兴起之时只是作为少数人寻求刺激、挑战自身极限的项目之一，然而发展至今日，却已成为世界性的时尚健康运动，并且在我国处于高速发展的阶段。成立于2012年的开心徒步网专门提供国内的徒步服务项目，目前其市场占有率位列第二。根据波士顿矩阵原理，开心徒步网的业务属于(　　)。(★★)

A. “明星”业务

B. “瘦狗” 业务

C. “现金牛” 业务

D. “问题” 业务

18. LP公司是从事心血管介入医疗器械研发制造的企业。下列各项中，符合LP公司SWOT分析要求的是(　　)。(★★)

A. 心脑血管介入产品市场需求旺盛，LP公司有较强的研发和制造能力，应加快业务发展。此为ST战略

B. 心脑血管介入产品市场需求旺盛，LP公司缺乏精通业务的营销人员，应与有实力的公司合作。此为SO战略

C. 心脑血管介入产品市场竞争日趋激烈，LP公司有较强的研发和制造能力，应加大技术和产品创新力度。此为WO战略

D. 心脑血管介入产品市场竞争日趋激烈，LP公司缺乏精通业务的营销人员，应加大相关人才的招聘和培养力度。此为WT战略

二、 多项选择题

1. 按照波特的五种竞争力分析模型，下列各项因素中，可能对甲航空公司获取产业竞争优势产生有利影响的有(　　)。(★★★)

A. 航空业的巨额资本投入

B. 甲航空公司实行里程累积计划

C. 高额的飞行员和技师培训费用

D. 目前生产大型商用飞机的公司主要有波音和空中客车两家公司

2. 海天味业是调味品行业的龙头企业，其中酱油、酱类和蚝油三大品类均做到了行业第一。蚝油市场目前仍在消费者教育和培养的快速增长期，公司占据超过40%的市场份额，是行业第二名的6倍还多。酱类市场产品品类多、用途广，是成熟并低速增长的市场，公司的市场份额超过16%。根据波士顿矩阵原理，海天味业的蚝油业务和酱类业务分别属于(　　)。(★★)

A. “明星” 业务

B. “瘦狗” 业务

C. “现金牛” 业务

D. “问题” 业务

3. 根据产业五种竞争力分析模型，下列选项中，表明甲钢铁公司议价能力较强的情形有(　　)。(★★★)

A. 甲公司是产业内少数几家能够提供航空航天用钢的主要供应商，且没有替代品

B. 甲公司打算进军机械制造等产业

C. 甲公司的主要铁矿石供应商乙公司计划进入钢铁制造产业

D. 甲公司是铁矿石供应商乙公司最大的客户，采购量占其30%以上

4. 甲公司是一家大型高端装备制造企业，通过详细分析，总结出了高端装备制造产业存在如下特征。在这些特征中，会造成同业竞争激烈的情形有(　　)。(★★)

A. 产业增长缓慢

B. 产品差异化明显

C. 产业退出障碍高

D. 产业生产能力过剩

5. 下列选项中，能够形成企业核心能力的有(　　)。(★★)

A. 甲公司拥有以独特方式整合内部知识的能力

B. 乙公司具有同行业极强的产品创新能力，特别是小型化的能力

C. 丙公司在长期的发展中形成了独特的企业文化

D. 丁公司从美国硅谷购买了一套先进的信息系统

6. 甲公司是C国一家生产经营消费类电子产品的企业，准备到发展中国家N国投资彩电生产业务，对N国诸多条件进行了认真的调查分析。以下分析内容属于钻石模型四要素的有(　　)。(★★)

A. N国市场上质量高、价格适中的大众化彩电较少

B. 国际名牌家电企业早已进入N国彩电市场，且竞争激烈

C. N国劳动力价格比C国明显偏低，且劳动者的文化与技术水平较低

D. 由于C国产品在N国名声不好，N国政府对于C国家电产品的进入制定了许多限制性政策

7. 下列各项对企业资源能力的价值链分析表述中，正确的有(　　)。(★★)

A. 选择或构筑价值链各项活动之间的最佳联系方式，有利于提高价值创造和战略能力

B. 支持企业竞争优势的关键性活动是企业独特能力之一

C. 价值活动的联系既存在于企业价值链内部，也存在于企业与企业的价值链之间

D. 价值链分析适用于多元化经营企业对企业资源能力进行考察

8. 2007~2013年，三星公司作为苹果公司最大的元器件和闪存供应商的同时，推出了系列智能手机和平板电脑，成为苹果公司在智能手机和平板电脑市场主要的竞争对手。同时，由于三星公司在生产关键零部件方面的能力显著强于其他公司，在短期内使得苹果公司仍然离不开三星公司。这一案例中，影响三星公司对苹果公司讨价还价能力的因素有(　　)。(★★)

A. 业务量

B. 产品差异化程度与资产专用性程度

C. 信息掌握程度

D. 纵向一体化程度

9. H公司是一家农机生产企业。最近，该公司拟把业务延伸到种子、化肥、农药等农业生产相关服务体系。下列各项中，不属于H公司进入新产业所面临的行为性障碍有(　　)。(★★)

A. 现有农业生产相关服务企业采取限制进入定价行为

B. 现有农业生产相关服务企业的品牌优势

C. 政府颁布的农业生产相关服务产业进入政策

D. 现有农业生产相关服务企业对销售渠道的控制

10. 近年来，国内新能源汽车生产企业面临着激烈的竞争压力：其一，海外新能源汽车企业不断通过收购国内品牌或在国内直接建厂进入国内市场；其二，原料成本、用工成本不断上涨，同时由于国内新能源汽车企业众多，产品差异小，利润微薄。从产业五种竞争力角度考察，国内新能源汽车生产企业面临的竞争压力包括(　　)。(★★)

A. 产业内现有企业的竞争

B. 潜在进入者的进入威胁

C. 供应者讨价还价

D. 购买者讨价还价

11. 海螺水泥公司成立于1996年，其总部坐落于安徽省。由于“海螺水泥”在长江沿岸建设了一大批熟料基地和在长江三角洲建设了一大批水泥粉磨厂，使该公司T型战略布局日臻完善。公司生产线全部采用先进的新型干法水泥工艺技术，具有产量高、能耗低、自动化程度高、劳动生产率高、环境保护好等特点。海螺水泥公司一直秉持以人为本的用人理念，始终贯彻“为员工创造机会，帮助员工成功”的用人宗旨，在公司高速发展的同时，海螺水泥公司锻炼出了一批坚实的人才队伍，他们创造了该公司连续20多年高速增长的神奇业绩，也成为该公司发展壮大最重要的战略资源。下列各项中，属于海螺水泥公司获得持续竞争优势的重要基础的资源有(　　)。(★★)

A. 有形资源　　B. 人力资源

C. 无形资源　　D. 组织资源

12. 中国国际航空公司针对不正常航班后的补偿和食宿安排，开展了顾客满意度调查，组织相关管理人员走访学习某著名火锅连锁餐饮集团提升服务质量的经验，并瞄准全球航空业标杆阿联酋国际航空公司制定了整改方案。中国国际航空公司进行基准分析所采用的基准类型有(　　)。(★★)
A. 过程或活动基准
B. 一般基准
C. 竞争性基准
D. 顾客基准

13. 实行多元化经营的S公司在智能机器人产业有较强的竞争力，占据产业第二的市场份额。近年来智能机器人市场进入高速增长阶段，根据波士顿矩阵原理，下列各项中，对S公司的智能机器人业务表达正确的有(　　)。(★★)
A. 该业务应采用撤退战略，将剩余资金向其他业务转移
B. 该业务适合采用事业部制进行管理
C. 该业务适合采用智囊团或项目组等形式进行管理
D. 该业务需要增加投资以加强其竞争地位

三、 简答题

1. 2018年7月23日，小米正式发布家电新品“米家互联网空调”（以下简称米家空调）。这款产品的发布除了丰富小米产品线外，也意味着小米正式向传统白电领域发起冲击。而此时白色家电行业的竞争已经异常激烈。格力、美的、海尔等龙头企业凭借其规模经济、品牌、技术、渠道和服务等优势，基本上占领了白色家电行业的市场。格力在空调领域拥有差异化竞争优势，其产品可以做到与其他品牌不同，更加优质、品牌更强；美的空调拥有目标聚集优势；相较于格力、美的空调占比较高，海尔的业务占比更加均衡，其在家电产品多元化和国际化上布局更优。整个产业的销售额保持稳定，且市场基本饱和。家电行业已经从快速增长期进入逐渐稳定的更新换代期，行业竞争进一步加剧，品牌集中度进一步提高。试图扩大市场份额的企业，总会遇到竞争对手的快速反击。各企业空调的库存已接近历史高位，产品价格竞争开始成为市场竞争的主要手段。根据“米家空调官微”的宣传，这一次米家空调的主要卖点为空调能实现0.1℃的精准控温，对于消费者而言，这确实很有新意，因为传统空调的温度只能到整数，很少有到小数点后的。空调内部过滤网采用一体注塑成型防霉抗菌产品，抗菌率超过99%。还有一个细节的设计也是传统空调不具备的，空调在制冷或除湿结束后，并不会马上关闭，而是将风机继续运转一段时间，以便将蒸发器中的冷凝水吹干，起到防霉效果。同时用户也可以使用米家App和小爱同学来操控米家互联网空调，这也让远程启动成为可能，用户用手机App提前打开空调降温，一进门就可以投身于凉爽适宜的环境中，不必再等待空调启动的过程。米家互联网空调来自小米生态链企业智米科技，依托于小米生态链的大平台，核心技术牢牢掌握在自家手中。
要求：
(1) 简要分析小米正式向传统白电领域发起冲击时，白色家电行业所处的产品生命周期发展阶段；
(2) 运用企业核心能力的三个关键性测试判断小米掌握的互联网空调技术，能否称之为该公司的核心能力。(★★★)

2. 甲公司有三个事业部，分别从事A、B、C三类家电产品的生产和销售。这些产品的有关市场数据见下表。在A、B、C三类产品市场上，甲公司的最大竞争对手是乙公司。

2020年市场销售数据

单位：万元

产品	A	B	C
甲公司销售额	2600	8800	14500
最大竞争对手销售额	4200	22000	11000
全国市场销售总额	32000	84000	64000
近年全国市场增长率（%）	13	6	1

假设市场增长率和相对市场占有率分别以10%和100%作为高低的界限标准。

要求：

（1）用波士顿矩阵分析甲公司的A、B、C三类产品分别属于何种产品；

（2）甲公司对A、C两类产品应分别采取什么策略？并说明理由。（★★）

3. 从1996年开始，爱民医疗器械公司创始人率领研发团队从事生物材料方面的研究，开发出一系列产品。其中，爱民公司2010年开发的专利产品Y产品能够通过义眼的移植帮助失明患者实现部分眼功能，恢复一定的视力。初期的动物试验证明此产品安全有效。

Y产品的核心技术掌握在爱民公司手中，目前在国内还未有类似的产品。前期的市场调研表明，全球至少有5000万Y产品的潜在消费者。新进入者必须投入大量的资金、时间、技术等成本，因而进入难度很大。

在开发Y产品时，爱民公司在保证医疗效果不下降的前提下，坚持选用通用型原材料。这带来两点好处：其一，通用型原材料均由国内厂家生产，进货和运输仓储等方面的成本都比较低，降低了生产成本。其二，供应商的可替代程度高，企业原材料采购的转换成本低。

从成立至今，爱民公司逐渐打造出一支实力较强的研发与销售团队，建立和形成了较为完善的采购、进货和发货后勤服务体系，建立了包括300家三甲医院，基本覆盖全国的销售网络。与上千名临床医疗专家建立了良好的合作关系，分销商渠道健全，建立了专业服务团队，客服部均由经过培训的专业人员负责，服务网络较为完善。

2012年，爱民公司在C国首都建立了生产Y产品的工厂，希望通过进一步的产业化，将Y产品推上市场。

要求：

（1）运用企业核心能力的三个关键测试判断爱民公司掌握的有关Y产品的技术，能否称之为该公司的核心能力；

（2）根据价值链两类活动，简要分析爱民公司开发Y产品具备的优势条件。（★★★）

4. C公司是我国一家二级民营电信运营商，专注于宽带接入业务。C公司的供应商主要分为带宽供应商和设备供应商。带宽供应商主要是中国联通、中国电信、中国移动、中广电4家基础电信运营商，他们控制了在全国范围内经营互联网国内数据传送业务和国内通信设施服务业务。C公司与其他二级电信运营商一样，只能从这4家一级基础电信运营商手中购买带宽资源。设备供应商数量多、规模小，C公司每年都可以选择从不同供应商手中采购大量设备，在价格及付款方式等方面已达成很好的默契。C公司客户主要是一些居民小区，对C公司产品的价格较敏感，加之C公司目前的产品比较单一，且容易被竞争对手复制，因而使客户具有较强的议价能力。

2014年年底，工信部发布了《关于向民间资本开放宽带市场的通告》，提出鼓励民间资本以多种模式进入宽带接入市场。一是鼓励民营企业建设宽带接入网业务所需的基础设施，并以自有品牌为用户提供宽带上网服务。二是鼓励民营企业以资本合作、业务代理、网络代维等多种形式和基础电信运营商开展合作，分享收益。向民间资本开放宽带接入市场，可以更好地适应我国经济快速增长和互联网普及率迅速提高的需求。面对十分广阔的市场前景，许多投资者跃跃欲试，准备跻身于宽带接入行业。尤其是4家基础电信运营商，手中积累了大量资金，打造“全产业链”正在成为其战略取向。一旦它们的业务延伸到宽带接入领域，将很可能成为该领域的主导者。有的基础电信运营商还有可能利用更为先进的5G技术来代替传统的宽带接入技术，从根本上改变行业竞争格局。这些基础电信运营商在直接介入宽带业务之前，已经利用其市场知名度和资金优势，调整市场开发策略、通过扶植众多的代理商参与市场竞争。这些代理商虽然目前实力较弱，覆盖区域较小，但价格灵活，服务的客户比较集中，它们往往以价格为利器与C公司展开竞争，其中个别代理商提供的产品价格已达到与C公司产品价格持平甚至略低的水平。

要求：

（1）从PEST角度简要分析C公司面临的机会与威胁；

（2）从五种竞争力角度简要分析C公司面临的机会与威胁。（★★★）

同步强化练习题参考答案及解析

“扫码看解析”

使用“微信”或“会计云课堂”App扫码，即可线上对答案、看解析，错题随手收藏，及时巩固复习。

一、单项选择题

1. 【答案】A

解析：物理上独特的资源是由物质本身的特性所决定的，是不可能被模仿的。萤石矿资源的最佳产区位于金石资源所在的华东地区（浙江等），因此其属于物理上独特的资源，选项A正确。

2. 【答案】D

解析：企业基础设施是指企业的组织结构、惯例、控制系统以及文化等。企业高层管理人员往往能在这些方面发挥重要的作用，因此高层管理人员也被视作企业基础设施的一部分，选项D正确。

3. 【答案】D

解析：“问题”业务是高市场增长率的产物，但其相对市场占有率较低，通常不能产生大量现金，因而表现出了负的现金流，选项D正确。

4. 【答案】C

解析：人口因素属于社会和文化环境的范畴，选项C正确。

5. 【答案】B

解析：过程或活动基准的对象是不同产业但拥有相同或相似核心活动、流程的企业，彼此之间的产品不存在直接竞争关系。德利公司的基准对象是在产品制造、质量和技术方面具有领先优势的H通信设备制造商，二者之间不存在直接竞争的关系，因此属于过程或活动基准，选项B正确。

6.【答案】B

解析："国家放开计划生育并鼓励二胎政策的出台……预测婴幼儿奶粉的市场需求将明显增长"属于宏观环境分析（PEST分析）中的政治和法律因素；"为了迎合消费者的安全、优质和多样性需求"属于宏观环境分析（PEST分析）中的社会和文化因素。因此，选项B正确。

7.【答案】B

解析：现有企业的市场优势主要表现在品牌优势和政府政策。"百事可乐公司进入I国市场时……承诺帮I国政府发展经济，协助将农产品销售到世界各国，终于突破该国法令管制，成功进入I国市场。后来不少企业试图进入I国市场并挑战百事可乐公司的市场地位，但因受I国法令管制都未获成功"属于政府政策，选项B正确。

8.【答案】A

解析："目前该公司已建成覆盖全国的营销网络，包括电商销售平台、数以千计的超市专卖柜和实体店以及十几个仓储物流中心"表明G公司给潜在进入者设置的进入障碍是现有企业对关键资源的控制，选项A正确。选项D中的规模经济侧重于成本降低带来的优势，本题并未体现。

9.【答案】B

解析：亚非认为，任何一个产业与其相关产业都存在不同程度的互补互动（互相配合一起使用）的产品或服务业务。房地产业的发展带动了与其相关的室内装修行业的装修行业的成长，二者体现了互动互补作用力。因此，选项B正确。

10.【答案】B

解析："国内轿车产业的销售额达到前所未有的水平。不同企业生产的轿车在技术和质量等方面的差异不明显""主要战略路径是提高效率、降低成本"表明目前国内轿车产业所处的阶段是成熟期，选项B正确。

11.【答案】A

解析："国内玻尿酸产业的产品销售量节节攀升，竞争者不断涌入。各厂家的产品虽然在技术和性能方面有较大差异，但均可被消费者接受。产品由于供不应求，价格高企"属于成长期的特点。从市场角度看，成长期市场中的成功关键因素是建立商标信誉，开拓新销售渠道，选项A正确。选项B是成熟期市场中的成功关键因素，选项C是衰退期市场中的成功关键因素，选项D是导入期市场中的成功关键因素。

12.【答案】B

解析：适应变化的能力分析主要分析的是其竞争对手在面对外部环境发生变化时所做出的反应。"预计在政府政策和市场双重刺激下，生猪养殖结构将发生显著变化，将由以散户养殖为主向以规模化标准养殖为主转变，我国生猪养殖产业化发展进程将加快，其竞争对手H生猪养殖公司将会加大在生猪产业绿色化、规模化和标准化等方面的战略布局"表明S公司对H公司的分析属于适应变化能力分析，选项B正确。

13.【答案】D

解析：美国西南航空公司选择了国内短途航线，Q航空公司专营中国国内城际航线，西南航空公司和Q航空公司虽处于同一行业并提供相同的服务，但不构成直接竞争关系，因此属于一般基准，选项D正确。

14.【答案】D

解析："由于三线城市的市场空间狭小，不能支撑两个竞争者同时盈利，D公司的竞争者只好放弃竞争”属于具有经济制约性的资源，选项 D 正确。

15. 【答案】A

解析：“其使用国家级保密配方配制的某种药品，具有清热、利尿、祛痰、凉血、解毒的功效”属于物理上独特的资源，选项 A 正确。

【名师点题】解答本题的关键是注意题干资料表达的核心意思，即“从 20 世纪 90 年代推出以来，疗效显著，一直深受患者欢迎”，其原因是“使用国家级保密配方配制”，重心不是“一家拥有 80 多年历史的中医药公司”，很容易把重心放在后者，理解为具有路径依赖性的资源。

16. 【答案】B

解析：价值链基本活动中的“服务”是指与保持和提高产品价值有关的活动，如培训、修理、零部件的供应和产品的调试等。这一活动的本质，是产品的价值保证和增值。“该公司通过售后用户体验追踪系统随时掌握、分析不同产品的质量问题，并与分销商共享信息，不断提高前来维修的客户的满意度”属于服务，选项 B 正确。

17. 【答案】D

解析：“开心徒步网专门提供国内的徒步服务项目，目前其市场占有率位列第二”表明其与市场占有率位列第一的比值小于 1.0，即相对市场占有率低；“‘徒步走’作为一个新兴的集体育和休闲为一体的新生运动……在我国处于高速发展的阶段”表明其市场增长率高。根据波士顿矩阵可知，开心徒步网的业务属于“问题”业务，选项 D 正确。

18. 【答案】D

解析：“心脑血管介入产品市场需求旺盛”属于机会（O），“LP 公司有较强的研发和制造能力”属于优势（S），应为 SO 战略，选项 A 错误。“心脑血管介入产品市场需求旺盛”属于机会（O），“LP 公司缺乏精通业务的营销人员”属于劣势（W），应为 WO 战略，选项 B 错误。“心脑血管介入产品市场竞争日趋激烈”属于威胁（T），“LP 公司有较强的研发和制造能力”属于优势（S），应为 ST 战略，选项 C 错误。“心脑血管介入产品市场竞争日趋激烈”属于威胁（T），“LP 公司缺乏精通业务的营销人员”属于劣势（W），应为 WT 战略，选项 D 正确。

二、多项选择题

1. 【答案】ABC

解析：进入航空业需要大量的资本投入，表明航空业进入障碍大，有助于保护现有航空公司获取行业竞争优势，即对现有航空公司获取产业竞争优势产生有利影响，选项 A 正确。航空公司实行里程累积计划，表明消费者的转换成本高，消费者的讨价还价能力弱，对现有航空公司获取产业竞争优势产生有利影响，选项 B 正确。高额的飞行员和技师培训费用表明航空业需要大量资金投入，从而阻止潜在进入者的进入，使得产业竞争程度减弱，对现有航空公司获取产业竞争优势产生有利影响，选项 C 正确。目前生产大型商用飞机的公司主要有波音和空中客车两家公司，表明航空业供应商的议价能力强，对现有航空公司获取产业竞争优势产生不利影响，选项 D 错误。

2. 【答案】AC

解析：蚝油市场目前仍在消费者教育和培养的快速增长期且海天味业的蚝油品类为行业第一，因此海天味业的蚝油业务属于“高增长—强竞争地位”的“明星”业务，选项 A 正确。酱类市场是成熟并低速增长的市场且海天味业的酱类为行业第一，因此其酱类业务属于“低增长—强竞争地位”的“现金牛”业务，选项 C 正确。

3. 【答案】ABD

解析：选项 A 表明甲公司面对购买者的议价能力强。选项 B 表明甲公司实施前向一体化战略，面对购买者的议价能力强。选项 C 表明甲公司的主要铁矿石供应商乙公司计划实行前向一体化战略，供应商乙公司议价能力较强，甲公司的议价能力较弱。选项 D 表明甲公司面对供应商的议价能力强。因此，选项 A、B、D 正确。

4. 【答案】ACD

解析：当产业内产品差异化明显时，竞争不会激烈。其余三种情况都会导致竞争激烈。因此，选项 B 错误，选项 A、C、D 正确。

5. 【答案】ABC

解析：企业核心能力是指企业在具有重要竞争意义的经营活动中能够比其竞争对手做得更好的能力。因为选项 A、B、C 中的独特、极强都代表了比竞争对手做得更好的能力，所以选项 A、B、C 能够形成企业核心能力。但是，选项 D 中在美国购买的信息系统，竞争对手也可以去购买，不算比竞争对手做得更好的能力，选项 D 错误。

6. 【答案】ABC

解析：钻石模型的四种要素是生产要素，需求条件，相关与支持性产业，企业战略、企业结构和同业竞争。选项 A、B 属于同业竞争；选项 C 属于生产要素；选项 D 属于政府政策，不属于钻石模型的构成要素。

7. 【答案】ABC

解析：价值链分析有助于对企业的能力进行考察，这种能力来源于独立的产品、服务或业务单位。但是，对于多元化经营的公司来说，还需要将企业的资源和能力作为一个整体来考虑，选项 D 错误。

8. 【答案】ABD

解析：“三星公司作为苹果公司最大的元器件和闪存供应商”表明影响三星公司对苹果公司讨价还价能力的主要因素是业务量，选项 A 正确；“由于三星公司在生产关键零部件方面的能力显著强于其他公司，在短期内使得苹果公司仍然离不开三星公司”表明影响三星公司对苹果公司讨价还价能力的主要因素是产品差异化程度与资产专用性程度，选项 B 正确。“三星公司作为苹果公司最大的元器件和闪存供应商的同时，推出了系列智能手机和平板电脑，成为苹果公司在智能手机和平板电脑市场主要的竞争对手”表明影响三星公司对苹果公司讨价还价能力的主要因素是纵向一体化程度，选项 D 正确。

9. 【答案】BCD

解析：贝恩将结构性障碍分为三类，即规模经济、现有企业对关键资源的控制和现有企业的市场优势（品牌优势、政府政策）；行为性障碍分为两类，即限制进入定价和进入对方领域。选项 A 属于行为性障碍；选项 B、C、D 属于结构性障碍。

10. 【答案】ABCD

解析：“由于国内新能源汽车企业众多，产品差异小，利润微薄”表明产业内现有企业的竞争强度大，选项 A 正确；“海外新能源汽车企业不断通过收购国内品牌或在国内直接建厂进入国内市场”表明潜在进入者的进入威胁大，选项 B 正确；“原料成本、用工成本不断上涨”表明供应者讨价还价能力强，选项 C 正确；“产品差异小，利润微薄”表明购买者讨价还价能力强，选项 D 正确。

11. 【答案】ABC

解析：“在长江沿岸建设了一大批熟料基地和在长江三角洲建设了一大批水泥

粉磨厂”属于有形资源，选项 A 正确；“海螺水泥公司一直秉持以人为本的用人理念，始终贯彻‘为员工创造机会，帮助员工成功’的用人宗旨，在公司高速发展的同时，海螺水泥公司锻炼出了一批坚实的人才队伍”属于人力资源，选项 B 正确；“使该公司 T 型战略布局日臻完善”“公司生产线全部采用先进的新型干法水泥工艺技术”属于无形资源，选项 C 正确。

12. 【答案】ACD

解析：“组织相关管理人员走访学习某著名火锅连锁餐饮集团提升服务质量的经验”属于过程或活动基准，选项 A 正确；“瞄准全球航空业标杆阿联酋国际航空公司制定了整改方案”属于竞争性基准，选项 C 正确；“针对不正常航班后的补偿和食宿安排，开展了顾客满意度调查”属于顾客基准，选项 D 正确。

13. 【答案】CD

解析：“占据产业第二的市场份额”“近年来智能机器人市场进入高速增长阶段”体现了 S 公司的智能机器人业务属于“高增长—弱竞争地位”的“问题”业务，该业务适合采用智囊团或项目组等形式进行管理，选项 C 正确；“S 公司在智能机器人产业有较强的竞争力，占据产业第二的市场份额。近年来智能机器人市场进入高速增长阶段”表明智能机器人业务经过改进可能会成为“明星”业务，应进行重点投资，提高市场占有率，选项 D 正确。选项 A 适用于“瘦狗”业务，选项 B 适用于“明星”业务和“现金牛”业务。

三、简答题

1. 【答案】

（1）小米正式向传统白电领域发起冲击时，白色家电行业处于成熟期。

①竞争者之间出现挑衅性的价格竞争。“产品价格竞争开始成为市场竞争的主要手段”。

②虽然市场巨大，但是已经基本饱和。“整个产业的销售额保持稳定，且市场基本饱和。家电行业已经从快速增长期进入逐渐稳定的更新换代期，行业竞争进一步加剧，品牌集中度进一步提高。试图扩大市场份额的企业，总会遇到竞争对手的快速反击”。

③产品差异不明显。“传统空调的温度只能到整数，很少有到小数点后的”。

④局部生产能力过剩。“市场基本饱和”“各企业空调的库存已近历史高位”。

（2）辨别企业能力是否属于核心能力的三个关键性测试：

①它对顾客是否有价值？“米家空调的主要卖点为空调能实现 0.1℃ 的精准控温，对于消费者而言，这确实很有新意”“同时用户也可以使用米家 App 和小爱同学来操控米家互联网空调，这也让远程启动成为可能，用户用手机 App 提前打开空调降温，一进门就可以投身于凉爽适宜的环境中，不必再等待空调启动的过程”体现了对顾客有价值。

②它与企业竞争对手相比是否有优势？“因为传统空调的温度只能到整数，很少有到小数点后的。空调内部过滤网采用一体注塑成型防霉抗菌产品，抗菌率超过 99%。还有一个细节的设计也是传统空调不具备的，空调在制冷或除湿结束后，并不会马上关闭，而是将风机继续运转一段时间，以便将蒸发器中的冷凝水吹干，起到防霉效果”体现了与竞争对手相比有优势。

③它是否很难被模仿或复制？“米家互联网空调来自小米生态链企业智米科技，依托于小米生态链的大平台，核心技术牢牢掌握在自家手中”体现了很难被模仿和复制。

因此，小米掌握的互联网空调技术是该公司的核心能力。

2. 【答案】

(1)市场增长率和相对市场占有率分别以10%和1.0作为高低的界限标准,甲公司A类产品的市场增长率为13%>10%,相对市场占有率=2600/4200=0.619<1.0,因此甲公司A类产品属于高增长—弱竞争地位的"问题"产品。甲公司B类产品的市场增长率为6%<10%,相对市场占有率=8800/22000=0.4<1.0,因此甲公司B类产品属于低增长—弱竞争地位的"瘦狗"产品。甲公司C类产品的市场增长率为1%<10%,相对市场占有率=14500/11000=1.3182>1.0,因此甲公司C类产品属于低增长—强竞争地位的"现金牛"产品。

(2)产品A属于"问题"产品。该产品特点是市场增长率较高,需要企业投入大量资金予以支持,但该产品的相对市场占有率不高,不能给企业带来较高的资金回报。对产品A的策略是进一步深入分析其是否具有发展潜力,从而决定是否追加投资,扩大市场份额。可以考虑选择"发展""收割"和"放弃"战略。产品C属于"现金牛"产品。这类产品处于成熟的低速增长的市场中,市场地位有利,盈利能力强,本身不需要投资,反而能为企业提供大量资金,用以支持其他产品的发展。应该选择"保持"或"收割"战略。

3. 【答案】

(1)企业的能力应同时满足以下三个关键测试才可称为核心能力:

①它对顾客是否有价值?

②它与企业竞争对手相比是否有优势?

③它是否很难被模仿或复制?

爱民公司"初期的动物试验证明此产品安全有效""全球至少有5000万Y产品的潜在消费者"说明符合①;"坚持选用通用型原材料""爱民公司逐渐打造出一支实力较强的研发与销售团队,建立和形成了较为完善的采购、进货和发货后勤服务体系,建立了包括300家三甲医院,基本覆盖全国的销售网络。与上千名临床医疗专家建立了良好的合作关系,分销商渠道健全,建立了专业服务团队,客服部均由经过培训的专业人员负责,服务网络较为完善"说明符合②;"Y产品的核心技术掌握在爱民公司手中,目前在国内还未有类似的产品""新进入者必须投入大量的资金、时间、技术等成本,因而进入难度很大"说明符合③。因此,爱民公司Y产品的技术是该公司的核心能力。

(2)根据基本活动,爱民公司开发Y产品具备的优势条件:

①内部后勤:"通用型原材料均由国内厂家生产,进货和运输仓储等方面的成本都比较低""建立和形成了较为完善的……进货……后勤服务体系"。

②生产经营:"2012年,爱民公司在C国首都建立了生产Y产品的工厂,希望通过进一步的产业化,将Y产品推上市场"。

③外部后勤:"建立和形成了较为完善的……发货后勤服务体系"。

④市场销售:"建立了包括300家三甲医院,基本覆盖全国的销售网络""分销商渠道健全"。

⑤服务:"建立了专业服务团队,客服部均由经过培训的专业人员负责,服务网络较为完善"。

根据支持活动,爱民公司开发Y产品具备的优势条件:

①采购管理:"供应商的可替代程度高,企业原材料采购的转换成本低""建立和形成了较为完善的采购……服务体系"。

②技术开发:"爱民医疗器械公司创始人率领研发团队从事生物材料方面的研究,开发出一系列产品""Y产品的核

心技术掌握在爱民公司手中，目前在国内还未有类似的产品”。

③人力资源管理：“爱民公司逐渐打造出一支实力较强的研发与销售团队”“客服部均由经过培训的专业人员负责”。

④企业基础设施：“爱民医疗器械公司创始人率领研发团队从事生物材料方面的研究”。

4. 【答案】

(1) 从 PEST 角度分析 C 公司面临的机会：

①政治和法律因素。“工信部发布了《关于向民间资本开放宽带市场的通告》，提出鼓励民间资本以多种模式进入宽带接入市场”。

②经济因素。“经济快速增长”。

③社会和文化因素。“互联网普及率迅速提高”。

从 PEST 角度分析 C 公司面临的威胁：

技术因素。“有的基础电信运营商还有可能利用更为先进的 5G 技术来代替传统的宽带接入技术，从根本上改变行业竞争格局”。

(2) 从五种竞争力角度分析 C 公司面临的机会：

供应商讨价还价。“设备供应商数量多、规模小，C 公司每年都可以选择从不同供应商手中采购大量设备，在价格及付款方式等方面已达成很好的默契”“一是鼓励民营企业建设宽带接入网业务所需的基础设施，并以自有品牌为用户提供宽带上网服务。二是鼓励民营企业以资本合作、业务代理、网络代维等多种形式和基础电信运营商开展合作，分享收益”。

从五种竞争力角度分析 C 公司面临的威胁：

①潜在进入者的进入威胁。“面对十分广阔的市场前景，许多投资者跃跃欲试，准备跻身于宽带接入行业。尤其是 4 家基础电信运营商，手中积累了大量资金，打造‘全产业链’正在成为其战略取向。一旦它们的业务延伸到宽带接入领域，将很可能成为该领域的主导者”。

②替代品的替代威胁。“有的基础电信运营商还有可能利用更为先进的 5G 技术来代替传统的宽带接入技术，从根本上改变行业竞争格局”。

③购买者讨价还价。“C 公司客户主要是一些居民小区，对 C 公司产品的价格较敏感，加之 C 公司目前的产品比较单一，且容易被竞争对手复制，因而使客户具有较强的议价能力”。

④供应商讨价还价。“带宽供应商主要是中国联通、中国电信、中国移动、中广电 4 家基础电信运营商，他们控制了在全国范围内经营互联网国内数据传送业务和国内通信设施服务业务。C 公司与其他二级电信运营商一样，只能从这 4 家一级基础电信运营商手中购买带宽资源”。

⑤现有竞争者间的抗衡。“这些代理商虽然目前实力较弱，覆盖区域较小，但价格灵活，服务的客户比较集中，它们往往以价格为利器与 C 公司展开竞争，其中个别代理商提供的产品价格已达到与 C 公司产品价格持平甚至略低的水平”。

第三章　战略选择

本章考情分析

本章属于非常重点章。本章重点掌握的内容：①公司层战略的类型及选择；②并购的类型、动机和失败的原因；③企业采取内部发展战略的动因、缺点及应用条件；④企业战略联盟的基本特征、形成动因、主要类型及其管控；⑤基本竞争战略的类型、优势、实施条件和可能面临的风险；⑥基本战略的综合分析——“战略钟”的相关内容；⑦零散产业和新兴产业的特点以及这两类产业中的中小型企业可以选择的战略方向；⑧红海战略和蓝海战略的关键性差异及重建市场边界的基本法则；⑨六大职能战略的主要内容；⑩企业国际化经营动因、国际市场进入模式、国际化经营的战略类型和新兴市场中本土企业的战略选择。

本章通常与实际案例相结合，让考生对具体问题进行分析，并进行战略选择。因此，本章内容通常是简答题和综合题的主要出题点。

本章考试的题型涉及客观题、简答题及综合题，近 3 年平均分值为 43 分。2021 年本章除了关注客观题外，还需要重点关注以下内容可能会考主观题：总体战略的主要类型、发展战略的主要途径；基本竞争战略的类型、优势、实施条件和可能面临的风险；红海战略和蓝海战略的关键性差异、蓝海战略制定的原则及重建市场边界的基本法则；市场营销和研发两大职能战略的主要内容；企业国际化经营动因、国际市场进入模式、国际化经营的战略类型和新兴市场中本土企业的战略选择。

2021 年教材主要变化

2021 年教材本章内容与 2020 年教材相比，主要变化：①第二节“蓝海战略”中增加了关于“蓝海战略的六项原则”的阐释；②第三节“市场营销战略”和“人力资源战略”中的部分内容进行了重新编写；③调整了部分案例。

本章考点框架

- 第三章 战略选择（一）
  - 总体战略
    - 总体战略的主要类型
      - 发展战略（12次/难）
      - 稳定战略（0次/易）
      - 收缩战略（5次/中）
    - 发展战略的主要途径
      - 发展战略可选择的途径（3次/中）
      - 并购战略（9次/难）
      - 内部发展（新建）战略（0次/易）
      - 企业战略联盟（8次/难）

- **第三章 战略选择（二）**
  - 业务单位战略
    - 基本竞争战略
      - 三种基本竞争战略的选择（8次/中）
      - 基本战略的综合分析——“战略钟”（2次/易）
    - 中小企业竞争战略
      - 零散产业中的竞争战略（7次/中）
      - 新兴产业中的竞争战略（3次/中）
    - 蓝海战略
      - 蓝海战略的内涵（0次/易）
      - 蓝海战略制定的原则（0次/中）
      - 重建市场边界的基本法则（6次/难）
  - 职能战略
    - 市场营销战略（11次/难）
    - 研究与开发战略（5次/中）
    - 生产运营战略（2次/易）
    - 采购战略（2次/易）
    - 人力资源战略（0次/难）
    - 财务战略（7次/难）
  - 国际化经营战略
    - 企业国际化经营动因（3次/中）
    - 国际市场进入模式（1次/中）
    - 国际化经营的战略类型（3次/中）
    - 新兴市场的企业战略（6次/中）

注：图中难代表难度高的知识点，中代表难度中等的知识点，易代表难度低的知识点；X 次为考频指数，以近 3 年考题为统计依据。

本章重难点精讲

致坚持不懈的您：

本章堪称战略学习中的“珠穆朗玛峰”，在历年的战略考试中雷打不动地占据着最高分值，不仅内容多，而且考查方式灵活。学习本章要有“千磨万击还坚劲，任尔东西南北风”的精神。为了帮助您快速准确地理解各种战略类型，快扫我们的听课二维码，名师带您打破一背解千愁的常态，助您“码”上通关。

第一节 总体战略

本节视频详解

使用“会计云课堂”App/微信扫码听课

总体战略也称公司层战略，是企业最高层次的战略。它需要根据企业的目标，选择企业可以竞争的经营领域，合理配置企业经营所必需的资源，使各项经营业务相互支持、相互协调。

01 总体战略的主要类型

企业总体战略可分为三大类：发展战略、稳定战略和收缩战略。

（一）发展战略（★★★）[!]

发展战略是指企业采用积极进攻态度的战略形态。具体的战略形式包括一体化战略、密集型战略和多元化战略。

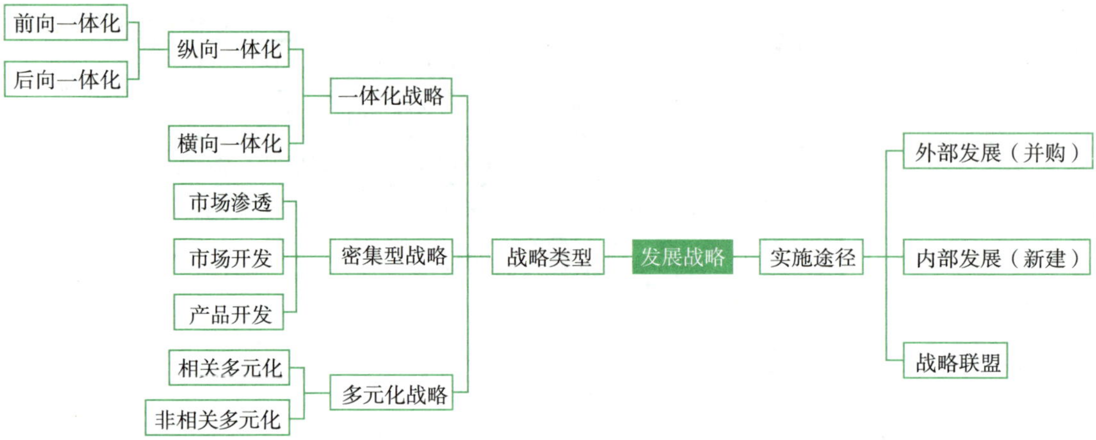

1. 一体化战略

复习建议	考试题型	考察套路	关键词
区分各种战略类型，记忆各种类型的优点和适用情形	客观题型、主观题型	（1）分析判断案例中目标企业采用的发展战略类型 （2）阶梯式问法：先判断目标企业采用的战略类型，再选出与之匹配的适用条件等	（1）前向：向下游发展 （2）后向：向上游发展 （3）横向：向同业发展

一体化战略是指企业对具有优势和增长潜力的产品或业务，沿其经营链条的纵向或横向延展业务的深度和广度，扩大经营规模，实现企业成长的战略。即一体化战略就是公司充分利用自己在产品、技术、市场上的优势，在供、产、销方面实行纵向或横向联合，以扩大经营范围和经营规模的战略。

一体化战略按照产品或业务拓展的方向可以分为纵向一体化战略和横向一体化战略。

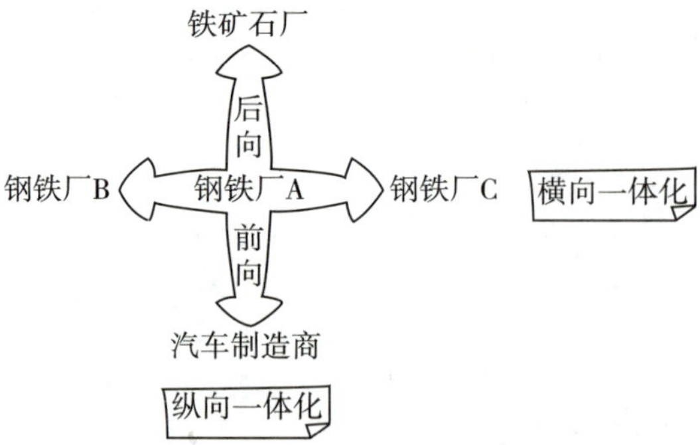

[!] 为方便您在学习中可以快速了解知识点的重要程度，本书中将知识点进行分类。★★★代表重要知识点，★★代表次重要知识点，★代表非重要知识点。

（1）纵向一体化战略。

<table>
<tr><td>含义</td><td colspan="3">也称垂直一体化战略，是指公司将生产与原材料、零部件供应，或者将生产与产品销售联合在一起的战略形式，是公司在两个可能的战略方向上扩展现有经营业务的一种发展战略。也就是将经营领域向深度（产业化）发展的战略形式，按物流的方向又可以分为前向一体化和后向一体化</td></tr>
<tr><td>作用</td><td colspan="3">有利于节约与上下游公司在市场上进行购买或销售的交易成本，控制稀缺资源，保证关键投入的质量并获得新客户，从而使公司能在市场竞争中掌握主动权，进而达到增加各个业务活动阶段利润的目的</td></tr>
<tr><td>缺点</td><td colspan="3">增加公司的内部管理成本</td></tr>
<tr><td>举例</td><td colspan="3">雅戈尔公司经过三十多年的发展，已经成为中国最具实力的服装企业。雅戈尔公司一直在积极向服装产业的上下游拓展：不但向下游的商业、零售、直营连锁方向发展，组建庞大的分销网络；还向上游的纺织面料领域进军，建立自己的纺织面料城。雅戈尔公司为了实现纵向一体化战略，斥巨资打造了一条纺织面料、服装和分销零售网络的商业链条</td></tr>
<tr><td rowspan="8">类别</td><td rowspan="4">前向一体化</td><td>含义</td><td>为了获得对经销商或者零售商的所有权或加强对其控制权来求得发展的战略。在生产经营过程中，物流顺方向移动，故称为前向一体化</td></tr>
<tr><td>作用</td><td>通过控制销售过程和渠道，有利于企业控制和掌握市场，增强对消费者需求变化的敏感性，提高企业产品的市场适应性和竞争力</td></tr>
<tr><td>适用情形</td><td>①企业现有销售商成本高昂或不可靠导致不能满足企业的销售需要
②企业所在产业的增长潜力较大
③企业具备实施前向一体化战略所需的人力、物力和财力
④经销商或零售商有较高的利润</td></tr>
<tr><td>举例</td><td>格力电器建立自己的专卖店来销售自己的产品；钢铁公司自己轧制各种型材并将这些型材制成各种不同的最终产品；汽车厂商设立分销系统等</td></tr>
<tr><td rowspan="4">后向一体化</td><td>含义</td><td>为了获得对供应商的所有权或加强对其控制权来求得发展的战略。在生产经营过程中，物流逆方向移动，故称为后向一体化</td></tr>
<tr><td>作用</td><td>有利于企业有效控制关键原材料等投入的成本、质量及供应可靠性，确保企业生产经营活动稳步进行</td></tr>
<tr><td>适用情形</td><td>①企业现有的供应商供货成本较高或不可靠导致不能满足企业对零部件、组装件或原材料的需求；②供应商数量较少而需求方竞争者数量多；③企业所在产业的增长潜力较大；④企业具备实施后向一体化战略所需的人力、物力和财力；⑤供应商利润丰厚；⑥价格的稳定对企业至关重要，通过后向一体化，企业可稳定其原材料的成本，进而稳定其产品的价格</td></tr>
<tr><td>举例</td><td>伊利奶业进行奶源基地的建设</td></tr>
</table>

【提示】企业采用纵向一体化战略的主要风险：①产业进入风险：进入新领域不确定性大；②产业退出风险：退出成本高。

（2）横向一体化战略。

含义	为了获得与自身生产经营同类产品企业的所有权或加强对其控制权来求得发展的战略。即企业向产业链相同阶段方向扩张的战略（如同处于产业供应阶段的供应商与供应商之间、同处于产业生产制造阶段的生产企业与生产企业之间、同处于产业销售阶段的经销商与经销商之间并购或合作的战略）。其强调与处于相同行业、生产同类产品或工艺相近的企业实现联合，实质上是资本在同一产业和部门内的集中，目的是扩大规模、降低产品成本、巩固市场地位。也就是将经营领域向广度（专业化）发展的战略形式
目的	为了追求规模经济以获取竞争优势
适用情形	①企业所在产业竞争较为激烈 ②企业所在产业的规模经济效应较为显著 ③企业的横向一体化在符合反垄断法的前提下，能够在局部地区获得一定的垄断优势 ④企业所在产业的增长潜力较大 ⑤企业具备实施横向一体化战略所需的人力、物力和财力
举例	法国电信斥资432亿欧元收购英国第三大移动运营商，从而成为欧洲第二大移动通信公司

经典题解

【真题1·单选题】达康公司是国内一家中成药品生产企业。为了保障原材料的稳定供给与产品质量，自2015年以来投资建设了3个原料药材现代化种植基地，收购了2个原属于其他药品公司的药材种植企业，全面推进原料药材规范化绿色种植工程。下列各项中，属于达康公司采用上述战略适用条件的是（　　）。（2020年）

A. 中成药品产业增长潜力较大

B. 达康公司现有销售商的销售成本较高

C. 达康公司存在过剩的生产能力

D. 中成药品产业竞争较为激烈

【解析】后向一体化战略是指获得供应商的所有权或加强对其控制权的战略。“达康公司是国内一家中成药品生产企业。为了保障原材料的稳定供给与产品质量，自2015年以来投资建设了3个原料药材现代化种植基地，收购了2个原属于其他药品公司的药材种植企业，全面推进原料药材规范化绿色种植工程”表明达康公司采取的是后向一体化战略，选项A属于后向一体化战略的适用条件，选项A正确。选项B属于前向一体化战略的适用条件，选项B错误。选项C属于市场开发战略的适用条件，选项C错误。选项D属于横向一体化战略的适用条件，选项D错误。

【答案】A

【真题2·单选题】为克服对客户需求的变化缺乏敏感性、公司结构性产能过剩等问题，神大钢铁公司近年来收购了远航造船厂，参股国兴造船厂，与天州钢帘线制造厂签订了合作协议。神大钢铁公司的发展战略是（　　）。（2017年）

A. 前向一体化战略

B. 后向一体化战略

C. 密集型战略

D. 多元化战略

【解析】“神大钢铁公司近年来收购了远航造船厂，参股国兴造船厂，与天州钢帘线制造厂签订了合作协议”表明神大钢铁公司向下游产业延伸，故采用的发展战略是前向一体化战略，选项A正确。

【答案】A

【例题3·单选题】甲公司以客户需求为导向，涵盖从田间到餐桌，即从农产品原料到终端消费品，包括种植、仓储物流、贸易、加工、养殖屠宰、食品制造与营销等多个环节，通过对全产业链的系统管理和关键环节的有效掌控以及各产业链之间的有机协同，形成整体核心竞争力，奉献安全、营养、健康的食品，实现全面协调可持续发展。该公司采取的总体战略类型属于(　　)。

A. 成本领先战略

B. 差异化战略

C. 横向一体化战略

D. 纵向一体化战略

【解析】甲公司采取的战略涵盖了上下游多个环节，属于纵向一体化战略，选项D正确。

【答案】D

【例题4·单选题】甲公司是一家大型啤酒生产企业，其利用自主研发的清爽型啤酒，在当地取得了50%的市场占有率。为了在保证质量的同时再降生产成本，强化成本领先战略优势，甲公司下一步应选择一体化战略中的(　　)。

A. 横向一体化战略

B. 稳定战略

C. 前向一体化战略

D. 后向一体化战略

【解析】甲公司"为了在保证质量的同时再降生产成本"，应该采用纵向一体化战略中的后向一体化战略，选项D正确。

【名师点题】解答本题的关键是审题时注意准确理解"为了在保证质量的同时再降生产成本，强化成本领先战略优势"的战略意图。后向一体化战略有利于企业有效控制关键原材料等投入的成本、质量及供应可靠性，可以帮助甲公司实现其战略意图。而横向一体化战略虽然可以实现规模经济，但可能无法保证质量。

【答案】D

【例题5·多选题】2020年10月，中国大型钢铁制造商宝武钢铁集团并购中国钢铁生产商中钢集团，随后宝武钢铁集团为确保公司铁矿石资源的稳定供应，协议收购澳大利亚铁矿石供应商菲尼克斯一半的铁矿石产量。宝武钢铁集团的发展战略属于(　　)。

A. 前向一体化战略

B. 横向一体化战略

C. 密集型战略

D. 后向一体化战略

【解析】"钢铁制造商宝武钢铁集团并购中国钢铁生产商中钢集团"属于横向一体化战略，选项B正确。"宝武钢铁集团为确保公司铁矿石资源的稳定供应，协议收购澳大利亚铁矿石供应商菲尼克斯一半的铁矿石产量"属于后向一体化战略，选项D正确。

【答案】BD

2. 密集型战略

复习建议	考试题型	考察套路	关键词
区分各种战略类型，记忆各种类型的适用情形	客观题型、主观题型	(1) 分析判断案例中目标企业采用的发展战略类型 (2) 阶梯式问法：先判断战略类型；再分析其适用情形	市场营销；开拓市场；研发新品；进军新领域

研究企业密集型战略的基本框架，是安索夫的"产品—市场战略组合"矩阵。

产品—市场战略组合矩阵

项目		产品	
		现有产品	新产品
市场	现有市场	市场渗透：在现有市场提高现有产品的市场占有率	产品开发：在现有市场上推出新产品
	新市场	市场开发：将现有产品推销到新地区或其他细分市场	多元化：在新市场上推出新产品

密集型战略

市场渗透战略	含义	企业在立足现有产品和现有市场的基础上，通过各种营销手段以稳定或提高现有产品市场占有率的战略
	适用情形	①当整个市场正在增长或可能产生增长时 ②若一家企业决心将其利益局限在现有产品或市场领域，即使在整个市场衰退时也不允许销售额下降，那么企业必须采取市场渗透战略 ③其他企业由于各种原因离开了市场 ④企业拥有强大的市场地位，并能利用经验和能力获得竞争优势 ⑤当市场渗透战略对应的风险较低、高级管理者参与度较高，且在需要的投资较少时，该战略也比较适用
	实施途径	通过广告宣传、降价促销、人员推销等措施，以及借助多渠道将同一产品送达至同一市场等措施，在现有市场上扩大现有产品的销售
	举例	①某肉联厂宣传它生产的火腿肠不仅可以夹在面包里吃，还可以放在菜里和汤里吃，味道同样鲜美 ②某牙膏厂商向目标顾客宣传早起、饭后、睡前都刷牙的良好口腔卫生习惯（其目标在于增加消费者的使用次数），并增加牙膏管口直径，刺激消费者增加产品单次的使用量 ③某油漆公司暗示用户，使用本公司的产品来刷家具时，起码要上三遍油漆，上油漆的次数越多，则家具会越光亮、美观
市场开发战略	含义	将现有产品或服务打入新市场的战略，即在原有市场的基础上不断开拓新市场，扩大现有产品的销路
	适用情形	①存在未开发或未饱和的市场 ②可得到新的、可靠的、经济的和高质量的销售渠道 ③企业在现有经营领域十分成功 ④企业拥有扩大经营所需的资金和人力资源 ⑤企业存在过剩的生产能力 ⑥企业的主业属于正在迅速全球化的产业
	实施途径	通过在新地区增设新商业网点或利用新分销渠道等措施，将现有产品推广到新市场
	举例	某产品原来只在城市市场销售，现决定推广到农村市场

续表

产品开发战略	含义	在现有市场上通过改良现有产品或开发全新产品来扩大销售量的战略。即通过不断改进老产品，开发新产品，以扩大产品在现有市场上的销量
	适用情形	①企业产品具有较高的市场信誉度和顾客满意度 ②企业所在产业属于适宜创新的高速发展的高新技术产业 ③企业所在产业正处于高速增长阶段 ④企业具有较强的研究与开发能力 ⑤主要竞争对手以近似价格提供更高质量的产品
	实施途径	通过增加花色、品种、规格、型号等，向现有市场提供新产品或改进现有产品
	举例	著名的运动鞋制造商——耐克公司，通过市场调研，不断开发适合不同运动项目的特殊运动鞋，如登山鞋、旅游鞋、自行车鞋、冲浪鞋等

多元化战略——新产品和新市场组合的发展战略。这一战略应当从“产品—市场战略组合”矩阵中分离出来，归为发展战略的另一种基本类型。

经典题解

【真题6·多选题】京川餐饮公司近期实行了新的经营方式，顾客既可以按照公司提供的菜谱点餐，也可以自带菜谱和食材请公司的厨师加工烹饪，还可以在支付一定学习费用后在厨师指导下自己操作，从而在享受美食的同时提高厨艺。这些新的经营方式使该公司的顾客数量和营业收入均增长20%以上。从密集型战略角度看，京川餐饮公司的上述做法属于(　　)。(2019年)

A. 产品开发战略　　B. 市场开发战略

C. 一体化战略　　D. 市场渗透战略

【解析】“顾客既可以按照公司提供的菜谱点餐，也可以自带菜谱和食材请公司的厨师加工烹饪，还可以在支付一定学习费用后在厨师指导下自己操作”属于产品开发战略(提供的服务发生变化，由原来的点餐变为现在的可以自己做菜)，选项A正确；“可以自带菜谱和食材请公司的厨师加工烹饪，还可以在支付一定学习费用后在厨师指导下自己操作……使该公司的顾客数量……增长20%以上”属于市场开发战略（顾客对象发生变化，从而导致市场范围发生变化)，选项B正确；“这些新的经营方式使该公司的……营业收入均增长20%以上”属于市场渗透战略，选项D正确。

【答案】ABD

【例题7·单选题】D公司是一家以科研为基础的全球性企业。该公司生产销售的凯夫拉尔（又称芳伦，一种质地坚硬、质量轻的合成纤维）是用于警察、保安和军人防弹衣制作的一种有机物。当D公司发现了凯夫拉尔的新用途时，立即将其用来改装和维修木体船。D公司采取的发展战略类型是(　　)。

A. 市场开发战略

B. 相关多元化战略

C. 市场渗透战略

D. 产品开发战略

【解析】“该公司生产销售的凯夫拉尔是用于警察、保安和军人防弹衣制作的一种有机物。当D公司发现了凯夫拉尔的新用途时，立即将其用来改装和维修木体船”属于将现有产品打入新市场的战略，即市场开发战略，选项A正确。

【答案】A

【例题8·单选题】下列企业采取的战略中，属于市场开发战略的是(　　)。

A. 甲银行与航空公司发行联名卡，刷该

银行信用卡的客户可累积航空里程

B. 乙IT企业开发最新一代平板电脑

C. 丙箱包企业将现有箱包产品出口至美国市场

D. 丁食品企业进军房地产行业

【解析】选项A属于市场渗透战略——现有产品和现有市场；选项B属于产品开发战略——新产品和现有市场；选项C属于市场开发战略——现有产品和新市场；选项D属于多元化战略——新产品和新市场。

【名师点题】选项A中，针对甲银行来说，发行“联名卡”是为了吸引客户使用它们的信用卡，即采用营销手段提高其市场占有率，因此不应看作是产品开发战略，而是市场渗透战略，即通过各种方法来增加现有产品的使用频率。

【答案】C

【例题9·多选题】甲公司主营定向爆破业务，在大型设施设备定向爆破拆除领域具有明显优势。甲公司确定的发展战略：一是向爆破拆除与拆除现场清理的一揽子承包工程拓展；二是向承揽矿山采掘爆破、筑路土方爆破业务拓展。甲公司的业务开拓方向是密集型战略中的(　　)。

A. 市场渗透战略

B. 市场开发战略

C. 产品开发战略

D. 多元化战略

【解析】甲公司在大型设施设备定向爆破拆除领域具有明显优势，在向爆破拆除与拆除现场清理的一揽子承包工程拓展时，面对的是原来的客户，推出的是不同的服务，因此属于新产品（拆除现场清理）与现有市场（现有客户）组合的产品开发战略。向承揽矿山采掘爆破、筑路土方爆破业务拓展时，是由原来的大型设施设备客户向矿山、筑路客户转换，因此属于现有产品（爆破业务）与新市场（新客户）组合的市场开发战略。综上，选项B、C正确。

【答案】BC

3. 多元化战略

复习建议	考试题型	考察套路	关键词
理解“类型、原因”，理解并记忆“优点、风险”	客观题型、主观题型	分析判断案例中目标企业采用的发展战略类型，分析其优点、风险	见下表“要点”内容

项目	要点	阐释	
类型	相关多元化战略	含义	也称同心多元化，是以现有业务、现有市场为基础进入相关产业、相关市场的战略。即企业利用现有的技术、特长、经验等发展新产品或新服务，增加产品或服务种类，开辟新市场，从同一圆心向外扩大经营业务范围的战略
		目标	有利于企业利用原有产业的产品知识、制造能力、营销渠道、营销技能等优势来获取协同效应，即1+1>2
		适用情形	当企业在产业或市场内具有较强的竞争优势，而该产业或市场的成长性或者吸引力逐渐下降时，比较适宜采取同心多元化战略
		举例	①家用汽车制造厂增加拖拉机的生产 ②洗衣粉厂家增加洗衣液和洗涤剂的生产

续表

项目	要点	阐释	
类型	非相关多元化战略	含义	也称离心多元化，是指企业进入与当前产业和市场均不相关的领域的战略。即增加与企业目前的产品或服务显著不同的新产品。如企业通过收购、兼并其他行业的业务，或者在其他行业投资，把业务领域拓展到其他行业中去，新产品、新业务与企业的现有业务、技术、市场毫无关系
		目标	从财务上考虑平衡现金流或者获取新的利润增长点，规避产业或市场的发展风险
		适用情形	如果企业当前的产业或市场缺乏吸引力，而企业也不具备较强的能力和技能转向相关产品或市场，较为现实的选择就是采用非相关多元化战略
		举例	生产圆珠笔的企业将业务扩展到生产打火机
原因	在现有产品或市场中持续经营不能达到企业目标	美国的泰克斯特龙公司，原来是一家纺织企业，因为纺织业资本收益率低，且易受经济萧条的影响，故转向其他产业，逐渐变为多元化大公司。后来该公司的资本收益率从5%~6%提高到20%，达成了公司的目标	
	在财务上平衡现金流	在成熟期，企业现金流量充沛，但市场基本饱和，发展空间有限，急需要通过多元化将多余资金投向成长性高的其他产业	
	获取新的利润增长点	当企业原有的产品市场需求增长处于长期停滞甚至下降趋势，开辟新领域等于开辟了新的天地。例如，1987年飞利浦·莫利斯公司对大众食品公司的收购：飞利浦·莫利斯公司原是从事烟草经营的企业，但是烟草业的规模由于“无烟社会”运动的发起而逐渐缩小。因而其将资金投向食品工业，这为该公司提供了新的发展机会	
优点	分散风险	选择多元化战略，即进入更多的产业、生产更多类型的产品、提供更多样性的服务，以确保企业经营“东方不亮西方亮”。例如，固特异公司是一个专业轮胎橡胶公司，但20世纪80年代它又开始投资石油管道，因为该公司发现石油管道的销售与轮胎销售正好呈反向波动关系，如此经营就像在金融市场做套期保值一样，可以分散风险	
	能更容易地从资本市场中获得融资	一方面，通过并购实施多元化，可以使得企业的权益资本扩大，财务风险相对降低，偿债能力和取得外部借款的能力提高，解决了偿债能力对企业外部融资带来的限制问题。另一方面，那些信用等级较低的被并购企业，通过并购，使其信用等级提高到并购企业的水平，为外部融资减少了障碍，能更容易地从资本市场中获得融资	
	当企业在原产业无法增长时找到新的增长点	当企业原有的经营领域没有更大的赢利机会时，开辟新领域就等于开辟了新的天地	

续表

项目	要点	阐释
优点	利用未被充分利用的资源	企业在发展过程中，因科技水平的提高、人员素质的提升、管理理念和方法的改进、企业发展方向的变化等，一般都会产生大量的富余资源，包括设施设备等有形资源、信誉等无形资源以及人力资源等。这些富余的资源如果没有得到充分利用，就会造成企业大量人、财、物的浪费，成为企业的负担。如果企业采取多元化战略，这些富余的资源就能得到充分利用，可为企业创造更多的效益
	运用盈余资金	已进入成熟期的企业，往往有相对富余的现金流入，但是苦于没有适合的投资机会，因此其管理当局希望能从其他产业中找到有较高回报的投资机会，通过采取多元化战略将多余资金投向成长性高的新兴产业
	获得资金或其他财务利益	多元化经营企业创造了一个很大的内部资本市场，企业可以通过企业内部资金的调度在一定程度上解决资金不足的问题，使多元化经营企业比专业化经营企业得到更多的获利机会
	运用企业在某个产业或某个市场中的形象和声誉来进入另一个产业或市场，而在另一个产业或市场中要取得成功，企业的形象和声誉是至关重要的	美国通用电气公司和中国青岛海尔公司是实施多元化战略成功的典范。这两家公司就是凭借其核心竞争力和良好的公司形象成功地实施了多元化战略
风险	来自原有经营产业的风险	多元化战略的实施，必然会分散企业的经营资源，这有可能会削弱企业在原有经营领域的竞争力
	市场整体风险	韩国大宇集团最终解体的主要原因在于其盲目的过度多元化、盈利水平下降、短期债务过多、财务费用过高和结构调整缓慢等。因此在 1997 年亚洲金融危机爆发和韩国政府债务融资监管趋严的双重冲击下，逐步走向衰落
	产业进入风险	多元化意味着企业要进入新的领域。俗话说“隔行如隔山”，由于对新领域的信息掌握不完全以及缺乏相应专长，进入的风险往往较高
	产业退出风险	产业退出风险是指企业在退出某个产业时所遇到的困难和要付出的代价。现有企业在市场前景不好、企业业绩不佳时欲退出该产业（市场），但由于各种因素的阻挠，资源不能被顺利转移出去
	内部经营整合风险	多元化经营使企业面临多种产业、多个市场，因而造成部门和子公司的增多，势必形成更为复杂的管理体系，增加了经营管理上的难度。一方面，这要求企业经营者必须具备非凡的跨行业综合经营的知识和能力，具备驾驭大企业的领导才能。而现实中，有些企业在技术、经营管理方面的人才储备并不充足，一旦采取多元化经营，人力资源的缺陷就成了企业发展的严重阻碍；另一方面，多元化经营，特别是非相关多元化经营会增加企业管理的复杂性，不易进行协调管理

【相关链接】由广州白云山制药厂为核心发展起来的白云山集团公司，在生产原药品的同时，实行多种类型的发展战略：该公司下设医药供销公司和化学原料分厂，实行前向一体化战略和后向一体化战略；下设中药分厂，实行产品开发战略；下设兽药厂，实行相关多元化战略；还设有汽车修配服务中心、建筑装修工程公司、文化体育发展公司、彩印厂、酒厂等，实行非相关多元化战略。

经典题解

【例题10·单选题】S公司是一家从事园林绿化、水果蔬菜、农药化肥、农机配件、种植技术等多种业务的农业企业。近年来，该公司将业务范围扩展到农业信贷、保险等金融类服务以及数据、信息、经营等农业咨询类服务，正逐渐由单一农资企业转型升级为农业综合服务商。S公司的发展战略类型属于(　　)。

A. 同心多元化　　　B. 市场渗透

C. 离心多元化　　　D. 产品开发

【解析】“农业信贷、保险等金融类服务以及数据、信息、经营等农业咨询类服务”属于新产品，而且它们的用户（市场）和原有的“园林绿化、水果蔬菜、农药化肥、农机配件、种植技术”用户（市场）不同，即面对新市场。因此，S公司的发展战略类型属于多元化战略。本题的相关性主要体现在产业（农业）方面。因此，选项A正确。

【答案】A

【例题11·单选题】下列企业采用的发展战略中，属于多元化战略的是(　　)。

A. 甲碳酸饮料生产企业通过按季更换饮料包装、在各传统节日期间附赠小包装饮料等方式增加市场份额

B. 乙汽车制造企业开始将其原在国内生产销售的小型客车出口到南美地区

C. 丙洗衣粉生产企业通过自行研发，开始生产和销售具有不同功效的洗发水

D. 丁酸奶生产企业新开发出一种凝固型酸奶，并将其推向市场

【解析】选项A属于密集型战略中的市场渗透战略；选项B属于密集型战略中的市场开发战略；选项C属于多元化战略中的相关多元化战略；选项D属于密集型战略中的产品开发战略。

【答案】C

（二）稳定战略（★）

稳定战略，也称维持战略，是指在内外部环境的约束下，企业准备在战略规划期使资源的分配和经营状况基本保持在目前状态和水平上的战略。采用稳定战略的企业，由于基本维持原有的产品和市场领域，从而可以避免开发新产品和新市场的巨大资金投入、激烈的竞争抗衡和开发失败的巨大风险，因此经营风险相对较小。但是稳定战略的执行是以市场需求、竞争格局等内外条件基本稳定为前提的，一旦企业的这一判断没有得到验证，就会打破战略目标、外部环境、企业实力之间的平衡，使企业陷入困境。因此，如果环境预测有问题，稳定战略也会有问题。稳定战略一般适用于处在市场需求及行业结构稳定或者较小动荡的外部环境中，面临的竞争挑战和发展机会相对较小的企业，也适用于虽然市场需求以较大幅度发展或是外部环境提供了较多发展机遇，但是由于资源状况不足而难以抓住新的发展机会的企业。

经典题解

【例题12·单选题】某市自来水公司由市政府全资控股，其确定的公司使命和目标是为该市所有企事业单位和个人提供生产、生活用水服务。下列各项战略类型中，该自来水公司可以选择的是(　　)。

A. 密集型战略

B. 稳定战略

C. 紧缩与集中战略

D. 转向战略

【解析】公司总体战略包括发展战略、

稳定战略和收缩战略。“由市政府全资控股，其确定的公司使命和目标是为该市所有企事业单位和个人提供生产、生活用水服务”表明该自来水公司适合采用稳定战略，选项B正确。

【答案】B

（三）收缩战略（★★）

复习建议	考试题型	考察套路	关键词
理解并记忆收缩战略的“原因、方式及具体做法”，理解几种“退出障碍”	客观题型、主观题型	分析判断案例中目标企业采用的战略类型、原因、具体方式及退出障碍	—

收缩战略也称撤退战略，是指企业缩小原有经营范围和规模的战略。包括三种类型：紧缩与集中战略、转向战略和放弃战略。

1. 采用收缩战略的原因

原因	阐释	
主动原因	大企业战略重组的需要	
	小企业的短期行为	
被动原因	外部原因	经济衰退、产业进入衰退期、对企业的产品或服务的需求减小等原因，导致企业赖以生存的外部环境出现危机
	内部原因	管理失控、经营亏损、资金不足、资源匮乏、发展方向模糊等原因，导致企业经营陷入困境，不得不采用收缩战略

2. 收缩战略的方式及具体做法

方式	含义	具体做法
紧缩与集中战略	是一种牺牲企业未来发展来维持短期利润的战略。该战略注重短期效果而忽略长期利益，其根本意图是度过暂时性的难关，因而往往在经济形势不景气时被采用，以维持过去的经济状况和效益，实现稳定发展	①机制变革，包括调整管理层、推行新的管理政策和制度等 ②调整财务战略，如引进和建立有效的财务控制系统，严格控制现金流量；进行债务重组；优化资本结构等 ③削减成本战略，如削减人工成本、材料成本、管理费用；缩小分部和职能部门的规模等
转向战略	也称调整型收缩战略，是指企业为了谋求更好的发展机会，使有限的资源得到更有效的配置。其适用条件是企业存在一个回报更高的资源配置点	①重新定位或调整现有的产品和服务 ②调整营销策略，即在价格、广告、渠道等环节推出新的举措

续表

方式	含义	具体做法
放弃战略	也称失败型收缩战略，是指将企业的一个或几个主要部门转让、出卖或者停止经营，以求最大限度地收回投资。与前两种收缩战略相比，是比较彻底的撤退方式	在实施放弃战略时，企业要把握时机。因为若过早放弃，企业可能要蒙受巨大损失；若过晚放弃，则行业内外的收买者就会拥有较强的谈判能力，使企业处于不利地位。放弃战略的主要类型有特许经营、分包、卖断、管理层或杠杆收购、拆产为股/分拆、资产互换与战略贸易

【相关链接】1991年，摩托罗拉的“铱星”计划开始正式投资。按照摩托罗拉的宏大设想，这个计划是通过搭建一个覆盖全球的卫星网络，让世界上任何一个“能看到天空的角落”都能实施无线通信。如果计划完成，就能直接解决当时基站覆盖技术难题，也能让人类通信直接跨越基站模式而进入到卫星时代。

然而，巨大的投资和高昂的资费让这项业务难以维系。1997年，铱星公司独立上市。2000年，铱星公司申请破产，摩托罗拉损失50亿美元。

摩托罗拉的创新精神让它开创了汽车电子、半导体、手机等多个产业，但随后的命运却是不断分拆出售。比如2001年，摩托罗拉分拆了国防业务部门；2006年，摩托罗拉分拆了汽车电子业务。

3. 收缩战略的困难

（1）对企业或业务状况的判断。

实行收缩战略的尺度较难把握，因而如果盲目地使用收缩战略的话，可能会扼杀具有发展前途的业务和市场，使企业的总体利益受到伤害。

（2）退出障碍。

①固定资产的专用性程度。固定资产的专用性程度高，不容易变现，从而难以退出现有产业。

②退出成本。退出成本包括劳工协议、重新安置的成本、备件维修能力等。如果这些成本过高，会加大退出障碍。

③内部战略联系（协同关系密切程度）。如果企业中准备撤离的经营业务与其他业务存在着密切的协同作用，企业则很难采取收缩战略。这种战略性障碍主要存在于对消费者的服务上，有可能损害企业和其他产品的质量形象。特别是企业准备撤离的产品会使企业流失掉大量的消费者或市场份额，从而影响企业在其他市场上的竞争能力。

④感情障碍。实施收缩战略会引起企业内部人员的不满，从而引起员工情绪低落，因为实施收缩战略常常意味着不同程度的裁员和减薪，而且实施收缩战略在某些管理人员看来会威胁他们的职业生涯和业绩考核；若企业认为市场需求还会回升或在某个特定的细分市场上企业的产品还有一定的销路，企业就会不愿撤离这个经营领域，也会形成一种感情障碍。

⑤政府与社会约束。政府考虑到失业问题和对地区经济的影响，有时会出面反对或劝阻企业退出的决策。

经典题解

【真题13·单选题】竹岭公司是我国知名的白酒生产企业。随着我国公务消费改革的日益推进，白酒市场需求发生了重大变化。

该公司积极应对这一变化，对旗下多个白酒品牌重新进行了定位，并按照“系列酒薄利多销”的策略，快速实现了从满足公务消费需求向满足商务消费和大众消费需求的转型。该公司采取的总体战略类型属于（ ）。（2017年）

A. 多元化战略　　B. 转向战略

C. 放弃战略　　D. 产品开发战略

【解析】本题中的竹岭公司为了应对外部市场需求的变化，“对旗下多个白酒品牌重新进行了定位，并按照‘系列酒薄利多销’的策略，快速实现了从满足公务消费需求向满足商务消费和大众消费需求的转型”属于转向战略中的重新定位或调整现有的产品和服务，选项B正确。

【答案】B

【例题14·多选题】D公司是全球知名的汽车制造商。D公司的品牌覆盖各个层级，其目前将旗下不盈利的B和C两大汽车品牌出售，将有竞争力的核心品牌予以保留。同时，在2021年年初，D公司全球裁员4000人以缩减成本费用，进而改善公司的财务状况。D公司采用的总体战略类型有（ ）。

A. 市场开发战略

B. 稳定战略

C. 放弃战略

D. 紧缩与集中战略

【解析】“D公司全球裁员4000人以缩减成本费用，进而改善公司的财务状况”属于紧缩与集中战略中的削减成本战略；“将旗下不盈利的B和C两大汽车品牌出售”属于放弃战略。因此，选项C、D正确。

【答案】CD

【例题15·多选题】M国F汽车集团在经历了10余年的全面扩张之后，由于市场变化及公司竞争力下降，业绩全面下滑。集团进行了重大战略调整，即从战略扩张改为战略收缩，只专注于北美市场，专注于其自有的核心品牌，以改变该集团地域性品牌分割状态。集团相继出售了旗下几个欧洲高端品牌，F汽车集团的收缩战略类型属于（ ）战略。

A. 削减成本　　B. 紧缩与集中

C. 转向　　D. 放弃

【解析】“集团进行了重大战略调整，即从战略扩张改为战略收缩，只专注于北美市场，专注于其自有的核心品牌”体现了转向战略；“集团相继出售了旗下几个欧洲高端品牌”体现了放弃战略。因此，选项C、D正确。

【答案】CD

能量小贴士 人生哪儿有那么多退路，有时就得咬牙硬撑

02 发展战略的主要途径

（一）发展战略可选择的途径（★★★）

复习建议	考试题型	考察套路	关键词
理解内涵，能辨析三种途径即可	主观题型	将关键词融入案例信息中，判断目标企业采取的途径	（1）外部发展：并购、收购 （2）内部发展：新建基地、自主研发 （3）战略联盟：签订协议、OEM、特许经营

发展战略一般可以采用三种途径，即外部发展（并购）、内部发展（新建）与战略联盟。

途径	含义	阐释
外部发展（并购）	是指企业通过取得外部经营资源谋求发展的战略	狭义内涵是并购，并购包括收购与合并。收购指一个企业（收购者）购买和吸纳了另一个企业（被收购者）的股权而控股该企业。合并指两个或两个以上的企业之间的重新组合
内部发展（新建）	也称内生增长，是指企业利用自身内部资源谋求发展的战略	狭义内涵是新建，新建与并购相对应，是指建立一个新的企业
战略联盟	是指两个或两个以上的经营实体之间为了达到某种战略目的而建立的一种合作关系	从交易费用经济学角度看，并购方式的实质是运用“统一规制”方式实现企业一体化，即以企业组织形态取代市场组织形态；而新建方式的实质则是运用“市场规制”实现企业的市场交易，即以市场组织形态取代企业组织形态。企业战略联盟则是这两种组织形态的一种中间形态

【相关链接】2007年10月15日，腾讯建立了研究机构——腾讯研究院，这是第一家由国内互联网企业自主建成的研究院（内部发展）。2010年6月17日，腾讯与美国思科公司签署合作备忘录，双方将建立长期的战略合作伙伴关系（战略联盟）。2015年12月，腾讯100%收购Riot Games（外部发展）。

（二）并购战略（★★）

复习建议	考试题型	考察套路	关键词
理解并记忆“类型、动机、失败的原因”	客观题型、主观题型	分析判断案例中目标企业的并购类型，及其动机或失败的原因	见下表

1. 并购的类型

分类标准	类别		阐释
按并购双方所处的产业分类	横向并购		并购方与被并购方处于同一产业
	纵向并购	前向并购	沿着产品实体流动的正向发生的并购，如生产企业并购销售商
		后向并购	沿着产品实体流动的反向发生的并购，如加工企业并购原料供应商
	多元化并购		处于不同产业、在经营上也无密切联系的企业之间的并购

续表

分类标准	类别	阐释
按被并购方的态度分类	友善并购	并购方与被并购方通过友好协商确定并购条件，在双方意见基本一致的情况下实现产权转让的一类并购
	敌意并购	并购方不顾被并购方的意愿采取强制手段，强行收购对方企业的一类并购
按并购方的身份分类	产业资本并购	并购方为非金融企业
	金融资本并购	并购方为投资银行或非银行金融机构
按收购资金来源分类	杠杆收购	收购方的主体资金来源是对外负债
	非杠杆收购	收购方的主体资金来源是自有资金

【相关链接】2020年日本大型综合贸易商伊藤忠商事株式会社（产业资本并购）计划收购全家便利店，由于伊藤忠商事自身庞大的业务版图包括食品板块业务，其自身可以充当全家便利店的供应商（纵向并购），经过双方的友好协商（友善并购），最终达成了并购计划。此次收购对伊藤忠来说，可以延伸其产业链，以提升集团在零售板块的竞争力。

2. 并购的动机

（1）避开进入壁垒，迅速进入，争取市场机会，规避各种风险。

（2）获得协同效应。

（3）克服企业负外部性，减少竞争，增强对市场的控制力。

3. 并购失败的原因

失败的原因	含义	举例
决策不当	企业在并购行为正式实施之前就决策不当。由于在并购活动开始前没有对被并购企业进行详尽地调查与分析，高估目标企业的吸引力和自己对其管控的能力，高估并购的潜在经济效益等不适当的决策导致并购失败	①中铝收购力拓9%股份后的巨额亏损、湖南华菱收购FMG后的原料供应问题等都是事前未做好尽职调查工作导致的严重后果 ②2006年中信泰富斥巨资开建澳洲磁铁矿项目，资源量为20亿吨，设计年产量2500万吨，原计划投资42亿美元。由于事先没有做调研，开工之后才发现其工程规模之大、系统之复杂远远超出最初的预期，导致投资预算增加至52亿美元，投产日期被迫一再推迟
并购后不能很好地进行企业整合	企业并购后对于被并购企业与自己无法做到很好地整合，比如在战略、组织、规章制度、业务和企业文化等方面的整合出现重重障碍，尤其是在企业文化的认同与整合上出现较大的困难，导致一系列的整合行为失败，也会最终导致企业的并购行为失败	1992年，秘鲁政府决定把长期亏损的国营企业秘鲁铁矿私有化。在秘鲁铁矿的国际招标中，首钢以1.2亿美元投得该标，收购了秘鲁铁矿公司98.4%的股份。从进入秘鲁铁矿开始，首钢就被各种名目的罢工示威所困扰，频繁的劳资纠纷曾一度令秘鲁铁矿处于“半死不活”的状态。每年三四月份，秘鲁铁矿公司都要集中精力应对矿业工会的强势。每次费尽心力解决完问题后，又面临下一波威胁。此外，秘鲁铁矿的人事管理问题也曾困扰首钢多年

续表

失败的原因	含义	举例
支付过高的并购溢价	并购溢价是指并购企业支付的并购价格高于被并购企业价值的差额。由于对并购后协同效应过于乐观而导致支付过高的并购溢价，给企业造成了极大的财务压力，同时将未来可能产生的潜在收益提前侵蚀掉了，并购注定失败	由于前期调研不足，首钢对秘鲁政府的意愿并不清楚，对参与投标的其他几个竞争对手也不了解，在投标中一下子就开出了1.2亿美元的高价。事后他们才知道，这个价格远远高出秘鲁政府的标底，也大大高出其他对手的出价。这笔投资的本息，要用秘鲁铁矿每年卖铁矿石的收入来偿还。以后很多年中，首钢秘铁长期存在贷款规模过大、偿付能力偏低、每年支付银行的财务费用过高等问题。尽管首钢秘铁大部分年份都有盈余，但扣除需付银行债务的本息后，始终难以摆脱亏损的困境
跨国并购面临政治风险	中国企业在跨国并购中，面临的最大外部风险就是东道国的政治风险。政治风险主要是指东道国的政局稳定性、政策连续性等发生变化，从而造成投资环境的变化而产生的风险	2005年6月23日，中海油宣布以要约价185亿美元收购美国第九大石油公司优尼科石油公司。2005年6月30日，在美国众议院一项议案中，宣称"如果成功收购优尼科，中海油将可能采取威胁到美国国家安全的行动"。该议案是以398票对15票的悬殊差距而获通过的。中海油的巨大努力因所谓的"国家安全"问题而付诸东流，导致并购失败

经典题解

【真题16·单选题】 佳美公司是一家全国性家电零售连锁企业，在国内一二线城市拥有近百家大型连锁商城，是国内外众多家电品牌厂家在中国的最大销售商。2019年，该公司并购了国内另一家著名的家电零售连锁企业恒兴公司，销售网络扩展到全国三分之二以上的城市和部分乡镇，市场占有率提高了20%，进一步巩固了其行业领先地位。佳美公司实施上述并购的动机是（　　）。（2020年）

A. 避开进入壁垒，迅速进入，争取市场机会

B. 克服企业负外部性，增强对市场的控制力

C. 避免经营风险

D. 实现资源互补

【解析】 佳美公司"并购了国内另一家著名的家电零售连锁企业恒兴公司，销售网络扩展到全国三分之二以上的城市和部分乡镇，市场占有率提高了20%，进一步巩固了其行业领先地位"表明其进行并购的动机是增强对市场的控制力，选项B正确。

【答案】 B

【真题17·多选题】 从事能源工程建设的百川公司在并购M国一家已上市的同类企业后发现，后者因承建的项目未达到M国政府规定的环保标准而面临巨额赔偿的风险，股价一落千丈，其核心技术人员因对百川公司的管理措施不满而辞职。百川公司为挽救被并购企业的危局做出各种努力，均以失败告终。下列各项中，属于百川公司上述并购失败原因的有（　　）。（2018年）

A. 并购后不能很好地进行企业整合

B. 决策不当

C. 跨国并购面临政治风险

D. 支付过高的并购费用

【解析】 "百川公司在并购M国一家已上市的同类企业后发现，后者因承建的项目

未达到M国政府规定的环保标准而面临巨额赔偿的风险”表明百川公司上述并购失败的原因属于决策不当；“其核心技术人员因对百川公司的管理措施不满而辞职。百川公司为挽救被并购企业的危局做出各种努力，均以失败告终”表明百川公司上述并购失败的原因属于并购后不能很好地进行企业整合。

【名师点题】本题中“因承建的项目未达到M国政府规定的环保标准而面临巨额赔偿的风险”不属于跨国并购面临政治风险，原因在于这是M国这家企业自身承建的项目不合规定而造成的赔偿，并不是M国政府行为给百川公司带来的风险（故意为之）。

【答案】AB

【例题18·单选题】甲公司是一家集研发、生产和销售为一体的医药集团公司。为了配合公司增加产品种类的战略扩张需要，甲公司以合并吸收的方式收购乙公司100%股权，取得了乙公司的A、B、C三个药品所有权。其后不久，甲公司发现乙公司不是药品生产企业，并不拥有三种药品的生产技术所有权。甲公司在并购中失败的原因是(　　)。

A. 决策不当

B. 支付过高的并购费用

C. 并购后不能很好地进行企业整合

D. 跨国并购所面临的政治风险

【解析】“甲公司以合并吸收的方式收购乙公司100%股权，取得了乙公司的A、B、C三个药品所有权。其后不久，甲公司发现乙公司不是药品生产企业，并不拥有三种药品的生产技术所有权”体现了甲公司在并购前没有对目标企业进行详尽地调查和分析，属于决策不当，选项A正确。

【答案】A

【例题19·多选题】W集团是中国最大的连锁超市集团之一。经过双方多次友好磋商，2020年4月，W集团成功的以20亿欧元收购了世界五百强之一的德国企业迈德龙中国业务的80%股权，本次收购全部以现金方式交易，收购资金中有70%来源于银行贷款。截至2020年4月，迈德龙中国在59个城市拥有97家门店，是中国最大的专业餐饮企业服务商。从并购的类型来看，上述收购属于(　　)。

A. 杠杆收购　　B. 多元化并购

C. 友善并购　　D. 金融资本并购

【解析】“收购资金中有70%来源于银行贷款”说明该并购是杠杆收购，选项A正确；“W集团是中国最大的连锁超市集团之一……收购了世界五百强之一的德国企业迈德龙中国业务的80%股权……迈德龙……是中国最大的专业餐饮企业服务商”说明该并购属于多元化并购，选项B正确；“经过双方多次友好磋商”说明该并购是友善并购，选项C正确；作为并购方的W集团是中国最大的连锁超市集团之一，即W集团为非金融机构，因此该并购属于产业资本并购，选项D错误。

【名师点题】杠杆收购与非杠杆收购的判定要着眼于“大部分”收购资金来源于哪里，即要看哪方占比高。如果自有资金占比高，就是非杠杆收购；如果债务资金占比高，就是杠杆收购。并不是涉及负债融资就属于杠杆收购。

【答案】ABC

【例题20·多选题】甲公司是一家化肥厂。为有效应对市场竞争，经与乙化肥厂协商，将双方的股权（资产与负债）融合在一起，合并为一家新的化肥厂。这种方式可以被称为(　　)。

A. 横向并购　　B. 金融资本并购

C. 友善并购　　D. 杠杆收购

【解析】双方都属于化肥厂，属于横向并购，选项A正确。双方经协商完成合并，属于友善并购，选项C正确。

【答案】AC

（三）内部发展（新建）战略（★★）

复习建议	考试题型	考察套路	关键词
理解并记忆内部发展的“优缺点”	主观题型	结合案例分析目标企业是否采取内部发展的原因（即分析其优缺点）	—

1. 内部发展战略的特点

优点（动因）	缺点
（1）能更深刻地了解市场和产品 （2）不存在合适的收购对象 （3）保持统一的管理风格和企业文化 （4）激励内部管理人员 （5）代价较低 （6）可以避免并购陷阱 （7）积累学习能力 （8）容易获得内部资源支持 （9）风险相对较小 （10）成本增速较慢	（1）与并购市场中现有的企业相比，在市场上增加了竞争者，这可能会激化某一市场内的竞争 （2）企业不能接触到其他企业的知识及系统，这可能更具风险 （3）从一开始就缺乏规模经济或经验曲线效应 （4）内部发展是一个很缓慢的过程，在这个过程中，可能会错失市场机会 （5）进入新市场可能要面对非常高的障碍

2. 内部发展战略的应用条件

（1）进得去：产业处于不均衡状况，结构性障碍还没有完全建立起来。因为竞争结构尚未完善，原材料的渠道没有被封锁，易于建立品牌的识别，所以使得企业的进入成本相对较低。

（2）抗得住：企业所在产业中的现有企业的行为性障碍容易被其他企业所限制和制约。这主要体现在现有企业采取报复性措施时会有一定的考虑空间，一方面会因为报复性措施的成本高于收益导致不划算；另一方面报复性措施的效果并不理想。

（3）利益大：企业能够有力地或者轻易地克服结构性与行为性障碍，使得其付出的代价远远小于企业进入相关领域的收益，即收益是远远大于成本的，因此企业会采用内部发展途径来发展企业。

克服进入障碍的能力：

①有助于提高现有资源的利用程度。企业现有业务的资产、技能、销售渠道等与新的经营领域具有相当强的相关性，使得企业采用内部发展途径时能够很好地衔接和利用已有的资源，而不必再重新寻找其他资源提高成本。

②有助于利用核心能力塑造有利于自身的产业结构。企业拥有自己独特的能力和影响力，当企业进入到新的领域后其独特的能力能够影响到产业的结构，从而使得这些结构能够为自己服务，比如市场结构、销售结构等。

③有助于提升市场竞争力。企业进入新的领域后能够有利于其现有经营内容的更新换代和升级。例如，可以改善和优化其销售渠道、公司的形象、品牌效应等，以达到更有效地吸引客户眼球的目的。

经典题解

【例题21·单选题】下列选项中，属于企业采用内部发展方式的是(　　)。

A. 甲家用电器制造公司筹建专卖店销售家电产品

B. 乙餐饮连锁集团通过特许加盟的方式吸引很多投资人

C. 丙汽车制造公司联合相关企业组建合资公司生产无人驾驶汽车

D. 丁零售集团收购了另外一家竞争对手

【解析】选项A属于内部发展，选项B、C属于企业战略联盟，选项D属于并购。

【答案】A

（四）企业战略联盟（★★）

复习建议	考试题型	考察套路	关键词
理解并记忆战略联盟“类型、形成动因”，能够辨析“两种战略联盟类型的主要特点”	客观题型、主观题型	（1）分析判断案例中目标企业采取战略联盟的动因 （2）阶梯式问法，先根据案例信息判断出属于何种战略联盟类型，再选出与之匹配的特点	成立合资企业、签订合作协议

1. 企业战略联盟的基本特征

（1）从经济组织形式来看，战略联盟是介于企业与市场之间的一种“中间组织”（边界模糊，战略联盟并不像传统的企业具有明确的层级和边界，而是一种“你中有我，我中有你”的局面）。

（2）从企业关系来看，组建战略联盟的企业各方是在资源共享、优势相长、相互信任、相互独立的基础上通过事先达成协议而结成的一种平等的合作伙伴关系（关系松散、机动灵活）。

（3）从企业行为来看，联盟是一种战略性的合作行为（运作高效）。

2. 企业战略联盟形成的动因

动因	阐释	举例
促进技术创新	对于技术要求比较高的企业而言，研发新技术的费用很大，一个企业很难独立支付，而企业之间建立战略联盟可以共同分担，从而促进技术创新	在航空领域，波音公司为了开发新型的波音777喷气客机，就与实力强大的富士、三菱及川崎重工结成战略联盟进行联合开发
避免经营风险	任何企业在经营过程中都会遭遇各种各样的经营风险，建立企业之间的战略联盟能够快速实现扩大信息传递的密度与速度，避免企业在规避经营风险时出现盲目性或者孤军作战，从而导致失败	海尔冰箱若凭一己之力进入日本市场并让消费者接受自己的产品需要花费很长时间。而日本三洋在日本是知名企业，技术方面具有很强的优势，并且有一定的市场客户群，然而三洋开发中国市场却没有销售渠道。在海尔同日本三洋双方均有意开发国外市场的共同发展目标下，双方缔结以市场换市场、以市场共用的战略联盟。海尔在日本利用三洋的销售渠道销售自己的产品，而三洋在中国利用海尔的销售渠道销售自己的产品。结果是双方不仅都获得了更大的销售市场，拥有了更多的客户群，而且还带来了销售利润的增幅 【提示】本案例也体现了“开拓新的市场”的动因

续表

动因	阐释	举例
避免或减少竞争	企业之间的竞争关系分为对抗性竞争和合作性竞争两种，一般而言，对抗性竞争往往会出现两败俱伤的结果，而合作性竞争就会避免或者减少竞争，这种合作性竞争关系往往是通过建立企业之间的战略联盟来实现的	世界石油产业中最大的OPEC组织，就是各大石油产油国为了避免彼此之间的过度竞争，通过协议合作的方式，以控制产量、保证石油价格和各自的收益
实现资源互补	资源在企业之间的配置总是不均衡的。在资源方面或拥有某种优势，或存在某种不足，通过战略联盟可达到资源共享、优势互补的效果	福特公司与马自达公司通过十几年的合作，福特和马自达彼此教会了对方不少“绝活”：福特提升了重要的制造技术，作为回报，它向马自达提供了发动机废气排放电脑控制系统的技术，还提供了一些用于测量噪音和振幅的精密计算机程序 【提示】本案例也体现了“促进技术创新”的动因
开拓新的市场	企业通过建立广泛的战略联盟可迅速实现经营范围的多样化和经营地区的扩张	TCL合资法国汤姆逊公司，在与汤姆逊的合作中，TCL没吃掉汤姆逊的品牌，而是利用其在欧美等市场的影响进一步拓展市场
降低协调成本	与并购方式相比，战略联盟方式省略了内部整合的环节，因此可以降低协调成本	德国宝马汽车公司在1994年以12.6亿美元收购了罗孚汽车公司，由于并购整合不成功，协调成本太高，宝马不得不将罗孚的部分资产出售给了福特汽车公司。事后来看，宝马也许通过战略联盟（而不是并购）的方式会更好，由于省略了内部整合的环节，降低协调成本，更有机会实现其拓展新市场的目标

【相关链接】美国通用汽车公司在美国汽车产业中一直名列前茅，而日本丰田汽车公司则是日本实力最雄厚的汽车公司之一。20世纪80年代初的美国汽车产业正陷入极为严重的衰退期，能源价格居高不下和消费者偏好的改变导致了对高质省油的小型车的巨大需求。通用汽车公司为适应全球竞争的需要，加大了在研究与开发方面的投入，但收效甚微。丰田汽车公司是当时世界上汽车产业中最具成本竞争力的生产者，又拥有生产小型车的经验，并有首创的丰田管理模式。然而，由于日本汽车对美出口受到限制，要积极的争取巨大的美国市场，需要丰田公司将生产基地向美国转移。如果双方进行合作，通用汽车公司就可以从丰田汽车公司获得小型车生产技术、改善车间管理的经验以及稳定的供销关系等，而丰田汽车公司则可以成功地打破汽车行业的贸易壁垒、积累在美国的海外运作经验等。双方于1984年2月签订协议，共同出资在美国加利福尼亚建立合资企业——新联合汽车制造公司。通过双方之间的股权合资，通用汽车公司成功地引入了高新技术，提高了自己在中小型汽车领域的竞争实力。而丰田汽车公司则通过合资经营成功地打入了美国市场，并且掌握了在美国从事汽车生产的经验，弥补了缺乏海外运作经验的缺陷。

在本案例中，通用汽车公司与丰田汽车公司结成战略联盟的主要动机如下：

①促进技术创新。“通用汽车公司就可以从

丰田汽车公司获得小型车生产技术”“通用汽车公司成功地引入了高新技术”。

②避免经营风险。“美国汽车产业正陷入极为严重的衰退期，能源价格居高不下和消费者偏好的改变导致了对高质省油的小型车的巨大需求。通用汽车公司为适应全球竞争的需要，加大了在研究与开发方面的投入，但收效甚微”“由于日本汽车对美出口受到限制，要积极的争取巨大的美国市场，需要丰田公司将生产基地向美国转移”“如果双方进行合作，通用汽车公司就可以从丰田汽车公司获得小型车生产技术、改善车间管理的经验以及稳定的供销关系等，而丰田汽车公司则可以成功地打破汽车行业的贸易壁垒、积累在美国的海外运作经验等”“通过双方之间的股权合资，通用汽车公司成功地引入了高新技术，提高了自己在中小型汽车领域的竞争实力。而丰田汽车公司则通过合资经营成功地打入了美国市场，并且掌握了在美国从事汽车生产的经验，弥补了缺乏海外运作经验的缺陷”。

③实现资源互补。“如果双方进行合作，通用汽车公司就可以从丰田汽车公司获得小型车生产技术、改善车间管理的经验以及稳定的供销关系等，而丰田汽车公司则可以成功地打破汽车行业的贸易壁垒、积累在美国的海外运作经验等”“通过双方之间的股权合资，通用汽车公司成功地引入了高新技术，提高了自己在中小型汽车领域的竞争实力。而丰田汽车公司则通过合资经营成功地打入了美国市场，并且掌握了在美国从事汽车生产的经验，弥补了缺乏海外运作经验的缺陷”。

④开拓新的市场。“如果双方进行合作……丰田汽车公司则可以成功地打破汽车行业的贸易壁垒”“丰田汽车公司则通过合资经营成功地打入了美国市场”。

3. 企业战略联盟的主要类型

类型		阐释
股权式战略联盟	合资企业	由两家或两家以上的企业共同出资、共担风险、共享收益而形成的企业。合作各方将各自的优势资源投入到合资企业中，从而使其发挥单独一家企业所不能发挥的效益 例如，通用汽车公司和丰田汽车公司于1984年共同出资创办了新联合汽车制造公司，在两个公司共同所有的加州工厂进行生产
	相互持股投资	合作各方为加强相互联系而持有对方一定数量的股份；这种战略联盟中各方的关系相对契约式战略联盟来说更加紧密，而双方的人员、资产无须合并
契约式战略联盟	功能性协议	契约式战略联盟通常比较松散，没有所有权上的承诺。契约式战略联盟往往以合同为基础。最常见的形式： （1）技术交流协议 （2）合作研究开发协议 （3）生产营销协议 （4）产业协调协议 例如，加拿大分包商麦格纳公司长期与福特、本田和梅赛德斯等汽车公司合作，为其装配车身和车架

4. 两种战略联盟类型的主要特点

类型	优点	缺点
契约式战略联盟	(1) 由于更强调相关企业的协调与默契，从而更具有战略联盟的本质特征 (2) 在经营的灵活性、自主权和经济效益等方面比股权式战略联盟具有更大的优越性	企业对联盟的控制能力差、松散的组织缺乏稳定性和长远利益、联盟内成员之间的沟通不充分、组织效率低下等
股权式战略联盟	有利于扩大企业的资金实力，并通过部分“拥有”对方的形式，增强双方的信任感和责任感，因而更利于长久合作	灵活性差

【相关链接】贴牌生产（OEM）和特许经营是最为常见的契约式战略联盟。

贴牌生产（OEM）：如果一方有知名品牌但生产力不足；另一方则有剩余生产能力。则另一方可以为对方贴牌生产，充分利用闲置的生产能力，谋取一定利益；对于拥有品牌的一方，还可以降低投资或并购所生产的风险。

特许经营：通过特许的方式组成战略联盟，其中一方具有重要无形资产，可以与其他各方签署特许协议，允许其使用自身品牌、专利或专用技术，从而形成一种战略联盟。拥有方不仅可获取收益，还可利用规模优势加强无形资产的维护，受许可方当然有利于扩大销售、谋取收益。

5. 战略联盟的管控

(1) 订立协议。

(2) 建立合作信任的联盟关系。

经典题解

【例题 22 · 多选题】2015 年 8 月，苏宁云商和阿里巴巴签署合作协议，阿里巴巴以约 283 亿元人民币战略投资苏宁云商，持有苏宁云商 19.99%的股权，成为其第二大股东，而苏宁云商则以 140 亿元人民币认购不超过 2780 万股的阿里新发行股份，持股比例为 1.05%。下列各项中，属于上述两家公司所采用的战略联盟特点的有(　　)。

A. 有利于扩大企业的资金实力

B. 具有较好的灵活性

C. 有利于企业长久合作

D. 更具有战略联盟的本质特征

【解析】“阿里巴巴以约 283 亿元人民币战略投资苏宁云商，持有苏宁云商 19.99%的股权，成为其第二大股东，而苏宁云商则以 140 亿元人民币认购不超过 2780 万股的阿里新发行股份，持股比例为 1.05%”说明上述两家公司所采用的战略联盟形式是股权式战略联盟中的相互持股投资，选项 A、C 正确，选项 B、D 属于契约式战略联盟的特点。

【答案】AC

【例题 23 · 多选题】美国的 M 公司与日本的 D 公司组成一个以技术交换为导向的战略联盟，在此战略联盟下，D 公司获得当时日本公司一直缺乏的单晶片微处理机关键技术，对日后该公司的整体研发有很大的帮助。M 公司则因此改善其制造技术，不但缓解了日本公司在此产品上的价格压力，同时也提升了晶片制造的整体技术。根据上述信息可以判断，M 公司与 D 公司组成战略联盟的动因有(　　)。

A. 促进技术创新

B. 避免经营风险

C. 实现资源互补

D. 开拓新的市场

【解析】M 公司与 D 公司组成战略联盟有助于提升双方的整体研发能力，属于促进技术创新。缓解了日本公司在产品上的价格压力，属于降低其经营风险。同时，双方技术的改善体现了资源的优势互补。因此，选项 A、B、C 正确。

【答案】ABC

第二节　业务单位战略

本节视频详解
使用"会计云课堂"App/微信扫码听课

01 基本竞争战略

能量小贴士　忍耐和坚持虽是痛苦的事情，但却能渐渐地为你带来好处

（一）三种基本竞争战略的选择（★★）

复习建议	考试题型	考察套路	关键词
区分各种竞争战略类型，记忆各种战略类型适用条件与风险	客观题型、主观题型	（1）分析判断案例中目标企业采用的竞争战略类型 （2）阶梯式问法：先判断案例中目标企业采用的竞争战略类型，再分析出与之匹配的适用情况等	（1）成本领先战略：降低成本、规模经济 （2）差异化战略：研发、率先、特色产品 （3）集中化战略：目标市场、目标人群

成本领先战略	含义	是指企业通过在内部加强成本控制，在研究开发、生产、销售、服务和广告等领域把成本降到最低限度，成为产业中的成本领先者的战略
	优势	（1）形成进入障碍 （2）增强对购买商讨价还价的能力 （3）增强对供应商的讨价还价能力 （4）树立与替代品相比的竞争优势 （5）可以抵御竞争对手的进攻 企业采用成本领先战略可以使企业有效地应对产业中的五种竞争力量，以其低成本优势，获得高于行业平均水平的利润
	市场情况	（1）产品具有较大的价格弹性，市场中存在大量的价格敏感用户 （2）企业所处产业的产品基本上是标准化或者同质化的，实现产品差异化的途径很少 （3）购买者不太关注品牌，多数顾客使用产品的方式相同，转换成本很低，因而倾向于购买价格最优惠的产品 （4）价格因素决定了企业的市场地位，价格竞争是市场竞争的主要手段
	所需资源和能力	（1）在规模经济显著的产业中装备相应的生产设施来实现规模经济 （2）降低各种要素成本 （3）提高生产率 （4）改进产品工艺设计 （5）提高生产能力利用程度 （6）选择适宜的交易组织形式 （7）重点集聚

续表

成本领先战略	风险	（1）技术变化降低企业资源的利用或效用 （2）产业的新进入者或追随者通过模仿或者以更高技术水平设施的投资能力，使得新加入者或追随者可能后来居上 （3）市场需求从注重价格转向注重产品的品牌形象，使得企业原有的优势变为劣势
差异化战略	含义	是指企业借助自身产品与众不同，为客户提供某种有独特性价值的产品或服务，如产品差异化、服务差异化、形象差异化等，与竞争对手有明显的区别，从而获得竞争优势的战略
	优势	（1）形成强有力的产业进入障碍 （2）削弱购买商讨价还价的能力。一方面，企业通过差异化战略，使得购买商缺乏与之可比较的产品选择，降低了购买商对价格的敏感度；另一方面，通过产品差异化使购买商具有较高的转换成本，使其依赖于企业 （3）增强企业对供应商讨价还价的能力 （4）由于差异化战略使企业建立起顾客的忠诚，这使得替代品无法在性能上与之竞争 （5）凭借差异化，形成保持领先竞争对手的竞争地位
	市场情况	（1）可以有很多途径创造企业与竞争对手产品之间的差异，并且这种差异被顾客认为是有价值的 （2）顾客对产品的需求和使用要求是多种多样的，即顾客需求是有差异的 （3）技术变革很快，市场上的竞争主要集中在不断地推出新的产品特色上
	所需资源和能力	（1）具有强大的研发能力和产品设计能力 （2）具有很强的市场营销能力 （3）有能够确保激励员工创造性的激励体制、管理体制和良好的创造性文化 （4）企业具有以其产品质量或技术领先的声望，研究与开发、产品质量以及市场营销等方面之间要具有很强的协调性
	风险	（1）与竞争对手的成本差距过大，购买者不愿支付过高的价格去购买差异化产品 （2）市场需求发生变化，使原本产品和服务的差异对消费者来说失去了意义 （3）竞争者可能模仿或进攻，使得差异消失
集中化战略	含义	是指主攻某个特殊的顾客群、某产品线的一个细分区段或某一地区市场，公司业务的专一化能够以较高的效率、更好的效果为某一狭窄的战略对象服务，从而超过在较广阔范围内竞争对手的战略。公司或者通过满足特殊对象的需要而实现了差异化，或者在为这一对象服务时实现了低成本。可分为两类：集中成本领先战略和集中差异化战略
	优势	（1）能够抵御产业五种竞争力的威胁 （2）可以避免与竞争对手正面冲突，增强相对的竞争优势
	实施条件	（1）不同的细分市场具有完全不同的用户群，这些用户或有不同的需求，或以不同的方式使用产品 （2）产业中各细分市场在规模、成长率、获利能力等方面存在很大差异，致使某些细分市场比其他细分市场更有吸引力 （3）目标市场的竞争对手尚未采用类似战略 （4）企业资源和能力有限，难以在整个产业实现成本领先或差异化，只能选定个别细分市场

续表

集中化战略	风险	(1) 由于企业将全部力量和资源都投入到了一个特定的市场，当顾客偏好发生变化，技术出现创新或有新的替代品出现时，就会发现这部分市场对产品或服务的需求下降，企业就会受到很大的冲击 (2) 由于目标细分市场与其他细分市场的差异过小，企业原来赖以形成集中化战略的基础就消失了（集中化战略的基础就是市场能够细分，而且不同的细分市场是有差异的） (3) 竞争者可能模仿或新进入者重新细分市场，从而使原来实施集中化战略的企业失去了优势

【提示】 当企业想利用其核心能力以满足某一特定产业细分市场的需求而不考虑其他需求时，就可以采用集中化战略。可以作为集中化战略目标市场的特定细分市场的例子：

(1) 某一特定的购买群体（如老年人或年轻人）。

(2) 某一特定的产品类别（如专业油漆匠用的油漆或自助用户使用的油漆）。

(3) 某一地理区域或市场（如美国东部或西部）。

【相关链接1】 三种基本竞争战略的基础条件

从经济学角度看，成本领先战略、差异化战略和集中化战略实际上是对市场份额和利润率之间的关系定位。在竞争性市场上，市场份额和利润率是互为代价的。成本领先战略的主攻方向是**市场份额**，而差异化战略的主攻方向是**利润率**，集中化战略则是主攻一个特定领域，并在这个领域取得市场份额或利润率的优势。

由于不同战略的基础条件不同，波特认为战略选择不可能鱼与熊掌兼而得之。尤其是在成本领先战略和差异化战略之间，存在着明显的互相排斥。

【相关链接2】 三种基本竞争战略的典型案例

(1) 成本领先战略的典型案例。

小米是成本领先战略的典型代表。首先，小米将硬件生产全部外包，降低了建立工厂生产的成本。其次，小米的营销和销售渠道主要都是通过网络，和传统手机通过实体经销商销售相比，减少了营销成本和各级经销商的加价。通过以上这些途径，小米使成本低于竞争对手，从而获得竞争优势。

注：这里是从波特的三种基本竞争战略的角度来讲的，但如果从后面讲到的“战略钟”的角度来讲，实际上，小米的竞争战略属于同时追求低成本和差异化的“混合战略”。

(2) 差异化战略的典型案例。

苹果采取的就是差异化战略。它十分注重研发，使得它的产品几乎在各个方面，比如在性能、设计、使用感受上都与其他电子产品有着较明显的差异。同时，苹果强大的营销能力也将这种差异化最大程度地传递给消费者，奠定了如今苹果在行业内的竞争优势。

(3) 集中化战略的典型案例。

挪威的造船业难以在整体上与欧、美、日等实力强大的造船企业匹敌，则选择专门制造破冰船而大获成功。

经典题解

【真题24·单选题】 尚佳公司是一家办公用品生产和维修企业。该公司运用大数据技术，对某市客户使用办公用品的情况进行了调查分析，并根据分析结果，针对这些客户制定并实施了一套促销策略，取得了显著效果。根据以上描述，尚佳公司实施的竞争战略是(　　)。(2018年)

A. 市场开发战略

B. 集中化战略

C. 差异化战略

D. 成本领先战略

【解析】“对某市客户使用办公用品的情况进行了调查分析，并根据分析结果，针对这些客户制定并实施了一套促销策略，取得了显著效果”体现了集中化战略，选项 B 正确。

【答案】B

【例题 25·单选题】乙公司是一家餐饮企业，主打菜品为北京传统风味。该公司在店面设计上采用老北京传统民宅的风格，服务人员全部招聘地道的北京人，口音纯正，配以老北京酒馆店小二服饰，营造出一种浓郁的老北京氛围。根据以上信息可以判断，乙公司采用的战略是(　　)。

A. 集中成本领先战略

B. 集中差异化战略

C. 目标集中战略

D. 多元化战略

【解析】乙公司主打菜品为北京传统风味，聚焦于特定产品，体现了集中化战略；同时采取各种措施营造出一种浓郁的老北京氛围，又体现了差异化战略，由此可以判断乙公司采用的是**集中差异化战略**。

【答案】B

【例题 26·单选题】甲海鲜大卖场是一家位于某商厦地下一层的大卖场。一边是海鲜摊位，一边是加工摊位，顾客可以先去选择海鲜，之后再过来加工，提供的都是新鲜的海鲜，味道不错，海鲜价格也便宜。甲海鲜大卖场定位于朋友聚会和家庭聚餐。根据以上信息可以判断出甲海鲜大卖场实施的战略属于(　　)。

A. 差异化战略

B. 成本领先战略

C. 集中化战略

D. 多元化战略

【解析】根据案例信息“一边是海鲜摊位，一边是加工摊位，顾客可以先去选择海鲜，之后再过来加工”“海鲜价格也便宜”“甲海鲜大卖场定位于朋友聚会和家庭聚餐”可以判断出甲海鲜大卖场实施的战略属于集中成本领先战略和集中差异化战略，选项 C 正确。

【答案】C

【例题 27·多选题】M 公司是一家专为石油开采油井提供钢棒扳手的采油设备配件供应商。该公司通过钢棒的充足库存、广泛的分布服务网点，甚至提供直升机送货服务，在其所在领域独占鳌头。下列各项中，属于 M 公司采取的竞争战略实施条件的有(　　)。

A. 购买者群体之间在需求上存在差异

B. 目标市场上在市场容量、成长速度等方面具有相对的吸引力

C. 产业规模经济显著

D. 产品具有较高的价格弹性，市场中存在大量的价格敏感用户

【解析】“M 公司是一家专为石油开采油井提供钢棒扳手的采油设备配件供应商”表明 M 公司采用的竞争战略类型属于集中化战略，选项 A、B 正确。选项 C、D 属于成本领先战略的实施条件。

【答案】AB

【例题 28·多选题】某玩具制造商拟实施包括实现规模经济、针对 3 岁以下的幼儿设计独有的“幼童速成学习法”玩具系列等在内的战略方案，以增加其业务的竞争优势。该玩具制造商采取的上述业务层战略属于(　　)。

A. 成本领先战略

B. 多元化战略

C. 集中差异化战略

D. 集中成本领先战略

【解析】该玩具制造商实现规模经济，属于成本领先战略；针对 3 岁以下的幼儿设计独有的“幼童速成学习法”玩具系列，属于集中差异化战略。因此，选项 A、C 正确。

【名师点题】 本题解题的关键是要把“实现规模经济”“针对3岁以下的幼儿设计独有的‘幼童速成学习法’玩具系列”看作两个战略方案，两者是并行的，并不是互斥关系。一个企业往往有多项业务，对于不同的业务采取不同的战略方案是很常见的。很多学员将两者看作一个方案，认为是“集中化战略”，导致做错题目。同时，注意本题题干要求学员选择“业务层战略”的类型，因此，学员适宜采用排除法，首先排除选项B，然后再从其他选项中选出正确答案。

【答案】 AC

（二）基本战略的综合分析——“战略钟”（★★）

复习建议	考试题型	考察套路	关键词
以理解为主，注意与波特提出的三种基本竞争战略的区分	客观题型、主观题型	分析判断案例中目标企业采用的是“战略钟”中的何种战略类型	混合战略：物美价廉、性价比、同时追求低成本和差异化

鲍曼提出的“战略钟”，可以对波特的许多理论进行综合。

有效的竞争战略		含义
成本领先战略	低价低值战略（集中成本领先战略）	企业关注的是对价格非常敏感的细分市场的情况。企业采用这种战略是在降低产品或服务的附加值的同时降低产品或服务的价格
	低价战略（成本领先战略）	企业关注的是在降低产品或服务的价格的同时，保持产品或服务的质量
差异化战略	高价高值战略（集中差异化战略）	企业可以采用高品质高价格策略在产业中竞争，即以特别高的价格为用户提供更高的产品或服务的附加值
	高值战略（差异化战略）	企业以相同或略高于竞争对手的价格向顾客提供可感知的高于竞争对手的附加值
混合战略	同时追求低成本和差异化	企业在为顾客提供可感知的高附加值的同时保持低价格

【相关链接】 Zara是欧洲最大的专业服装公司的一个连锁店，采用了混合战略（同时追求低成本和差异化）。该公司以相对较低的价格提供流行的并且令人向往的时尚物品。有效地实施这一战略要求有经验丰富的设计师和高效的成本管理方法，这些要素都与Zara的能力非常匹配。Zara可以在三周的时间内设计并且生产一个新的款式，这表明Zara是一个具有高度柔性的组织，可以很轻易地应对市场或竞争对手的变化。

经典题解

【真题29·单选题】 从事苹果种植与销售的秋实公司于2017年率先采取一种新的经营方式，在种植区内增设了园林景观、运动场、游戏场等，到秋收季节，顾客可前来付费进行休闲娱乐等活动，同时能以市场最低的价格采摘和购买苹果。顾客采摘和购买的苹果达到一定数量，可免费参加休闲娱乐活动。这一经营方式受到市场的热捧。秋实公司采用的上述战略属于（　　）。（2019年）

A. 成本领先战略

B. 差异化战略

C. 集中化战略

D. 混合战略

【解析】“从事苹果种植与销售的秋实公司于2017年率先采取一种新的经营方式，在种植区内增设了园林景观、运动场、游戏场等，到秋收季节，顾客可前来付费进行休闲娱乐等活动，同时能以市场最低的价格采摘和购买苹果。顾客采摘和购买的苹果达到一定数量，可免费参加休闲娱乐活动。”体现了企业可以在为顾客提供更高的认可价值的同时，获得成本优势，即为混合战略，选项D正确。

【答案】D

【真题30·单选题】绿屋咖啡店率先采取了一项新的经营方式：顾客点单付费后，亲自操作咖啡机自取咖啡。此举节省了店员的操作和相关费用，相应地把咖啡价格降低到行业最低水平，同时使顾客产生宾至如归的亲切感，“回头客”明显增加。绿屋咖啡店采用的战略属于（ ）。（2018年）

A. 成本领先战略

B. 混合战略

C. 集中化战略

D. 差异化战略

【解析】“绿屋咖啡店率先采取了一项新的经营方式：顾客点单付费后，亲自操作咖啡机自取咖啡”“使顾客产生宾至如归的亲切感”体现了差异化战略；“节省了店员的操作和相关费用，相应地把咖啡价格降低到行业最低水平”体现了成本领先战略。因此绿屋咖啡店既追求成本领先又兼顾差异化，属于混合战略，选项B正确。

【答案】B

02 中小企业竞争战略

（一）零散产业中的竞争战略（★★）

复习建议	考试题型	考察套路	关键词
理解并记忆零散产业的“零散原因”“战略选择”，理解“战略陷阱”	客观题型、主观题型	（1）“零散原因”常与“新兴产业内部结构的共同特征”一起作为选项混合考查教材原文 （2）分析判断案例中目标企业选择的战略类型以及战略陷阱	（1）零散原因：易进不易出、需求多样、不存在规模经济 （2）战略选择：低成本、找差异、专门化

在零散产业中，产业集中度很低，市场势力较为薄弱，且没有任何企业可以独占鳌头拥有压倒性的市场份额。任何一个企业的单独活动都无法左右整个产业的发展变化。在一般的情况下，零散产业由很多中、小企业构成。零散产业存在于经济活动的许多领域中，如一些传统服务业——快餐业、洗衣业、照相业等都属于这种产业。

1. 造成产业零散的原因

产业零散的原因		含义
经济因素（产业本身的基础经济特性）	进入障碍低或存在退出障碍	零散产业进入障碍低，就会有大量的企业涌入该产业；退出障碍高，业绩不佳的企业将倾向于在产业中维持，以求得巩固。这就会造成产业不易集中而变得分散

续表

产业零散的原因		含义
经济因素（产业本身的基础经济特性）	市场需求多样导致高度产品差异化	由于顾客需求的多样化，导致该产业提供的产品高度差异化，限制了企业规模的扩大，使得满足不同目标市场需求的中小企业得以存在
	不存在规模经济或难以达到经济规模	零散产业通常需要投入大量的专业技能，且不易复制，无法扩大规模，因此，难以达到规模经济
非经济因素	政府政策和地方法规对某些产业集中的限制	如交通运输部牵头各部门出台的《汽车维修技术信息公开实施管理办法》，强制打破 4S 店对汽车零部件的垄断，允许授权经销商可以向非授权经销商转让汽车零部件
	没有任何企业占有显著的市场份额，也没有任何一个企业能对整个产业的发展产生重大的影响	现有企业缺乏资源或技能。可能有些企业在生产制造方面存在潜力，但企业缺乏建立大规模生产的资本或专业技能，或缺乏纵向整合所需的投资，或缺乏资本或技能去发展分销机构、服务系统等

2. 零散产业的战略选择

从三种基本竞争战略的角度出发，零散产业的战略选择可以分为以下三类：

战略选择类型	途径	阐释
克服零散——获得成本优势	连锁经营或特许经营	通过连锁经营或特许经营能够克服零散，使企业获得规模经济带来的成本优势
	技术创新以创造规模经济	20 多年前，我国注会培训产业以面授为主，产业相当分散。后来，一些培训机构借助于 IT 技术和互联网，开办了网络远程教育，使得注会培训产业通过技术创新以创造规模经济，使得该产业逐渐趋于集中
	尽早发现产业趋势	当产业处于导入期或成长期时，如果能够尽早地预测产业未来的发展趋势，积极主动地提前进行战略布局，也能够获得规模经济或经验曲线带来的低成本优势
增加附加价值——提高产品差异化程度	增加产品的附加价值，增强消费者对产品价值的认同感，有助于强化消费者的购买意愿，降低价格上的议价能力，因此企业可能获得高利润	河北一家面粉企业，就曾以石磨制粉为标志，与其他机器磨制面粉的企业区分开来，强调了石磨的好处，使自己的企业在面粉市场上获得了差异化的竞争优势

续表

战略选择类型	途径	阐释
专门化——目标集聚	产品类型或产品细分的专门化	当造成产业零散的原因之一是产品系列中存在多项不同产品时，产品类型或产品细分的专门化就是一种可行的战略
	顾客类型专门化	企业专注于产业中一部分特定顾客也可以获得潜在的收益
	地理区域专门化	有些产业在大的地域范围内可能不存在规模经济或者企业难以达到规模经济所需的市场份额，但是在一个小的地域范围内却可能获得重要的经济性

3. 谨防潜在的战略陷阱

注意事项	阐释
避免寻求支配地位	受零散产业本身的基础经济特性的影响，为了寻求支配地位往往会使一些企业制定的战略过于激进，脱离企业的实际资源与能力，可能导致企业过度扩张，甚至经营失败
保持严格的战略约束力	企业制定战略后就要严格执行，战略频繁变动可能导致资源浪费，甚至危及企业的生存和持续发展
避免过分集权化	零散产业要求企业对市场变化快速做出反应，因此处于零散产业的企业不能过度集权，应当适当分权
了解竞争者的战略目标与管理费用	知己知彼方能百战百胜，分析竞争对手的战略目标可以预测竞争对手对其所处位置是否满意，由此判断竞争对手会如何改变战略，以及其对外部事件会采取什么样的反应
避免对新产品作出过度反应	零散产业中客户的需求是多样化的，也是多变的，因此对于市场上出现的新产品，企业要认真分析，避免盲目跟风，作出过度反应

经典题解

【真题31·单选题】经营中式快餐的力元公司于2015年宣布其战略目标是建成门店覆盖全国的“快餐帝国”。由于扩张过快、缺乏相关资源保障、各地流行菜系经营者的激烈竞争以及不同消费者口味难以调和的矛盾，该战略目标未能实现，公司经营也陷入危机。从零散产业角度看，下列各项中，属于力元公司进行战略选择未能避免的战略陷阱是（　　）。（2018年）

A. 不能保持严格的战略约束力
B. 寻求支配地位
C. 不了解竞争者的战略目标和管理费用
D. 过分集权化

【解析】“经营中式快餐的力元公司于2015年宣布其战略目标是建成门店覆盖全国的‘快餐帝国’。由于扩张过快、缺乏相关资源保障、各地流行菜系经营者的激烈竞争以及不同消费者口味难以调和的矛盾，该战略目标未能实现，公司经营也陷入危机”表明力元公司进行战略选择未能避免的战略陷阱是寻求支配地位，选项B正确。

【答案】B

【例题32·多选题】家政服务行业由很多中小企业组成，其中没有任何一个企业占有显著的市场份额或对整个产业的发展产生重大影响。造成家政服务行业上述状况的原因有（　　）。

A. 家政服务行业的经营成本变化迅速

B. 家政服务行业进入障碍低

C. 家政服务市场需求多样导致高度产品差异化

D. 家政服务行业难以达到规模经济

【解析】根据题干信息推断出家政服务行业属于零散产业。造成产业零散的原因主要来源于产业本身的基础经济特性：①进入障碍低或存在退出障碍；②市场需求多样导致高度产品差异化；③不存在规模经济或难以达到经济规模。因此，选项B、C、D正确，选项A属于新兴产业内部结构的共同特征。

【答案】BCD

（二）新兴产业中的竞争战略（★★）

复习建议	考试题型	考察套路	关键词
理解并记忆新兴产业的“共同特征、发展障碍以及战略选择”	客观题型、主观题型	（1）“共同特征”常与“零散原因”一起作为选项混合考查教材原文 （2）分析判断案例中目标企业面临的共同特征、发展障碍与战略选择	不确定性、顾客困惑

新兴产业是指随着新的科研成果和新兴技术的发明、应用而出现的新的行业。如网约车、共享单车、网络支付、网络借贷等都属于新兴产业。

从战略制定的观点看，新兴产业的基本特征是没有游戏规则。缺乏游戏规则既是风险又是机会的来源。

1. 新兴产业内部结构的共同特征

（1）技术的不确定性。

（2）战略的不确定性。

（3）成本的迅速变化，高初始成本但之后成本会急剧下降，这主要是由于有一段非常陡峭的学习曲线在发生作用。

（4）萌芽企业和另立门户企业较多。

（5）客户大多是首次购买者。

2. 新兴产业发展障碍与机遇

新兴产业常见的发展障碍：

（1）专有技术选择、获取与应用的困难。

（2）原材料、零部件、资金与其他供给的不足。

（3）顾客的困惑与等待观望。

（4）被替代产品的反应。

（5）缺少承担风险的胆略与能力。

新兴产业的发展机遇更多地从五种竞争力中的两个方面——进入障碍与产业内现有企业的竞争中表现出来。由于新兴产业进入障碍相对较低，产业尚处于不平衡状态，竞争结构还没有完全建立起来，因此，相对于成熟产业，新兴产业的进入成本与竞争代价都会小得多。

3. 新兴产业的战略选择

（1）塑造产业结构。在新兴产业中压倒性的战略问题是考虑企业是否有使产业结构成型的能力。企业通过其战略选择能够尽力在产品政策、销售方法以及定价策略等领域内确定竞争规则。从长期来看，企业应该以形成其最强有力的竞争地位的方式来寻求划定产业内的竞争规则。

（2）正确对待产业发展的外在性。在一个新兴产业内，一个重要的战略问题是企业在产业宣传和追求其本身的狭隘私利之间达到平衡。企业为了产业的整体利益以及企业自身的长远利益，有时必须暂时放弃自身利益。

（3）注意产业机会与障碍的转变，在产业发展变化中占据主动地位。

（4）选择适当的进入时机与领域。

适宜早期进入的情形	不适宜早期进入的情形
①企业的形象和声望对顾客至关重要，企业可因先驱者而发展和提高声望 ②产业中的学习曲线很重要，经验很难模仿，连续几代的技术绝不会使这种学习过程无效 ③客户忠诚度很高，因此首先对客户销售的企业可以自然地得到好处 ④通过对原材料供应、销售渠道等早期承诺能够获得绝对的成本优势	①先入者转行成本高：早期竞争的细分市场与产业发展成熟后的情况不同，早期进入的企业建立了竞争基础后，面临过高的转换成本 ②先入者成为先烈，后来者坐享其成：开辟市场的费用很大，包括客户培训、规章制度的批准，以及技术开发费用等，但是开辟市场的好处却不能为先进入企业所独占 ③后来者居上，弯道超车：技术变革将使早期投资过时，并且使那些后期进入的、具备最新产品及工艺的企业拥有某种优势

经典题解

【例题33·多选题】 网约车、共享单车属于典型的新兴产业，下列属于新兴产业内部结构的共同特征的有（　　）。

A. 成本的迅速变化

B. 不存在规模经济或难以达到经济规模

C. 客户大多是首次购买者

D. 战略的不确定性

【解析】 新兴产业内部结构的共同特征：①技术的不确定性；②战略的不确定性；③成本的迅速变化；④萌芽企业和另立门户；⑤首次购买者。

【答案】 ACD

03 蓝海战略

复习建议	考试题型	考察套路	关键词
理解主要观点，理解并记忆“关键性差异”和“六条路径”	客观题型、主观题型	（1）对于一些观点性内容以教材原文形式进行考查 （2）分析判断案例中目标企业所体现的“关键性差异”和“六条路径”	规避竞争、新需求、同时注重差异化和低成本

（一）蓝海战略的内涵（★★）

蓝海战略就是企业突破红海的残酷竞争，不把主要精力放在打败竞争对手上，而是主要放在全力为客户与企业自身创造价值的飞跃上，并由此开创新的“无人竞争”的市场空间，彻底摆脱竞争，开创属于自己的一片蓝海。这是一种企业通过开创新的、未被竞争对手重视的市场领域以达到扩张目的的战略。蓝海战略要求企业把视线从市场的供给一方移向需求一方，从与对手的竞争转向为客户提供价值的飞跃；通过跨越现有竞争边界看市场以及将不同市场的客户价值元素筛选与重新排序，企业就将重建市场和产业边界，开启巨大的潜在需求，从而摆脱“红海”的血腥竞争，开创“蓝海”，实现同时追求

“差异化”和“成本领先”。价值创新是开创蓝海、突破竞争的战略思考和战略执行的新途径。

【相关链接】实施蓝海战略的关键是要突破思维定势。定势是在经验的基础上产生的，容易让我们的思维固化、模式化。创新的基本要求是要敢于突破思维定势。英国化妆品公司联合利华用一位96岁的老奶奶作为“多芬香皂”的产品代言人，立竿见影地起到广而告之的作用，就是突破常规的美女型代言人这一思维定势而取得成功的典型。美国哥伦比亚广播公司《60分钟》的成功就在于突破了人们对新闻播报的固有思维。这个节目的制片人唐·休伊特说他要开创一种与传统的一本正经的问题探讨和一板一眼的新闻播报完全不同的形式，要像好莱坞包装大片一样包装新闻，果然一举成功。

红海战略和蓝海战略的关键性差异

红海战略	蓝海战略
在已经存在的市场内竞争	拓展非竞争性市场空间
打败竞争对手	规避竞争
争夺现有需求	创造和获取新需求
在价值与成本之间权衡取舍	打破价值与成本之间的权衡取舍
根据差异化或低成本的战略选择，协调公司活动的全套系统	为了同时追求差异化和低成本，协调公司活动的全套系统

【易错易混点】红海战略与蓝海战略中的“价值与成本互替”定律

类型	特点
红海战略	高值高价，低值低价，“一分价钱一分货”
蓝海战略	同时实现低成本和高价值，“物美价廉”

（二）蓝海战略制定的原则（★★）

蓝海战略的六项原则

战略制定原则	各原则降低的风险因素
重建市场边界	↓搜寻的风险
注重全局而非数字	↓规划的风险
超越现有需求	↓规模的风险
遵循合理的战略顺序	↓商业模式风险
战略执行原则	**各原则降低的风险因素**
克服关键组织障碍	↓组织的风险
将战略执行建成战略的一部分	↓管理的风险

1. 战略制定原则

（1）重建市场边界。开创和夺取蓝海需要必备的分析工具和框架，通过有目的地运用这些有关机会与风险的工具和框架，企业可以主动改变产业和市场的基础条件。

（2）注重全局而非数字。一个企业的战略洞察力是走入基层、挑战竞争边界的结果。蓝海战略建议绘制战略布局图，将一家企业在市场中现有战略定位以视觉形式表现出来，开启企业组织各层级人员的创造性，把视线引向蓝海。

（3）超越现有需求。通常，企业为增加自己的市场份额努力保留和拓展现有顾客，常常导致更精微的市场细分，然而，为使蓝海规模最大化，企业需要反其道而行，不应只把视线集中于顾客，还需要关注非顾客。不要一味通过个性化和细分市场来满足顾客差异，应寻找买方共同点，将非顾客置于顾客之前，将共同点置于差异点之前，将合并细分市场置于多层次细分市场之前。

（4）遵循合理的战略顺序。遵循合理的战略顺序，建立强劲的商业模式，确保将蓝海创意变为战略执行，从而获得蓝海利润，并按照买方效用、价格、成本、接受的顺序来制定蓝海战略。

2. 战略执行原则

（1）克服关键组织障碍。企业经理们证明执行蓝海战略的挑战是严峻的，他们面对四重障碍：一是认知障碍，沉迷于现状的组织；二是有限的资源，执行战略需要大量资源；三是动力障碍，缺乏有干劲的员工；四是组织政治障碍，来自强大既得利益者的反对。

（2）将战略执行建成战略的一部分。执行蓝海战略，企业最终需要求助于最根本的行动基础，即组织基层员工的态度和行为，必须创造一种充满信任和忠诚的文化来鼓舞员工认同战略。

（三）重建市场边界的基本法则（★★）

蓝海战略的第一条原则就是重新构筑市场边界，从而打破现有竞争局面，开创蓝海。蓝海战略总结了**六种重建市场边界的基本法则**，被称之为六条路径框架。下表对六种重建市场边界的路径框架做了一个小结。

从肉搏式竞争到蓝海战略

项目	肉搏式竞争	开创蓝海战略
产业	专注于产业内的竞争者	审视他择产业
战略群组	专注于战略群组内部的竞争地位	跨越产业内不同的战略群组
买方群体	专注于更好地为买方群体服务	重新界定产业的买方群体
产品或服务范围	专注于在产业边界内将产品或服务的价值最大化	放眼互补性产品或服务
功能—情感导向	专注于产业既定功能—情感导向下性价比的改善	重设客户的功能性或情感性诉求
时间	专注于适应外部发生的潮流	跨越时间参与塑造外部潮流

企业应把眼光放在更多的产业、更多的战略群体、更多的购买群体上，提供互补性产品或服务，重设产业现有的功能性或情感性倾向，甚至应该超越时间。只有这样，企业才能获得重建市场空间、开创蓝海的新视角。

1. 路径一：**审视他择产业**

替代品指的是形式不同，但功能或者核

心效用相同的产品或服务。例如，电影院的替代品是电视机和网络视频。他择品还包括形式和功能都不同，但目的却相同的产品或服务。例如，电影院的目的是让人娱乐放松，它的他择品包括咖啡馆、书吧、KTV等娱乐场所。

红海思维：人云亦云为产业定界，并一心成为其中最优。

蓝海观点：一家企业不仅与自身产业内的对手竞争，而且与他择产品或服务的产业对手竞争。

【深入浅出】咖啡馆、餐厅、舞厅的竞争激烈，均属于红海市场，咖啡馆的功能是喝咖啡、餐厅的功能是吃饭、舞厅的功能是跳舞。胡桃里音乐酒馆是一家多功能的餐厅，在这里既能喝咖啡、喝酒，也能用餐和蹦迪。胡桃里音乐酒馆就是通过“审视他择产业”开辟了蓝海市场。

2. 路径二：跨越产业内不同的战略群组

红海思维：受制广为接受的战略群组概念（如豪华车、经济型车、家庭车），并努力在群组中技压群雄。

蓝海观点：突破狭窄视野，搞清楚什么因素决定顾客选择，如高档和低档消费品的选择。

【深入浅出】奔驰、宝马、捷豹都是定位于高端豪华型的汽车，它们属于同一战略群组。福特、大众、丰田都是定位于低端的经济型汽车，它们属于另一战略群组。丰田推出的凌志以接近低端的福特和大众的价格，提供与高端的奔驰、宝马和捷豹一样的产品质量。丰田就是通过“跨越产业内不同的战略群组”开辟了汽车产业的蓝海市场。

3. 路径三：重新界定产业的买方群体

红海思维：只关注单一买方，不关注最终用户。

蓝海观点：买方是由购买者、使用者和施加影响者共同组成的买方链条。

【深入浅出】20世纪80年代的时候，因为胰岛素行业的买方是医生，医生最看重的就是胰岛素的纯度，所以整个行业都在以提纯为第一竞争要素。但随着技术的进步，各产品之间的纯度差别已经微乎其微了，胰岛素行业进入红海市场。然而诺和诺德公司，将目标客户从购买者（医生）身上，转移到实际使用者（病人）身上时发现，病人最看重的是注射胰岛素的方便程度。由于糖尿病患者每天要注射好几次胰岛素，用注射器从药瓶吸取再注射的方式实在是不便之极。诺和诺德就此推出了诺和笔，它像一支自来水笔，不仅方便携带，而且笔的容量非常大，一次充满可以使用一周。诺和笔一经推出，就风靡全球市场。诺和诺德就是通过“重新界定产业的买方群体”开辟了胰岛素行业的蓝海市场。

4. 路径四：放眼互补性产品或服务

红海思维：以雷同方式为产品或服务的范围定界。

蓝海观点：互补性产品或服务蕴含着未经发掘的需求，简单方法是分析顾客在使用产品之前、之中、之后都有哪些需要。所有的产品和服务都不是独立存在的，有时候一些互补性的服务对顾客的最终购买能起到至关重要的作用。

【深入浅出】

（1）对于想外出看电影的夫妇来说，是否方便为宝宝找一个临时保姆，就对他们是否去这家电影院起到了关键作用。一家自带托儿所的电影院，就是通过“放眼互补性产品或服务”开辟了电影院的蓝海市场。

（2）英国的茶具产业虽然在英国文化中占有非常重要的地位，但是曾一度销售额几乎停滞，利润率不断下降，竞争异常激烈，属于红海市场。飞利浦公司发现，英国人泡茶时遇到的最大问题并不是茶壶，而是与茶壶互补的水，因为自来水中的碳酸钙含量问题，在烧水过程中，水中的碳酸钙不断沉积，最后会混入泡好的茶中。英国人在喝茶时，通常先用一个茶匙把这些令人讨厌的碳酸钙捞出来。对茶具产业来说，水的问题与它们无关，它是另一个产业——自来水产业的问题。从解决顾客整体方案中的主要问题角度思考，飞利浦把水的问题视为它的一个机会。于是，飞利浦公司发明了一个新的茶壶，茶壶口有一个过滤器，在倒水的时候能够有效地过滤碳酸钙。这样，英国人在喝茶时，就不会在茶水中看到漂浮的碳酸钙杂质了。人们纷纷将旧茶壶换成带过滤嘴的新茶壶，茶具产业又进入了高速增长时期。飞利浦公司就是通过“放眼互补性产品或服务”开辟了茶具的蓝海市场。

5. 路径五：重设客户的功能性或情感性诉求

红海思维：接受现有产业固化的功能与情感导向。

蓝海观点：产品一般有两种竞争导向，一种是以功能和价格为导向，它们想以此吸引理性用户；另一种是以美学和情怀为导向，它们想以此吸引感性用户。如果采用其中某一种竞争导向的企业，转换视角去学习另一种竞争导向，或许自己的顾客会更喜欢。

【深入浅出】小米手机最开始是以功能为导向的，后来适当地添加了设计美感和用户情感元素，结果即使是以前的理性用户也变得更喜欢小米手机了。没有绝对理性的顾客，也没有绝对感性的顾客，换一个视角说不定能赢得更多的客户。小米就是通过“重设客户的功能性或情感性诉求”开辟了手机的蓝海市场。

6. 路径六：跨越时间参与塑造外部潮流

红海思维：制定战略只关注现阶段的竞争威胁。

蓝海观点：从商业角度洞悉技术与政策潮流将如何改变顾客获取的价值，如何影响商业模式。潮流的影响是所有企业不得不重视的，然而大多数企业都把精力用在预测潮流本身，很少从商业角度去预测潮流趋势下的顾客会如何获取价值。如果能跨越时间用未来顾客获取价值的方式来指导当下的战略，就有可能开创一片新的蓝海市场。

【深入浅出】20 世纪 90 年代末盛行非法共享数码音乐的潮流，各地唱片公司痛心疾首，都想全力遏制数码音乐的发展。然而，苹果公司却敏锐地观察到这种数码音乐的潮流是不可逆转的。于是他们在 2001 年推出了 iTunes，以远低于实体店 CD 的价格向大众出售高质量的正版数码音乐，一经推出就受到市场热捧。苹果公司就是通过准确预测潮流之下顾客获取价值的方式转变，即通过“跨越时间参与塑造外部潮流”开辟了数码音乐的蓝海市场。

经典题解

【例题 34 · 单选题】 N 公司原本的业务是租寄 DVD 光盘，消费者下单后等它们寄到，看完后再寄回去。N 公司发现宽带网络呈现一种爆炸式增长，意识到高速、实时地进行线上播放电影会形成气候后，率先推出了线上按需观看。N 公司重建市场边界遵循的基本法则是(　　)。

A. 重设客户的功能性或情感性诉求

B. 放眼互补性产品或服务

C. 跨越时间参与塑造外部潮流

D. 审视他择产业

【解析】“N 公司发现宽带网络呈现一种爆炸式增长，意识到高速、实时地进行线上播放电影会形成气候后，率先推出了线上按需观看”表明 N 公司重建市场边界遵循的基本法则是跨越时间参与塑造外部潮流，选项 C 正确。

【答案】 C

第三节　职能战略

本节视频详解
使用“会计云课堂” App/ 微信扫码听课

01 市场营销战略（★★）

复习建议	考试题型	考察套路	关键词
理解并记忆“市场细分的依据、目标市场选择、4P 组合”的标题性内容及教材举例	客观题型、主观题型	分析判断案例中目标企业所采用的市场细分类型、目标市场选择、4P 组合的表现	4P 组合：“产品”“品牌”；“广告”“赠送”“宣传形象”“营销员”；“销售渠道”；“定价”

（一）市场细分

1. 消费者市场细分

消费者市场又称最终消费者市场或生活资料市场，是指那些为满足生活消费需要而购买商品的**所有个人和家庭**所组成的市场。消费品是社会最终产品，它不需要经过生产企业再生产和加工，便可供人们直接消费。因此，消费者市场不是中间市场而是最终市场。消费者市场的主要细分变量主要有地理细分、人口细分、心理细分和行为细分。

（1）**地理细分**。

地理细分就是企业按照消费者所在的地理位置以及其他地理变量（包括城市农村、地形气候、交通运输等）来细分消费者市场。

（2）**人口细分**。

人口细分就是企业按照人口变量（包括年龄、性别、收入、职业、教育水平、家庭规模、家庭生命周期阶段、宗教、种族、国籍等）来细分消费者市场。

（3）**心理细分**。

心理细分就是按照消费者的生活方式、个性等心理变量来细分消费者市场。

（4）**行为细分**。

行为细分就是企业按照消费者购买或使用某种产品的时机、消费者所追求的利益、使用者情况、消费者对某种产品的使用率、消费者对品牌（商店）的忠诚程度、消费者待购阶段和消费者对产品的态度等行为变量来细分消费者市场。

【易错易混点】消费者市场细分中行为细分和心理细分的区分

人的行为是由思想、情感、动机支配的，是内在心理活动的外在表现。因此行为细分特别强调消费者（市场主体）对特定产品（市场客体）的外在行为表现，重心在于市场客体，即消费者（市场主体）的消费决策针对不同的市场客体（特定产品）可能会有不同的外在行为表现。即行为细分是根据购买者对特定产品的了解程度、态度、使用情况及反应等进行的消费行为（购买行为）细分。

生活方式是指人们在消费、工作或娱乐上表现出的特定习惯。人们追求的生活方式的不同也会影响他们对产品的选择。例如，有的追求新潮、时髦，有的追求恬静、简朴，有的追求刺激、冒险，有的追求稳定、安逸。个性是指一个人比较稳定的心理倾向与心理特征，如自信、自主、顺从、保守等。因此心理细分特别强调消费者（市场主体）内在的心理活动和心理特征，重心在于市场主体，即市场主体（消费者）的消费决策是基于他一贯的心理倾向与心理特征，而并不针对特定的产品（市场客体）。

2. **产业市场细分**。

产业市场又称生产者市场或工业品市场，是由那些购买货物和劳务，并用来生产其他货物和劳务，以出售给他人的个人或公司构成的市场。因此，产业市场是指购买的目的是为了再生产而采购的个人和公司形成的市场。许多用来细分消费者市场的标准，同样可用于细分产业市场。如根据地理、追求的利益和使用率等变量加以细分。不过，因为生产者与消费者在购买动机与行为上存在差别，所以除了运用前述消费者市场的细分标准外，还可用一些新的标准来细分产业市场。

（1）用户的行业类别。

在产业市场上，不同的最终用户对同一种产业用品的市场营销组合往往有不同的要求。工业品用户购买产品，一般都是供再加工之用，对所购产品通常都有特定的要求。比如，同是钢材用户，有的需要圆钢，有的需要带钢，有的需要普通钢材，有的需要硅钢、钨钢或其他特种钢。企业此时可根据用户要求，将大体相同的用户集合成群，并据此设计出不同的营销策略组合。

（2）用户规模。

在产业市场中，公司规模可以是大型、中型和小型，不同规模的用户，其购买力、购买批次、频率、购买行为和方式都有可能不同。以钢材市场为例，像建筑公司、造船公司、汽车制造公司等对钢材需求量很大，动辄数万吨的购买，而一些小的机械加工企业，一年的购买量也不过几吨至几十吨。企业应当根据顾客规模大小来细分市场，并由于用户或客户的规模不同，企业的营销组合方案也应有所不同。比如，对于大客户，宜于直接联系，直接供应，在价格、信用等方面给予更多优惠；而对众多的中小客户，则宜于使产品进入商业渠道，由批发商或零售商去组织供应。

（3）用户的地理位置。

按用户地理位置细分市场，有助于企业将目标市场选择在用户集中的地区，以节省推销费用和运输成本。

（4）购买行为因素。

购买行为包括用户追求的利益、使用频率、品牌忠诚度、使用者地位（如重点户、一般户、常用户、临时户等）和购买方式等。

经典题解

【真题35·单选题】嘉利啤酒公司通过数据分析发现，其产品的89%是被50%的顾客（重度饮用啤酒者）消费掉的，另外50%顾客（轻度饮用啤酒者）的消费量只占总消费量的11%。该公司据此推出了吸引重度饮用啤酒者而放弃轻度饮用啤酒者的促销策略。该公司进行市场细分的依据是（　　）。（2019年）

A. 地理细分　　B. 人口细分

C. 行为细分　　D. 心理细分

【解析】“其产品的89%是被50%的顾客（重度饮用啤酒者）消费掉的……该公司据此推出了吸引重度饮用啤酒者而放弃轻度饮用啤酒者的促销策略”表明该公司进行市场细分的依据是行为细分，选项C正确。

【答案】C

【例题36·单选题】许多汽车制造商都在设计旨在满足所有客户需求的电动车，而A国M公司独辟蹊径，决定按照消费者特定的使用车辆的方式定制生产电动车。该公司将使用车辆的方式分为在城里驾车与通勤，这一市场细分方法可以根据消费者的具体需求，匹配车辆的电池蓄能要求，让消费者无须购买比他们实际需求更大的车辆与电池。M公司这一战略决策的依据是对电动车市场的（　　）。

A. 人口细分　　B. 地理细分

C. 心理细分　　D. 行为细分

【解析】在城里驾车与通勤中，后者的蓄能要求要高得多，并非主要是由于通勤车要行驶的距离更远，最重要的因素其实是平均行车速度更高，在高速路上受到的空气阻力更大。这清楚地表明，适合于高能源密集型的通勤电池动力车，对于那些将车辆用于短途的低速行程（如在城里办事）的消费者来说，功能就浪费了。题干信息“决定按照消费者特定的使用车辆的方式定制生产电动车”体现了行为细分（使用者情况），选项D正确。

【答案】 D

【例题37·单选题】 大型超市连锁店为不同地区分店选择重点销售商品时，会考虑到每个地区中居民的一般消费特性，其中一个分类是按照居民的平均收入水平的高低，将居民消费者划分为高收入、中等收入及低收入三个客户群组。该细分过程属于(　　)。

A. 人口细分　　B. 地理细分

C. 行为细分　　D. 心理细分

【解析】“按照居民的平均收入水平的高低，将居民消费者划分为高收入、中等收入及低收入三个客户群组”表明该超市按照居民的平均收入水平的高低进行市场细分，属于人口细分，选项A正确。

【答案】 A

【例题38·多选题】 某笔记本电脑生产企业正在大力宣传其新推出的某系列笔记本电脑。该系列笔记本电脑不仅具有多种可以选择的外壳颜色，而且具有突出的影音、游戏功能配置，其主要目的是满足追求时尚和个性化的年轻人的需要。根据上述情况可以判断，该笔记本电脑生产企业营销该系列笔记本电脑时重点考虑的市场细分依据包括(　　)。

A. 人口细分　　B. 行为细分

C. 地理细分　　D. 心理细分

【解析】 题中强调“年轻人”属于人口细分；“突出的影音、游戏功能配置”属于行为细分中的消费者所追求的利益；“追求时尚和个性化”属于心理细分。因此，选项A、B、D正确。

【答案】 ABD

（二）目标市场选择

所谓目标市场，就是企业决定要进入的市场，也就是企业拟投其所好、为之服务的那个顾客群。目标市场的选择策略，通常有三种模式供参考。

类型	无差异营销策略	差异性营销策略	集中化营销策略
含义	把整个市场作为一个大目标开展营销，它强调消费者的共同需要，忽视其差异性	将整个市场细分为若干子市场，针对不同的子市场，设计不同的产品，制定不同的营销组合策略，满足不同的消费需求	指企业由于受到资源等条件的限制，集中力量进入一个或少数几个性质相似的细分市场，实行专业化生产和销售。实行这一营销策略，企业不是追求在一个大市场内角逐，而是力求在一个或几个子市场上占有较大份额
特点	优点：品种单一，适合大批量生产和销售，发挥规模经济的优势；可以降低生产、存货和运输的成本，缩减广告、推销、市场调研和市场细分的费用，进而以低成本在市场上赢得竞争优势 缺点：应变能力差，一旦市场需求发生变化，难以及时调整企业的生产和市场营销策略，特别是在产品生命周期进入成熟阶段后，竞争手段过于单一，因而风险较大	优点：面向广阔的市场，满足不同消费者的需要，有利于扩大销售量，增强竞争力；企业适应性强，富有回旋余地，不依赖一个市场一种产品 缺点：由于小批量多品种生产，要求企业具有较高的经营管理水平；由于品种、价格、销售渠道、广告、推销手段的多样化，使生产成本、研发成本、存货成本、销售费用、市场调研费用相应增加，有可能降低经济效益	优点：企业得以集中运用有限的资源，实行专业化的生产和销售，节省营销费用，提高产品和企业知名度 缺点：对单一和窄小的目标市场依赖性太大，一旦目标市场情况发生突然变化，企业周旋余地小，风险大。同时，当强有力的竞争者打入目标市场时，企业就会受到严重影响

续表

类型	无差异营销策略	差异性营销策略	集中化营销策略
适用情形	一般适用于实力强大，采用大规模生产方式，又有广泛而可靠的分销渠道，以及采用统一的广告宣传方式和内容的企业	一般是力量雄厚的大公司采用这种策略	资源有限的小企业，或刚刚进入某个新领域的企业多采用这种策略
举例	养乐多公司在饮料市场仅开发单一的产品	服装生产企业针对不同性别、不同收入水平的消费者推出不同品牌、不同价格的产品，并采用不同的广告主题来宣传这些产品	足力健专门为老年消费者提供专业鞋品

上述三种目标市场选择策略事实上是企业业务单位战略中的三种基本竞争战略在营销战略中的体现。三种策略各有利弊，企业选择时除了目标市场应具备的一些条件外，尚需考虑以下几个方面的因素：

（1）市场相似性。若消费者的需求、爱好、购买行为大致相近，对产品供应和销售要求的差别不大，即市场需求类似程度很高时，宜采用无差异营销策略；反之则采取差异性营销策略或集中化营销策略。

（2）产品的同质性。同质性产品比较适合采用无差异营销策略；而一些差异性较大的产品宜采用差异性营销策略或集中化营销策略。

（3）企业实力。如果企业在生产、技术、资源、销售等方面的实力很强，有能力覆盖所有的市场，则可采用无差异营销策略，或差异性营销策略；若实力有限，则宜采用集中化营销策略。

（4）产品生命周期阶段。通常，产品在导入期，采用无差异营销策略能取得很好的效果；而当产品进入成长期和成熟期后，则宜采用差异性营销策略，以建立有别于竞争对手的特色，或开拓新的市场，刺激新需求，延长产品生命周期。

（5）竞争者的策略。假如竞争者实行无差异竞争策略，则应采取差异性营销策略与之抗衡；如果竞争者已采取差异性竞争策略，企业可以考虑在进一步细分的基础上，采取差异性营销策略或集中化营销策略。

经典题解

【例题 39 · 单选题】 甲公司是一家多元化经营的企业。涉足的产品包括针对儿童的营养液、针对时尚青年的果汁饮料以及八宝粥。根据以上信息，可以判断该企业的目标市场选择策略是(　　)。

A. 无差异营销策略

B. 集中化营销策略

C. 差异性营销策略

D. 全面营销策略

【解析】“针对儿童的营养液、针对时尚青年的果汁饮料以及八宝粥”表明甲公司针对不同细分市场推出不同产品，属于差异性营销策略，选项 C 正确。

【答案】 C

（三）市场定位

市场定位是指为使产品在目标消费者心目中相对于竞争产品而言占据清晰、特别和理想的位置而进行的安排。因此，营销人员设计的位置必须使他们的产品有别于竞争品牌，并取得在目标市场中的最大战略优势。简而言之，就是在目标客户心中树立独特的产品形象。

企业确定目标市场后，对产品进行第一次市场定位，也称初次定位。一般新产品投入市场均属初次定位。随着市场情况的变化，产品尚需重新定位，即对产品进行二次或再次定位。在以下情况企业需要对产品进行重新定位：①当本企业产品定位附近出现了强大竞争者，导致本企业产品的销售量及市场占有率下降；②顾客的消费观念、偏好发生变化，由喜爱本企业产品转向竞争者产品；③当本企业产品在目标市场已逐步走向产品生命周期的衰退期。在重新定位前，企业应慎重考虑和评价企业改进产品特色和转移到另一种定位时所需付出的代价是否小于在此新市场上的销售收入，以保证产品重新定位后仍有利润。

不论是产品的初次定位还是重新定位，一般有以下三种产品市场定位策略可供选择。

1. 抢占或填补市场空位策略

这种策略是将企业产品定位在目标市场的空白处，生产销售目标市场上尚没有的某种特色产品，避开与目标市场上竞争者的直接对抗，以增强企业的相对竞争优势，获取更好的经济效益。

2. 与竞争者并存和对峙的市场定位策略

这种策略是将本企业的产品位置确定在目标市场上现有竞争者的产品旁，相互并存并对峙着。

3. 取代竞争者的市场定位策略

这种策略就是将竞争者赶出原有位置，并取而代之。

经典题解

【例题40·单选题】甲银行在某地新建分行的战略：先主攻小额商贷业务在当地立足，再通过为小商户理财，扩大存款业务。王某是该行小额商贷部的一名主管，为实施新建分行的战略，首先抓住战略选择中的一个重要变量——市场细分，组织信贷员对市场进行细分和选择研究。因为他知道，只有在市场细分基础上确定了目标市场之后，才是下一步的(　　)。

A. 市场定位　　B. 市场开发

C. 产品开发　　D. 产品推广

【解析】企业确定目标市场后，对产品进行第一次市场定位，选项A正确。

【答案】A

（四）设计市场营销组合

美国市场营销专家麦卡锡教授在人们营销实践的基础上，提出了著名的“4P营销策略组合”理论，即产品（Product）、定价（Price）、地点（Place）、促销（Promotion）。上述四个方面的策略组合起来统称为市场营销组合策略。市场营销组合策略的基本思想在于：从制定产品策略入手，同时制定价格、促销及分销渠道策略，组合成策略总体，以便达到以合适的商品、合适的价格、合适的促销方式，把产品送到合适地点的目的。企业经营的成败，在很大程度上取决于这些组合策略的选择和它们的综合运用效果。

1. 产品策略

产品策略包括产品组合策略、品牌和商标策略以及产品开发策略。

（1）产品组合策略。产品组合是指某一企业所生产或销售的全部产品大类、产品项目的组合。产品大类（又称“产品线”）是指产品类别中具有密切关系的一组产品。产品项目是指某一产品大类内由价格、功能及其他相关属性来区别的具体产品。

①产品组合的宽度、长度、深度和关联性。

产品组合的宽度是指一个企业有多少产品大类。

产品组合的长度是指一个企业的产品组合中所包含的产品项目的总数。通常，每一个产品线中包括多个产品项目，企业各产品线的产品项目总数就是企业产品组合的长度。

产品组合的深度是指产品组合中每种产品有多少花色、品种、规格。

产品组合的关联性是指一个企业的各个产品大类在最终使用、生产条件、分销渠道等方面的密切相关程度。

【相关链接】海尔公司的产品有电冰箱、洗衣机、空调、彩电四类，因此，海尔公司产品组合的宽度为4。海尔公司生产的电冰箱产品线下有4个产品项目，洗衣机产品线下有5个产品项目，空调产品线下有5个产品项目，彩电产品线下有3个产品项目。因此，海尔公司产品组合的长度为17（5+5+4+3）。海尔公司空调产品线下的壁挂式空调挂机，假设有三种规格和两种型号，则壁挂式空调挂机的产品组合深度为6（3×2）。

产品组合的宽度、长度、深度和关联性在市场营销战略中具有重要意义。

首先，企业增加产品组合的宽度（增加产品大类，扩大经营范围，甚至跨行业经营，实行多元化经营），可以充分发挥企业的特长，使企业（尤其是大企业）的资源、技术得到充分利用，提高经营效益；此外，实行多元化经营还可以分散风险。

其次，企业增加产品组合的长度和深度（增加产品项目，增加产品的花色、式样、规格等），可以迎合广大消费者的不同需要和爱好，以招徕和吸引更多顾客。

最后，企业增加产品组合的关联性（各个产品大类在最终使用、生产条件、分销渠道等方面密切关联），则可以提高企业在某一地区、行业的声誉。

②产品组合策略类型。企业在调整和优化产品组合时，依据情况的不同，可选择如下策略：

第一，扩大产品组合。扩大产品组合策略是开拓产品组合的宽度、长度和加强产品组合的深度。开拓产品组合的宽度是指增添一条或几条产品线，扩展产品经营范围；开拓产品组合的长度是指在原有的产品线内增加新的产品项目；加强产品组合的深度是指增加每种产品项目的花色、式样、规格。

第二，缩减产品组合。缩减产品组合策略是削减产品线或产品项目，特别是要取消那些获利小的产品，以便集中力量经营获利大的产品线和产品项目。

第三，产品延伸。产品延伸策略指全部或部分地改变公司原有产品的市场定位。具体做法有向下延伸、向上延伸和双向延伸三种。向下延伸，指企业原来生产高档产品，后来决定增加中低档产品；向上延伸，指企业原来生产低档产品，后来决定增加中高档产品；双向延伸，即原定位于中档产品市场的企业掌握了市场优势以后，决定向产品大类的上下两个方向延伸，一方面增加高档产品，另一方面增加低档产品，扩大市场阵地。

（2）品牌和商标策略。

企业可采用的品牌和商标策略如下：

①单一的品牌策略。单一品牌又称统一品牌，它是指企业所生产的所有产品都同时使用一个品牌的情形。这种策略有以下优点：可以将一种产品具备的特征传递给另一种产品，简化了新产品上市的过程，因为无须为新产品建立新的品牌认知度。例如，“海尔”就是单一品牌策略的代表。一个成功的海尔品牌，使得海尔的上万种商品成为名牌商品，单一品牌策略的优势尽显其中。

②多品牌策略（每个产品都有不同的品牌名称）。如果企业生产的产品在市场中的定位显然不同，或者市场被高度细分，则企业通常对每个产品都采用不同的品牌名称。例如，宝洁的多品牌策略让它在各产业中拥有极高的市场占有率。以洗发水为例，我们所熟悉的“飘柔”以柔顺为特长；“潘婷”以全面营养吸引公众；“海飞丝”则具有很好的去屑功效；“沙宣”强调的是亮泽。不同的消费者在洗发水的货架上可以自由选择，然而都没有脱离开宝洁公司的产品。

③自有品牌策略。自有品牌属于零售商品牌，是商业零售企业自己创意并使用于所经营商品的品牌。许多零售商销售自有品牌的杂货、服饰或五金器具，以使客户建立对

该零售商而不是产品生产商的忠诚度。例如，美国最大的零售集团沃尔玛拥有20000多个供货商，其中较大的制造商有500多个，这些制造商必须根据沃尔玛公司设计的造型、装潢、质量要求进行产品生产，生产出的产品印上沃尔玛的自有品牌。

（3）产品开发策略。

产品开发的原因：

①企业具有较高的市场份额和较强的品牌实力，并在市场中具有独特的竞争优势；

②市场中有潜在增长力；

③客户需求的不断变化需要新产品，持续的产品更新是防止产品被淘汰的唯一途径；

④需要进行技术开发或采用技术开发；

⑤企业需要对市场的竞争创新做出反应。

2. 价格策略

（1）基本的定价方法。

基本的定价方法有三种：成本导向定价法、需求导向定价法和竞争导向定价法。

①成本导向定价法最为简便，也是企业最常用的。具体的做法又可分为四种：成本加成定价法、收支平衡定价法、目标利润定价法和变动成本定价法。

②需求导向定价法，是按市场需求的强弱情况制定不同的价格。市场需求量大，定价就高，需求量小，定价就低。

高定价策略，一般适用于以下情况：竞争者产品未上市；愿付高价购买的人数相当多；即使高价格诱使竞争者进入市场的风险也不大。

低定价策略，一般适用于以下情况：市场对价格呈现高度敏感，降低价格，需求量将大幅提高；低价可拒退已有或潜在竞争者；单位生产成本与销售成本能够因大量生产和销售而降低。

③竞争价格定价法，是以市场上相互竞争的同类产品为价格的基本尺度，并随竞争变化调整价格水平。主要做法有通行价格定价和密封投标定价。

（2）主要定价策略。

①心理定价策略，是为适应消费者的购买心理所采用的定价策略，主要有尾数定价、整数定价、声望定价和招徕定价。

②产品组合定价策略，包括系列产品定价、副产品定价、关联产品定价和捆绑定价等。系列产品定价即将系列商品根据规格、外观等的不同给予不同的价格；副产品定价是对在生产主要产品的过程中同时产出的产品给予低于主要产品的定价；关联产品大多为互补产品，一些既生产主要产品又生产关联产品的企业，将主要产品的价格定得偏低，而将关联产品定高价，靠关联产品赚钱；捆绑定价是将几种相关产品组合起来，以低于整体价格的价格销售，有助于促进消费者购买那些他们本来可能不会购买的产品。

③折扣与折让策略，包括各种减价策略，即在原定价格的基础上减收一定比例的货款。有现金折扣、数量折扣、交易折扣、季节性折扣和推广折扣等。

④地理差价策略，是根据买卖双方地理位置的差异，考虑买卖双方分担运输、装卸、仓储、保险等费用的一种价格策略，包括产地价、目的地交货价、统一交货价、分区运送价和津贴运费定价等。

（3）新产品定价策略。

新产品主要有三种定价策略可供选择。

①渗透定价法，是指在新产品投放市场时确定一个非常低的价格，以便抢占销售渠道和消费者群体，从而使竞争者较难进入市场。这是一种通过牺牲短期利润来换取长期利润的策略。

②撇脂定价法，是指在新产品上市之初确定较高的价格，并随着生产能力的提高逐渐降低价格。这一方法旨在产品生命周期的最初阶段获取较高的单位利润。

③满意定价策略，即介于以上两种定价策略之间的适中定价策略。这一方法意图同时达到产品价格既能被顾客接受、企业又有一定利润的目的。

3. 分销策略

分销策略是确定产品到达客户手上的最佳方式。

分类依据	渠道类型	含义
按是否经过中间商环节	直接分销	是指生产企业不通过中间商环节，直接将产品销售给消费者
	间接分销	是指生产企业通过中间商环节把产品传送到消费者手中
按中间商数量的多少	独家分销	是指企业在某一目标市场，只选择一个中间商销售本企业的产品，双方签订合同，规定中间商不得经营竞争者的产品，制造商则只对选定的经销商供货
	选择性分销	是指生产企业在某一地区仅通过几个精心挑选的、最适合的中间商推销产品
	密集分销	是指生产企业同时选择较多的中间商销售产品
按是否通过网络分销	线上渠道	是指依托网上商城或网络平台传播产品、服务等
	线下渠道	是指通过传统贸易行为（面对面或其他非网络方法）交易或传播产品和服务等

按中间商数量分类的三种分销策略的比较

分销策略	优势	劣势	适用范围
独家分销	对中间商的服务水平和提供的产品保持控制。中间商能获得企业给定的产品的优惠价格	需企业与经销商之间更紧密的合作。因缺乏竞争，消费者的满意度可能会受到影响；经销商对生产商的反控制力度较强	适用于技术含量较高，需要售后服务的专门产品的分销，如机械产品、耐用消费品、特殊产品等
选择性分销	比密集分销能取得经销商更大的支持，同时又比独家分销能给消费者购物带来更大的方便	分销商的竞争较独家分销时激烈	适宜消费品中的选购品和特殊品
密集分销	市场覆盖率高、便利消费者	价格竞争激烈，导致市场混乱，有时会破坏厂家的营销意图；渠道的管理成本很高	比较适宜日用消费品的分销。多数家具、家用电器品牌采用此种策略

4. 促销策略

促销策略是指企业通过人员推销、广告促销、公关宣传和营业推广等各种促销手段，向消费者传递产品信息，引起他们的注意和兴趣，激发他们的购买欲望和购买行为，以达到扩大销售目的的活动。

（1）促销组合要素构成。

促销组合由四个要素构成：广告促销、营业推广、公关宣传和人员推销。

类型	含义	举例
广告促销	是指利用在媒体中投放广告的方式让消费者了解企业产品和服务，从而促进购买的一种行为	脑白金能够畅销数十年，从它不间断的广告和广告语中就能看出端倪，“收礼只收脑白金”正是利用了国人在过节时爱送礼的特性，而作为保健品，两个活泼老人的形象在无形中驱使晚辈在过节时选择脑白金
营业推广	是指企业为鼓励购买、销售商品和劳务而采取的除广告、公关宣传和人员推销之外的所有企业营销活动的总称	赠送试用品、赠送打折券、抽奖、批发回扣、推广津贴等
公关宣传	公关宣传并不是推销某个具体的产品，而是利用公共关系，把企业的经营目标、经营理念、政策措施等传递给社会公众，使公众对企业有充分了解，联系企业与公众的关系，扩大企业的知名度、信誉度、美誉度，从而间接地促进产品销售	蒙牛集团的蒙牛生态草原基金发起“拯救地球的100个行动”，蒙牛用自己的行动号召更多的人加入“保卫地球家园”的先锋队
人员推销	是指企业派出推销人员直接与顾客接触、洽谈、宣传商品，以达到促进销售目的的活动过程	乡中情公司不做广告，不搞营销活动。公司产品推广有个绝招：靠过硬的产品让消费者口口相传。要注意口碑营销也属于人员推销的范畴

（2）促销组合策略。

企业可以选择两个基本的促销组合策略：推式策略和拉式策略。

①推式策略。将产品经过营销渠道“推”向最终消费者。制造商的市场活动（主要是人员推销和交易推广）大多面向渠道成员展开，激励他们购买产品并向最终消费者销售。

②拉式策略。依靠制造商直接开展的市场活动（主要是广告和消费者推广）指向最终消费者，激励他们购买产品。如果拉式策略奏效，消费者将向渠道成员索取产品，渠道成员转而向制造商索取产品。

③推拉结合策略。企业将推式策略和拉式策略配合起来使用，在向中间商进行大力促销的同时，通过广告刺激市场需求。

经典题解

【真题41·多选题】主营体育用品生产和销售的云济公司开发出一款智能家用跑步机。为了使该产品迅速占领市场，公司销售人员在主要销售商场举办促销活动，宣传该产品能够根据使用者的年龄、身高、体重、脉搏频率等生理指标，自动显示使用者应选择的最佳步速和运动时间，同时宣布前20名购买者，可获得产品免费保修期从3年延长至6年的优惠。云济公司采用的促销组合策略要素有（　　）。（2020年）

A. 广告促销　　B. 公关宣传

C. 营业推广　　D. 人员推销

【解析】“宣布前20名购买者，可获得产品免费保修期从3年延长至6年的优惠”属于营业推广，选项C正确；“公司销售人员在主要销售商场举办促销活动，宣传该产品能够根据使用者的年龄、身高、体重、脉搏频率等生理指标，自动显示使用者应选择的最佳步速和运动时间”属于人员推销，选项D正确。

【答案】CD

【例题42·单选题】为了招徕消费者，服装销售类企业通常发布广告，宣传购买

100件以上产品可享6.5折优惠。从市场营销组合中的定价策略看，上述举措属于(　　)。

A. 渗透定价法

B. 撇脂定价法

C. 折扣与折让策略

D. 心理定价策略

【解析】折扣与折让策略，包括各种减价策略，即在原定价格的基础上减收一定比例的货款。有现金折扣、数量折扣、交易折扣、季节性折扣和推广折扣等。因此，选项C正确。

【答案】C

【例题43·单选题】甲公司是一家家用电器生产企业，其生产的蓝光播放机首次投放市场，为了扩大蓝光播放机的销量，甲公司对其首次上市定价采用了低于其他企业价格的策略。甲公司对蓝光播放机首次上市采用的产品上市定价法是(　　)。

A. 渗透定价法

B. 转移定价法

C. 细分定价法

D. 撇脂定价法

【解析】“其生产的蓝光播放机首次投放市场，为了扩大蓝光播放机的销量，甲公司对其首次上市定价采用了低于其他企业价格的策略”表明甲公司采用的是渗透定价法，选项A正确。

【答案】A

【例题44·单选题】甲公司是一家化妆品企业。在推出一款新产品时，为了吸引消费者，采取了免费赠送试用品的方式。根据以上信息可以判断，该企业采取的这种方式属于(　　)。

A. 广告促销　　B. 营业推广

C. 公关宣传　　D. 人员推销

【解析】“免费赠送试用品”属于促销组合四要素中的营业推广，选项B正确。

【答案】B

【例题45·单选题】甲公司是一家大型饮料公司，市场遍及全球多个国家。根据以上信息可以判断，最适合该公司采用的分销渠道是(　　)。

A. 渗透分销　　B. 间接分销

C. 差别分销　　D. 直接分销

【解析】该饮料公司市场遍及全球多个国家，因此最适合选择间接分销，选项B正确。

【答案】B

02 研究与开发战略（★★）

复习建议	考试题型	考察套路	关键词
理解并记忆研发的“类型”“动力来源”和“定位”的标题性内容	主观题型	在题干中通常会给出目标企业研发产品的前因后果，据此判断出目标企业研发的原因、类型、定位和带来的影响	研发定位：“率先研发”；“打破垄断”；“低成本生产”

（一）研发的类型

研发有两种类型：产品研究和流程研究。

1. 产品研究——新产品开发

新产品开发是竞争优势的主要来源，是实施**差异化战略**的企业战略保障体系中的**关键环节**。

2. 流程研究

流程即一系列给客户创造价值的相互关联活动的过程。流程研究旨在减少环节、改变时序，以提高工作质量和工作效率、降低成本和劳动强度、节约能耗、保证安全生产、减少污染等为目的。因此流程管理无论对于实施成本领先战略的企业，还是对于实施差异化战略的企业而言，都是必不可少的。

（二）研发的动力来源

研发的动力来源分为需求拉动型和技术推动型。

类型	含义	举例
需求拉动型	也称市场牵引型，即开始于市场机会，通过市场调研与客户反馈来寻求市场机会，并确定可以满足市场需求的研发方案	曾经有段时间，在其他地方向来声誉非常好的海尔洗衣机却在四川市场遭到很多客户的投诉，海尔总部派人调研发现，原来许多客户用洗衣机洗红薯，淤积的泥沙影响了洗衣机的正常运转。这本来属于不正当使用的范畴，但“海尔”却不这样想，他们认为这是客户需要洗衣机有这种功能。于是，他们进行技术改进，在销往该地区的洗衣机的涡轮上做了一个改动，这样洗衣机就不但能够洗衣服还能够洗红薯。客户导向使得海尔洗衣机在该地区大受欢迎
技术推动型	即开始于技术创新和变革，并确定可以使技术和市场相匹配的研发方案	微软公司凭借持续不断的技术变革和创新能力始终站在全球电脑市场的最前沿，并保持着微软品牌特有的活力。微软公司的研发中心不断地为其注入来自全球市场的新观念、新影响，使公司的技术创新和变革始终充满活力，不仅引领整个行业的发展，而且也适应了全球各地市场的需求

（三）研发的战略作用

1. 基本竞争战略

产品创新是产品差异化的来源。流程创新使企业能够采用成本领先战略或差异化战略。

2. 价值链

研发被纳入价值链的支持性活动。通过提供低成本的产品或改良的差异化产品可以强化价值链。

3. 安索夫矩阵

研发支持四个战略象限。可以通过产品求精来实现市场渗透战略和市场开发战略。产品开发和产品多元化需要更显著的产品创新。

4. 产品生命周期

产品研发会加速现有产品的衰退，因而需要研发来为企业提供替代产品。

（四）研发定位

企业研发战略至少存在三种定位：

（1）成为向市场推出新技术产品的企业。

（2）成为成功产品的创新模仿者。

（3）成为成功产品的低成本生产者。

（五）研发战略特别要求管理层制定鼓励创新性构思的政策

（1）必须对创新给予财务支持，可以通过为研发和市场研究投入资金以及为新构思投入风险资金来实现；

（2）鼓励创新、创建适合研发的企业环境；

（3）以人为本，发挥员工的创造性、激发员工的主动性；

（4）运用矩阵式组织结构实现跨部门协同运作；

（5）在适当情况下，企业的招聘政策应集中于招聘具有创新技能的员工，应对员工进行培训并使其知识、技能与时俱进；

（6）由专门的管理者负责从环境中或从企业的内部沟通中获取与创新构思有关的信息；

（7）战略计划应有助于创新目标的达成；对成功实现目标的员工应给予奖励。

03 生产运营战略（★★）

复习建议	考试题型	考察套路	关键词
理解四个因素的含义、掌握产能计划和平衡产能与需求方法的辨析、理解并记忆 JIT 的优缺点及适用情形	客观题型	将各知识点的关键内容融入到案例中，然后据此选出题干涉及的选项	参见下面知识点讲解部分

（一）生产运营战略所涉及的主要因素

企业生产运营的基础或者说企业竞争力的优势要素主要包括**批量、种类、需求变动**以及**可见性**。

因素	含义	案例	与单位成本的关系
批量	不同的生产运营流程在投入和产出的批量上有所不同	例如，箱包产品中，普通的产品可以大批量的生产，纯手工制作的产品批量就会小	批量大（大规模生产）—成本低 批量小（小规模生产）—成本高
种类	企业向顾客提供的产品或服务的范围（如标准化产品、个性化产品）	例如，福特汽车公司的 T 型车进行标准化生产，从而实现规模经济，降低成本；再如某服装品牌，一年要生产四万款产品，个性化强，防止“撞衫”	品种少—成本低 品种多—成本高
需求变动	当需求变动较大时，运营会产生产能利用率的问题。因此，运营流程应尽量预测需求变动并相应调整产量，避免发生损失（**运营系统的柔性化**）	例如，一般企业在一年中的需求都比较稳定，成本容易控制；但是有一些企业季节性明显，比如种子、化肥企业，冬季、春季需求量大，夏季、秋季需求量小。当需求量小时，企业的设备和员工都处于未被充分利用的状态，单位成本可能较高，因此企业应尽量预测需求变动，避免损失	需求稳定—产能利用率较高—成本低 需求波动—产能利用率较低—成本高
可见性	指生产运营流程为客户所见的程度。可见性影响企业的运营方式和管理方式	例如，同样是饺子馆，喜家德的厨房是透明的，制作流程为顾客可见，而普通饺子馆的制作流程通常不可见	可见性较低（生产型行业）—对员工沟通技巧要求低—成本低 可见性较高（服务型行业）—对员工沟通技巧要求高—成本高

【提示】需求变动中的“**柔性**”是相对于“**刚性**”而言的，传统的“刚性”自动化生产线主要实现单一品种的大批量生产，其优点是生产效率很高，由于设备是固定的，设备利用率也很高，单件产品的生产成本低。随着批量生产时代正逐渐被适应市场动态变化的生产所替换，一个企业的生存能力和竞争能力在很大程度上取决于它是否能在很短的时间内，生产出较低成本、较高质量的产品的能力。“柔性”管理强调当预计

客户需求增加时，能迅速扩大产能，实现规模经济，促使单位产品成本降低；当预计客户需求下降时，能及时缩减规模、减产或裁员。

经典题解

【例题46·多选题】通达公司是一家工具模具制造企业。该公司建立弹性生产体系，即在同一条生产线上通过设备调整来完成不同品种产品的大批量生产任务，既满足多品种的定制化要求，又使设备流水线的停工时间随着订单量的变动达到最小。通达公司的生产运营战略所涉及的主要因素有(　　)。

A. 种类　　B. 批量

C. 需求变动　　D. 可见性

【解析】“不同品种”“多品种的定制化要求”属于种类，选项A正确；“大批量生产”属于批量，选项B正确；“建立弹性生产体系”“使设备流水线的停工时间随着订单量的变动达到最小”属于需求变动，选项C正确。

【答案】ABC

（二）产能计划

产能是指在一定时期内，在既定的组织技术条件下，企业所能生产的产品的最大数量，即最大生产能力。

产能计划是指确定企业所需的最大生产能力以满足其产品不断变化的需求过程。当产品需求旺盛时，企业需要考虑如何增加生产能力，以满足需求的增长；当产品需求不足时，企业需要考虑如何缩小规模，避免生产能力过剩，尽可能减少损失。

产能计划的类型包括领先策略、滞后策略和匹配策略。

类型	含义	属性	阐释
领先策略	指根据对需求增长的预期增加产能，即产能的增加领先于外部市场需求的增加	进攻性策略	其目标是将客户从企业竞争对手的手中吸引过来。这种策略的潜在劣势在于其通常会产生过量的产能，使得生产能力不能被充分利用而导致企业成本上升
滞后策略	指仅当企业因需求增长而满负荷生产或超额生产后才增加产能，即产能的增加滞后于外部市场需求的增加	保守性策略	能降低生产能力过剩的风险，但可能导致潜在客户流失
匹配策略	指产能的增加与外部市场需求的增加在规模上、时间上是匹配的	稳健性策略	在把握市场机会和充分利用企业的生产能力两方面得到很好地兼顾

一般来说，共有三种平衡产能与需求的方法：资源订单式生产、订单生产式生产和库存生产式生产。

类型	含义	阐释
资源订单式生产	由于每个客户的需求各不相同，使得客户的需求不能准确地提前预测，只能在取得客户订单后，再取得完成订单所需的资源，最后组织生产	订单→资源→生产 例子：建筑企业在承接新订单后，才开始采购资源

续表

类型	含义	阐释
订单生产式生产	即按订单装配式生产，客户对产品或服务的需求基本是相同的，只是配置要求不同。因此企业可以提前保持基本的资源，在取得客户订单后，按订单组织生产	资源→订单→生产 例子：餐馆需要全职员工和兼职员工，但只有在举办大型宴会需要更多人力时，才使用兼职员工
库存生产式生产	所有客户对最终产品的规格或型号的需求是确定的、相同的，而且企业对产品的市场前景也看好，因此客户的需求能够准确地提前预测，对此企业可以提前取得资源，然后组织生产，最后推销给客户	资源→生产→订单 例子：某玩具厂商，预期圣诞节玩具订单会增加，于是在第三季度就开始采购资源并组织生产

【易错易混点】 三种产能计划与三种平衡产能与需求方法的区别

产能计划，准确来讲应该是产能策略。**策略**，是指计策、谋略。**产能策略**是指为了实现产能与外部市场需求的对接，根据形势的发展需要而制定的行动准则。

方法是指为了完成一定的目的和任务所采用的方式、手段和途径。其更为详细、具体，是策略的具体化，方法要受制于策略。在平衡产能与需求的过程中选择和采用什么方法，受到策略支配。因此，三种平衡产能与需求的方法可以理解为实现三种产能策略的方式、手段和途径。

简单地说，策略与方法的关系：策略就是运用很多方法来达到成功。

经典题解

【例题 47 · 单选题】 甲公司是一家国际船舶制造企业。甲公司在与其客户签订船舶制造合同后，才向各主要部件供应商发出采购订单。甲公司采用的平衡产能与需求的方法是(　　)。

A. 订单生产式生产

B. 资源订单式生产

C. 库存生产式生产

D. 滞后策略式生产

【解析】“甲公司在与其客户签订船舶制造合同后，才向各主要部件供应商发出采购订单”表明甲公司是先取得订单、再购买资源、最后进行生产，属于资源订单式生产，选项 B 正确。

【答案】 B

【例题 48 · 单选题】 C 国政府出台“十四五”规划，计划高铁投资 3 万亿元。甲公司作为国内仅有的三家高铁列车轴承提供商之一，从国外采购了新的生产线，以提高企业竞争力。根据以上信息可以判断，该企业采取的产能计划的类型属于(　　)。

A. 领先策略

B. 匹配策略

C. 滞后策略

D. 稳定策略

【解析】 甲公司根据政府出台的规划，提前增加产能属于领先策略，选项 A 正确。

【答案】 A

（三）准时生产系统（JIT）

含义	优点	缺点	适用范围
JIT（Just in time）生产方式的基本思想是“只在需要的时候，按需要的量，生产需要的产品”，也就是追求一种无库存或库存达到最小的生产系统。JIT以订单驱动，采用拉动方式把供、产、销紧密地衔接起来，使物资储备、在制品和成品库存大为减少，提高了生产效率	（1）库存量低 （2）因为仅在需要时才取得存货，所以降低了花费在存货上的运营成本 （3）降低了存货变质、陈旧或过时的可能性 （4）避免因需求突然变动而导致大量产成品无法出售的情况出现 （5）因为JIT着重于第一次就执行正确的工作这一理念，所以降低了检查和返工产品的时间	（1）仅为不合格产品的返工预留了最少量的库存，因此一旦生产环节出错则弥补空间较小 （2）生产对供应商的依赖性较强，并且如果供应商没有按时配货，则整个生产计划都会被延误 （3）企业按照实际订单生产所有产品，因此并无备用的产成品来满足预期之外的订单	适用于服务型企业和制造型企业

经典题解

【例题49·单选题】准时生产系统（JIT）是日本丰田汽车公司首先创立的一种具有现代特色的生产组织方法。下列各项中，对准时生产系统（JIT）的作用表述错误的是（　　）。

A. 该方法需要公司全员参与，并在管理上进行合理化分工

B. 该方法能够减少对供应商的依赖

C. 该方法从客户需求出发适时生产出市场需要的适量产品

D. 该方法消除了存货过量以及由此而导致的各种浪费

【解析】JIT的缺点之一就是生产企业对供应商的依赖性较强，选项B错误。

【答案】B

04 采购战略（★）

复习建议	考试题型	考察套路	关键词
理解三种货源策略的含义并记忆其优缺点	客观题型	选出案例中目标企业所采取的货源策略或这种货源策略的特点	参见下面知识点讲解部分

（一）货源策略

类型	优点	缺点
单一货源策略	（1）采购方能与供应商建立较为稳固的关系 （2）便于信息的保密 （3）能产生规模经济 （4）随着与供应商关系的加深，采购方可能获得高质量的货源	（1）若无其他供应商，则该供应商的议价能力就会增强 （2）采购方容易受到供应中断的影响 （3）供应商容易受到外部市场订单量变动的影响，因而会降低对采购商的承诺。例如，由于市场总体需求降低，现有供应商有可能会减少产量或完全退出该领域，由此会降低对采购商原先的承诺

续表

类型	优点	缺点
多货源策略	（1）能够取得更多的知识和专门技术 （2）一个供应商的供货中断产生的影响较低 （3）供应商之间的竞争有利于对供应商压价	（1）难以设计出有效的质量保证计划 （2）供应商的承诺较低 （3）疏忽了规模经济
由供应商负责交付一个完整的子部件（整体外包）	（1）允许采用外部专家和外部技术 （2）可为内部员工安排其他任务 （3）采购方能够就规模经济进行谈判	（1）第一阶供应商处于显要地位 （2）竞争者能够使用相同的外部企业，因此企业在货源上不太可能取得竞争优势

【相关链接】由供应商负责交付一个完整的子部件，也称作打包策略。即将相关的业务整体打包外包给一家供应商来完成。该策略有利于减少合同数量，提高采办效率，减少供应商数量，便于供应商管理，降低管理难度，减少配套、协调难度。在整体打包策略中，一级供应商就是你的直接供应商，就是直接给你提供原材料、零部件的供应商。一级供应商要完成你的订单，也要从别处采购原材料或者半成品，加工或组装后向你供货，那供应它原材料、零部件的就是你的二级供应商，依次类推还有三级、四级供应商。我们一般只对接一级供应商，不会直接对接二级、三级、四级供应商。我们主要管理好一级供应商，让一级供应商管理二级供应商，二级管理三级，三级管理四级。

例如，联合利华生产出来的产品，下了生产线以后全部外包给友谊物流集团公司来做，包括储运、盘点、货物的流通加工（如消毒、清洁、礼品和促销包装、贴标签、热塑封口等）。联合利华就可以集中精力来做新产品开发、扩大市场网络等工作。联合利华将产成品的储运、盘点、货物的流通加工整体外包给一家物流公司来做，因此，采用的货源策略就属于由供应商负责交付一个完整的子部件。

（二）采购组合

企业可以通过考虑以下4个领域来取得最佳的采购组合：质量、数量、价格、交货。

经典题解

【真题50·单选题】灵川公司是一家汽车制造商，原先只从一家公司购买其所需的轴承，后来改为分别从3家公司购买。下列各项中，属于灵川公司增加轴承供应商的目的的是（　　）。（2020年）

A. 容易设计出有效的质量保证计划

B. 与轴承供应商建立更稳定的关系

C. 产生规模经济

D. 利用供应商之间的竞争对供应商压价

【解析】灵川公司分别从3家公司购买其所需的轴承，属于采购策略中的多货源策略。选项A、B、C属于单一货源策略的优点，选项D属于多货源策略的优点。

【答案】D

【真题51·多选题】生产农用运输车辆的江陵公司将柴油发动机的生产授权给一个供应商。下列各项中，属于该公司货源策略优点的有（　　）。（2019年）

A. 能够取得更多的知识和专门技术

B. 采购方能够就规模经济进行谈判

C. 允许采用外部专家和外部技术

D. 有利于在货源上取得竞争优势

【解析】选项A属于多货源策略的优点；"生产农用运输车辆的江陵公司将柴油发动机的生产授权给一个供应商"属于由供应商负责交付一个完整的子部件，其优点包括允许采用外部专家和外部技术、可为内部员工安排其他任务、采购方能够就规模经济进行谈判，选项B、C正确；缺点之一是竞争者能够使用相同的外部企业，因此企业在货源上不太可能取得竞争优势，选项D错误。

【答案】BC

【例题52·多选题】甲公司是一家新能源客车制造商，其客车空调系统所采用的变频卧式涡旋压缩机长期从一家压缩机公司购买。下列各项中，属于甲公司货源策略优点的有(　　)。

A. 便于信息的保密

B. 能产生规模经济

C. 能够取得更多的知识和专门技术

D. 能与供应商建立较为稳固的关系

【解析】甲公司长期从一家压缩机公司购买空调压缩机，说明甲公司采用的货源策略是单一货源策略。单一货源策略的优点：①采购方能与供应商建立较为稳固的关系；②便于信息的保密；③能产生规模经济；④随着与供应商关系的加深，采购方可能获得高质量的货源。因此，选项A、B、D正确。

【答案】ABD

05 人力资源战略（★）

（一）人力资源供需平衡策略

人力资源规划的最终目的是实现企业人力资源供给和需求的平衡，因此在预测出人力资源的供给和需求之后，就要对这两者进行比较，并根据比较的结果采取相应的措施。

比较结果	采取的措施
供给和需求总量平衡但结构不匹配	①进行人员内部的重新配置，包括晋升、调动、降职等，来弥补那些空缺的职位，满足这部分的人力资源需求 ②对现有人员进行有针对性的专门培训，使他们能够从事空缺职位的工作 ③进行人员的置换，清理企业不需要的人员，补充企业需要的人员，以调整人员的结构
供给大于需求	①扩大经营规模，或者开拓新的增长点，以增加对人力资源的需求 ②永久性地裁员或者辞退员工，但会给社会带来不安定需求因素，往往会受到政府的限制 ③鼓励员工提前退休，给那些接近退休年龄的员工以优惠的政策，让他们提前离开企业 ④冻结招聘，就是停止从外部招聘人员，通过自然减员来减少供给 ⑤缩短员工的工作时间、实行工作分享或者降低员工的工资等方式也可以减少供给 ⑥对富余的员工进行培训，这相当于进行人员的储备，为未来的发展做好准备
供给小于需求	①从外部雇用人员，包括返聘退休人员 ②采取多种方法提高现有员工的工作效率 ③延长工作时间，让员工加班加点 ④降低员工的离职率，减少员工的流失，同时进行内部的调配，增加内部的流动来提高某些职位的供给 ⑤将企业的某些业务进行外包，减少对人力资源的需求

（二）人力资源获取

人力资源获取是通过员工招聘来实现的。招聘包括招募、甄选与录用三部分。招募是企业采取多种措施吸引候选人来申报企业空缺职位的过程；甄选是指企业采用特定的方法对候选人进行评价，以挑选最合适人选的过程；录用是指企业做出决策，确定入选人员，并进行初始安置、试用、正式录用的过程。

1. 招募的渠道和方法

企业的招募渠道有两个：外部招募和内部招募。这两种渠道相辅相成，共同为企业获取人员提供支持与保障。

两种招募渠道的优势与劣势分析

招募渠道	优势	劣势
内部招募	①有利于提高员工的士气和发展期望 ②对组织工作的程序、企业文化、领导方式等比较熟悉，能够迅速地展开工作 ③对企业目标有认同感，辞职可能性小，有利于个人和企业的长期发展 ④风险小，对员工的工作绩效、能力和人品有基本了解，可靠性较高 ⑤节约时间和成本	①容易引起同事间的过度竞争，产生内耗 ②竞争失利者感到心理不平衡，难以安抚，容易降低士气 ③新上任者是“老人”，难以建立起领导声望 ④容易出现近亲繁殖问题，思想观念因循守旧，思考范围狭窄，缺乏创新和活力
外部招募	①为企业注入新鲜“血液”，能够给企业带来活力 ②避免企业内部相互竞争所造成的紧张氛围 ③给企业内部人员以压力，激发他们的工作动力 ④选择的范围比较广，可以招聘到优秀的人才	①对内部人员是一个打击，感到晋升无望，会影响工作热情 ②外部人员对企业情况不了解，需要较长的时间来适应 ③对外部人员不是很了解，不容易做出客观的评价，可靠性比较差 ④外部人员不一定认同企业的价值观和企业文化，会给企业稳定造成影响

2. 甄选与录用

员工甄选是指通过运用一定的工具和手段来对已经招募到的求职者进行鉴别和考察，区分他们的人格特点与知识技能水平，预测他们的未来工作绩效，从而最终挑选出企业所需要的、恰当的职位空缺填补者。

3. 与企业竞争战略匹配的人力资源获取策略

高效的招募、甄选与录用人才是企业获得持续竞争优势的关键。人力资源的获取与企业竞争战略密切相关。

与三种基本竞争战略相匹配的人力资源获取策略比较

人力资源获取策略	成本领先	差异化	集中化
员工来源	外部	内部	两者兼顾
晋升阶梯	狭窄、不宜转换	广泛、灵活	狭窄、不宜转换
甄选决策	人力资源部	业务部门	结合两者
甄选方法	简历和面试为主	多重方法	心理测试

续表

人力资源获取策略	成本领先	差异化	集中化
甄选标准	强调技能	强调与文化契合	结合两者
社会化过程	正式的雇佣和社会化过程	非正式的雇佣和社会化过程	结合两者

（三）与竞争战略相匹配的人力资源开发与培训

当企业采取**成本领先战略**时，通常**强调个人能力**，因此强调范围有限的知识和技巧，实施个人的在职培训，企业往往通过自己设立企业大学或者定期培训来提升员工的知识和能力。

采用**差异化战略**的企业则强调公司与其他企业的不同之处，因此**要求具有广泛的知识、技巧和创造性**，采用这种策略的公司往往传递外部新颖信息、购买所需技能或者利用外部培训机构对团队进行培训。

采用**集中化战略**的企业，对专门领域的知识需求更迫切，一般**强调应用范围适中的知识和技巧**。这种知识和技巧成为专有知识，不易转换和共享。企业可能利用在职培训或者外部培训，自己培养技能或者购买技能。

（四）人力资源绩效评估

绩效管理就是对绩效评估的过程。完整意义上的绩效管理是由绩效计划、绩效监控、绩效考核和绩效反馈这四个部分组成的一个系统。

1. 绩效计划

绩效计划是整个绩效管理系统的起点，是指在绩效周期开始时，由上级和员工一起就员工绩效考核期内的绩效目标、绩效过程和手段等进行讨论并达成一致。

在实践中，企业普遍使用的绩效计划工具主要有关键绩效指标法（KPI）、平衡计分卡（BSC）、目标管理法。这里简单说明关键绩效指标法和目标管理法。

（1）**关键绩效指标法**。关键绩效指标是用于评估和管理被评估者绩效的可量化的或可行为化的标准体系，是对组织战略目标有增值作用的指标，它将个体绩效与组织战略目标紧密连接起来。运用关键绩效指标法对绩效进行管理，可以保证对组织有贡献的行为受到关注和鼓励。

（2）**目标管理法**。目标管理法不仅是一种评估体系和过程，而且是一种管理实践哲学，是一种管理者和下属一起进行计划、组织、控制、交流和讨论的方法。通过参与设置目标或者主管安排任务，下属在履行工作过程中被提供给一种追随进程和一个努力目标。

2. 绩效监控

绩效监控是指在整个绩效期间内，通过上级与员工之间持续的沟通来预防或解决员工实现绩效时可能发生的各种问题的过程。

3. 绩效考核

绩效考核是指确定一定的考核主体，借助一定的考核方法，对员工的工作绩效做出评价。考核对象一般包括组织、部门和员工三个层面；考核内容由工作能力、工作态度和工作业绩组成；考核主体一般包括五类成员：上级、同事、下级、员工本人和客户；考核方法大致可以分为三类：比较法、量表法和描述法。

4. 绩效反馈

绩效反馈是指绩效周期结束时在上级和员工之间进行绩效考核面谈，由上级将考核结果告知员工，指出员工在工作中存在的不足并和员工一起制订绩效改进的计划。

【提示】绩效管理与企业基本竞争战略的匹配

实施成本领先战略的企业，主张通过较低成本击败对手或者成为行业领先，绩效评估强调结果导向，以控制成本为目的，评估范围狭窄，评估的信息来源单一，上级作为考核的主要考官。

差异化战略强调生产与众不同的产品，关注创新和新颖性，评估内容涉及行为和结果两种指标。评估范围宽广，评估信息丰富，主要用于员工的发展和素质提升。

相比于成本领先和差异化战略，采用集中化战略的企业，绩效管理目的、内容、范围及其结果应用等倾向于二者的结合。

（五）人力资源薪酬激励

薪酬管理是指在组织经营战略和发展规划指导下，综合考虑内外部各种因素的影响，确定薪酬体系、薪酬水平、薪酬结构、薪酬构成，明确员工所应得的薪酬，并进行薪酬调整和薪酬控制的过程。

1. 薪酬的组成及公平性原则

一般来说，在企业中，员工的薪酬由三部分组成：①**基本薪酬**，是指根据员工所承担的工作或者所具备的技能而支付给他们的较为稳定的经济收入。②**可变薪酬**，是指根据员工、部门或团队、组织自身的绩效而支付给他们的具有变动性质的经济收入。③**间接薪酬**，是指给员工提供的各种福利。

有效的薪酬管理必须坚持公平性原则。公平性包括三个层次的含义：①**外部公平性**，指在不同企业中，类似职位或者员工的薪酬应当基本相同。②**内部公平性**，指在同一企业中，不同职位或者员工的薪酬应当与各自对企业贡献成正比。③**个体公平性**，指在同一企业中，相同或类似职位上的员工，薪酬应当与其能力、贡献成正比。

2. 薪酬水平策略

薪酬水平指内部各职位、各部门以及组织整体平均薪酬的高低状况，反映了企业所支付薪酬的外部竞争性与薪酬成本。在确定薪酬水平时，企业通常可以采取四种策略：①**领先型策略**，即薪酬水平高于市场平均水平的策略。②**匹配型策略**，即薪酬水平与市场平均水平保持一致。③**拖后型策略**，即薪酬水平要明显低于市场平均水平。④**混合型策略**，即针对企业内部的不同职位采用不同的策略（例如，对关键职位采用领先型策略，对辅助性职位采用匹配型策略）。

3. 企业竞争战略与薪酬策略

实施成本领先战略的企业强调对外公平，而实施差异化战略和集中化战略的企业强调对内公平；实施成本领先战略的工资基础是岗位或年资，使用固定薪酬（基本薪酬），而实施差异化战略的企业支付薪酬的基础是能力或绩效，较多使用浮动薪酬（可变薪酬），实施集中化战略的企业工资基础强调能力与绩效的结合，并将固定薪酬和浮动薪酬一起使用。决策过程也截然不同，实施成本领先战略的企业强调集权，通过高层做出决策；实施差异化战略的企业则授权中层或子公司进行决策；采用集中化战略的企业有效地将授权与分权统一，针对市场和公司能力采用不同的方式。

06 财务战略（★★）

复习建议	考试题型	考察套路	关键词
以理解为主，重点记忆“企业在产品生命周期不同发展阶段的经营特征”表格	客观题型	（1）阶梯式问法：先判断案例中目标企业所处的产品生命周期阶段，再选出与之对应的经营特征 （2）给出投资回报率、加权资本成本、销售增长率和可持续增长率的数值，然后据此判断业务类型及相应的举措	—

（一）股利政策分类及特点

类型	定义	特点
固定（稳定增长）股利政策	每年支付固定的或者稳定增长的股利	为投资者提供可预测的现金流量，减少管理层将资金转移到盈利能力差的活动的机会。但是，盈余下降时也可能导致股利发放遇到一些困难。适用于成熟的、生产能力扩张的需求较少、且获利比较稳定的企业
固定股利支付率政策	企业发放的每股现金股利除以企业的每股收益保持不变	能保持盈余、再投资率和股利现金流之间的稳定关系，但是投资者无法预测现金流，无法表明管理层的意图或者期望，并且如果盈余下降或者出现亏损，这种方法就会出现问题
零股利政策	所有剩余盈余都留存于企业	在成长阶段通常会使用这种股利政策，并将其反映在股价的增长中。但是，当成长阶段已经结束，并且项目不再有正的净现值时，就需要制定新的股利分配政策
剩余股利政策	只有在没有净现值为正的项目的时候才会支付股利	在成长阶段，不能轻松获得其他融资来源的企业中比较常见

【提示】项目净现值为正，表明投资项目可行。因此，剩余股利政策是指在没有净现值为正的项目的时候才会支付股利，即净利润先满足投资项目的资本需求，然后有剩余才给股东分配股利。

经典题解

【例题53·多选题】甲上市公司采用固定股利分配政策。与剩余股利政策相比，固定股利政策的优点有(　　)。

A. 为投资者提供可预测的现金流

B. 减少管理层将资金转移到盈利能力差的活动的机会

C. 避免公司出现负净现值的项目

D. 能为企业保持充足资金

【解析】固定股利政策是指每年支付固定的或者稳定增长的股利，可以为投资者提供可预测的现金流量，减少管理层将资金转移到盈利能力差的活动的机会。但是，盈余下降时也可能导致股利发放遇到一些困难。因此，选项A、B正确。

【答案】AB

（二）财务战略的选择

1. 基于产品生命周期的财务战略选择

（1）企业在产品生命周期不同发展阶段的经营特征。

项目	产品生命周期阶段			
	导入期	成长期	成熟期	衰退期
经营风险	非常高	高	中等	低
财务风险	非常低	低	中等	高
资本结构	权益融资	权益融资为主	权益和债务融资并重	债务融资为主
资金来源	风险资本	私募或公募（最具有吸引力的是公开发行股票）	保留盈余（留存收益）和债务	债务

续表

项目	产品生命周期阶段			
	导入期	成长期	成熟期	衰退期
股利	不分配	分配率很低	分配率高	全部分配
价格/盈余倍数（市盈率）	非常高	高	中	低
股价	迅速增长	增长并波动	稳定	下降并波动

（2）产品生命周期不同发展阶段的财务战略。

发展阶段	资本结构	资金来源	股利分配政策
导入阶段的财务战略	由于导入期的经营风险非常高，应选择低财务风险战略，尽量使用权益融资，避免使用负债	引进风险投资者	股利支付率大多为零
成长阶段的财务战略	由于此时的经营风险虽然有所降低，但仍然维持在较高水平，不宜大量增加负债比例	私募或公募	采用低股利政策
成熟阶段的财务战略	由于经营风险降低，应当扩大负债筹资的比例	债务融资和权益融资	采用高股利政策或作为替代进行股票回购
衰退阶段的财务战略	应设法进一步提高负债筹资的比例，以获得利息节税的好处	债务融资	采用高股利政策

经典题解

【真题54·单选题】近年来，人们不断增加的对健康水源的需求催生了越来越多的滤水壶生产企业。目前这些企业提供的产品性能、质量大体相同，彼此之间为争夺客户展开挑衅性的价格竞争；行业规模达到前所未有的水平；任何一个企业扩大市场份额都十分困难。下列各项中，属于目前上述企业所具有的经营特征的是（　　）。（2020年）

A. 经营风险非常高

B. 价格/盈余倍数非常高

C. 具有中等的股利分配率

D. 资金来源于保留盈余+债务

【解析】“目前这些企业提供的产品性能、质量大体相同，彼此之间为争夺客户展开挑衅性的价格竞争；行业规模达到前所未有的水平；任何一个企业扩大市场份额都十分困难”表明该行业目前处于成熟期，选项D属于成熟期的经营特征。

【答案】D

【真题55·多选题】甲公司是一家互联网叫车平台公司，目前经营处于培育客户的阶段。该公司通过支付大量的营销费用来培养客户通过互联网叫车的习惯。下列各项中，属于甲公司现阶段经营特征的有（　　）。（2018年）

A. 经营风险非常高而财务风险非常低

B. 具有中等的股利分配率

C. 价格/盈余倍数非常高

D. 主要资金来源是风险资本

【解析】“目前经营处于培育客户的阶

段。该公司通过支付大量的营销费用来培养客户通过互联网叫车的习惯”表明互联网叫车平台公司处于导入期，选项A、C、D为导入期企业的经营特征。

【答案】ACD

【例题56·多选题】乙公司是一家初创期的高科技企业。乙公司管理层正在实施企业特征分析，以便选择合适的财务战略。下列各项关于乙公司企业特征和财务战略选择的表述中，正确的有（　　）。

A. 乙公司属于经营风险非常高的企业

B. 乙公司适合风险投资者投资

C. 乙公司适宜进行高负债筹资

D. 乙公司不适宜派发股利

【解析】“乙公司是一家初创期的高科技企业”表明该公司目前处于导入期，导入期的经营风险非常高，宜采用财务风险非常低的权益筹资，而且适合选择引入风险投资者投资，同时，导入期需要大量投资，适宜采用零股利政策，选项A、B、D正确。

【答案】ABD

（3）经营风险与财务风险的四种搭配。

经营风险的大小是由特定的经营战略决定的，财务风险的大小是由资本结构决定的，它们共同决定了企业的总风险。

搭配方式	特点	举例
高经营风险与高财务风险的搭配	具有很高的总体风险。该种搭配不符合债权人的要求，符合风险投资者的要求	一个处于产品导入期的高科技公司，假设能够通过借款取得大部分资金，那么它破产的概率很大，而成功的可能性很小
高经营风险与低财务风险的搭配	具有中等程度的总体风险。该种搭配是一种可以同时符合股东和债权人期望的现实搭配	一个处于产品导入期的高科技公司，主要使用权益筹资，较少使用或不使用负债筹资
低经营风险与高财务风险的搭配	具有中等程度的总体风险。该种搭配是一种可以同时符合股东和债权人期望的现实搭配	一个处于产品成熟期的公用企业，大量使用借款筹资
低经营风险与低财务风险的搭配	具有很低的总体风险。该种搭配不符合权益投资人的期望，是一种不现实的搭配	一个处于产品成熟期的公用企业，只借入很少的债务资本

经典题解

【例题57·单选题】乙自来水集团公司是B市市政府所属的国有独资特大型企业。该公司负责B市的民用自来水供给业务。近年来该市的民用自来水需求量比较稳定，乙自来水集团公司主要通过向银行贷款取得更新供水管线所需的资金。该公司财务风险与经营风险的搭配属于（　　）。

A. 高经营风险与低财务风险

B. 高经营风险与高财务风险

C. 低经营风险与高财务风险

D. 低经营风险与低财务风险

【解析】“该公司负责B市的民用自来水供给业务。近年来该市的民用自来水需求量比较稳定”体现的是低经营风险；“乙自来水集团公司主要通过向银行贷款取得更新供水管线所需的资金”体现的是高财务风险。因此，选项C正确。

【答案】C

【例题58·单选题】某初创期的净水器生产企业，大股东以其拥有的国内先进的渗透膜技术以及部分现金投入企业进行生产经营，近两年销售额年均增幅在25%以上。为了获得拓展污水处理工程业务所需的资金，并将长期借款置换为权益资本，企业刚完成向机构投资者募集资金。根据财务风险与经营风险搭配理论，该企业的搭配属于(　　)。

A. 高经营风险与高财务风险

B. 低经营风险与高财务风险

C. 高经营风险与低财务风险

D. 低经营风险与低财务风险

【解析】“某初创期的净水器生产企业”说明经营风险高；“将长期借款置换为权益资本，企业刚完成向机构投资者募集资金”说明财务风险低，选项C正确。

【答案】C

2. 基于创造价值或增长率的财务战略选择

创造价值是财务管理的目标，也是财务战略管理的目标。鉴于财务战略是影响企业价值可持续增长的重要动因，对于日益追求价值可持续增长的企业来说，构建可持续增长的价值创造财务模型是财务战略管理的关键。

（1）影响价值创造的主要因素。

要点	阐释
企业的市场增加值	企业市场增加值＝企业资本市场价值－企业投资资本
影响企业市场增加值的因素	经济增加值＝（投资资本回报率－资本成本）×投资资本 市场增加值＝经济增加值/（资本成本－增长率） ＝（投资资本回报率－资本成本）×投资资本/（资本成本－增长率） 影响企业市场增加值的因素有三个： ①投资资本回报率；②资本成本；③增长率
影响价值创造的因素	影响价值创造的因素： ①投资资本回报率：与市场增加值同向变化 ②资本成本：与市场增加值反向变化 ③增长率：当“投资资本回报率－资本成本”为正值时，增长率与市场增加值同向变化；当“投资资本回报率－资本成本”为负值时，增长率与市场增加值反向变化 ④可持续增长率

（2）现金状况与价值创造。

内容	相关分析	
现金余缺	现金短缺	销售增长率超过可持续增长率
	现金剩余	销售增长率低于可持续增长率
	现金平衡	销售增长率等于可持续增长率
价值状态	创造价值	投资资本回报率大于资本成本
	减损价值	投资资本回报率小于资本成本
创造价值的现金短缺	应当设法筹资以支持高增长，创造更多价值	
减损价值的现金短缺	应当通过重组或出售以减少价值减损	
创造价值的现金剩余	应当用剩余现金提高增长率，创造更多的价值	
减损价值的现金剩余	应当尽快将价值减损转换为价值创造	

（3）价值创造和增长率矩阵（财务战略矩阵）。

类型	特征	对策
增值型现金短缺	在第一象限中，EVA 大于零，销售增长率大于可持续增长率。该象限业务往往处于业务成长期，一方面该业务能够带来企业价值增值，另一方面其产生的现金流量不足以支持业务增长，会遇到现金短缺的问题。在这种情况下，业务增长越快，现金短缺越是严重	暂时性高速增长的资金问题可以通过短期借款来解决 长期性高速增长的资金问题有两种解决途径： ①提高可持续增长率 a. 提高经营效率 （a）降低成本 （b）提高价格 （c）降低营运资金 （d）剥离部分资产 （e）改变供货渠道 b. 改变财务政策 （a）停止支付股利 （b）增加借款的比例 ②增加权益资本 a. 增发股份 b. 兼并“现金牛”企业
增值型现金剩余	在第二象限中，EVA 大于零，销售增长率小于可持续增长率。该象限业务往往随着企业发展，获得持续增长的现金净流量。其内外部环境也发生了一系列的变化，新技术不断成熟，新产品逐渐被市场接受，目标市场逐步稳定，获利水平持续增长，为企业带来预期的现金流。这时企业的现金流量足以满足其自身发展需求，即该业务单元能够为企业带来价值增值	①加速增长 a. 内部投资 b. 收购相关业务 ②分配剩余现金 a. 增加股利支付 b. 回购股份
减损型现金剩余	在第三象限中，EVA 小于零，销售增长率小于可持续增长率。该象限的业务虽然能够产生足够的现金流量维持自身发展，但是业务的增长反而会降低企业的价值，这是业务处于衰退期的前兆	①提高投资资本回报率 a. 提高税后经营利润率 b. 提高经营资产周转率 ②降低资本成本 ③出售业务单元
减损型现金短缺	在第四象限中，EVA 小于零，销售增长率大于可持续增长率。该象限的业务既不能带来企业价值的增值，又由于其可持续增长率过低，即企业自身能够提供的资金少，达不到自身发展所需的资金，因此也会造成现金短缺	①彻底重组 ②出售

【提示】财务战略矩阵假设一家企业或企业集团有一个或多个业务单位。纵坐标是一个业务单位的投资资本回报率与其资本成本的差额，实际上就是 EVA，也就是经济增加值，财务战略矩阵用该指标来评价业务单位的价值增长状态。如果 EVA 的值大于零，说明该业务单位的税后净经营利润大于其资本成本，该业务单位为股东创造价值。如果 EVA 的值小于零，说明该业务单位的税后净经营利润不能弥补其资本成本，该业

务单位减损股东价值。

财务战略矩阵的横坐标是销售增长率与可持续增长率的差额，用于衡量业务单位现金耗费的状况。可持续增长率可以通俗地理解为在不增发新股或回购股票、保持现有的经营效率和财务政策的情况下，业务单位增长可以提供的现金供给能力。销售增长率代表业务单位所需资金。如果销售增长率大于可持续增长率，说明该业务单位带来的现金流量不能维持其自身发展，存在现金短缺；反之，表示该业务单位带来的现金流量可以满足其自身发展需要，存在剩余现金。

经典题解

【例题59·多选题】 甲公司2020年的投资资本回报率为6%，销售增长率为8%；甲公司的加权平均资本成本为7.5%，可持续增长率为10%。在上述情况下，甲公司应选择的财务战略有(　　)。

A. 彻底重组

B. 改变财务政策

C. 提高投资资本回报率

D. 降低加权平均资本成本

【解析】 投资资本回报率小于加权平均资本成本，销售增长率小于可持续增长率，甲公司的业务属于减损型现金剩余业务。对于减损型现金剩余业务应选择的财务战略是提高投资资本回报率、降低加权平均资本成本或者出售业务单元，选项C、D正确。选项A属于减损型现金短缺业务的应对策略；选项B属于增值型现金短缺业务的应对策略。

【答案】 CD

第四节 国际化经营战略

本节视频详解

使用“会计云课堂”App/微信扫码听课

01 企业国际化经营动因（★★）

复习建议	考试题型	考察套路	关键词
理解主要理论观点，记忆“四大动机”	客观题型、主观题型	分析判断案例中目标企业国际化经营的动机	四大动机：开拓市场；自然资源；经验、技术；廉价劳动力

（一）国际生产要素的最优组合

理论	阐释
垄断优势理论	该理论的核心内容是“市场不完全”与“垄断优势” 该理论认为，东道国市场不完全是企业对外直接投资的基础。因为在完全竞争市场条件下，企业不具备支配市场的力量，它们生产同样的产品，同样地获得生产要素，所以对外直接投资不会给企业带来任何特别利益。而在市场不完全条件下，企业则有可能在国内获得垄断优势，并通过对外直接投资在国外生产并加以利用 在此基础上，该理论认为当企业处在东道国不完全竞争市场中时，对外直接投资的动因是为了充分利用自己具备的东道国企业所没有的垄断优势，这种垄断优势足以抵消跨国竞争和国外经营所面对的种种不利而使企业处于有利地位。垄断优势是对外直接投资的决定因素

续表

理论	阐释
区位理论	区位优势包括直接区位优势和间接区位优势。所谓直接区位优势，是指东道国的某些有利因素所形成的区位优势，如广阔的产品销售市场、政府的各种优惠投资政策等。所谓间接区位优势，是指由于投资国和东道国某些不利因素所形成的区位优势，如商品出口运输费用过高等。区位优势的大小决定着跨国企业是否进行对外直接投资和对投资地区的选择
产品生命周期理论	根据产品生命周期理论，国际直接投资的产生是产品生命周期三个阶段更迭的必然结果。该模型假设世界上存在三种类型的国家，第一类是新型产品的创新国，通常指发达国家，如美国；第二类是次发达国家，如欧洲各国、日本和新兴工业化国家；第三类是发展中国家。随着新产品依次经历创新阶段、成熟阶段和标准化阶段，其生产的区位选择也依次从发达国家向次发达国家，再到发展中国家转移 【提示】此处与本书第二章“产业环境分析”中的“产品生命周期”理论有所不同，弗农的产品生命周期理论是从产品的研发和生产角度进行考察的
内部化理论	所谓市场内部化，是指由于东道国市场不完全，跨国公司为了其自身利益，以克服外部市场的某些失效（如技术优势的流失），以及由于某些产品的特殊性质或垄断势力的存在，导致企业市场交易成本的增加，而通过国际直接投资，将本来应在外部市场交易的业务转变为在公司所属企业之间进行，并形成一个内部市场。也就是说，跨国公司通过国际直接投资和一体化经营，采用行政管理方式将外部市场内部化
国际生产折中理论	该理论的核心观点是**企业跨国经营是该企业具有的所有权优势、内部化优势和区位优势这三种优势综合作用的结果**。所有权优势和内部化优势只是企业对外直接投资的必要条件（对外直接投资必然要具备所有权优势和内部化优势，但具有这两种优势并不一定会导致企业进行对外直接投资），而在企业具有所有权优势和内部化优势这两个必要条件的前提下，某一东道国具有区位优势的话，那么该企业就具备对外直接投资的充要条件，对外直接投资就成为企业的最佳选择

【提示】针对国际生产折中理论，如果企业只有所有权优势，而没有内部化优势和东道国的区位优势，则既不适合对外直接投资（原因是缺少内部化优势和东道国的区位优势），也不适合出口贸易（原因是没有内部化优势），企业最适合采用的国际化经营方式是技术转移；如果企业只拥有所有权优势与内部化优势，只能进行**出口贸易**。

经典题解

【例题60·单选题】根据国际生产折中理论，如果企业只有所有权优势，企业最适合采用的国际化经营方式是（　　）。

A. 出口贸易

B. 证券投资

C. 对外直接投资

D. 技术转移

【解析】企业同时具备所有权优势、内部化优势与区位优势，应选择**对外直接投资**；如果企业只拥有所有权优势与内部化优势，只能进行**出口贸易**；如果企业只有所有权优势，则只能考虑采用**技术转移**的形式，将技术出让给其他企业。因此，选项D正确。

【答案】D

（二）发展中国家企业国际化经营动因

1. 发展中国家跨国公司对外投资的主要动机

动机	含义	阐释
寻求市场	即市场导向型动机，主要是规避贸易保护和贸易壁垒以及开辟新的市场	①投资企业是出口型企业，就地设厂避开各国关税及非关税壁垒，快速进入市场 ②对于新产品而言，同时占领国内和国外市场，从规模经济中充分受益 ③接近目标市场，满足消费者需要 ④国内市场饱和、生产过剩、市场需求呈下降趋势等，寻求新的市场
寻求资源	即资源导向型动机，寻求国内稀缺的战略性资源以及维护资源来源的稳定性	这一动机下的直接投资主要集中在非洲、中亚、西亚地区以及石油、铁、铜等资源丰富的拉美国家
寻求现成资产	即技术与管理导向型动机，是为了获取和利用国外先进的技术、生产工艺、新产品设计和先进的管理经验等现成资产	这一动机下的直接投资一般都会采取跨国并购等海外投资的方式
寻求效率	即成本导向型动机，利用国外廉价的生产要素，降低生产成本	①出于汇率变动方面的考虑 ②出于利用国外便宜的劳动力和土地等生产要素方面的考虑 ③出于利用闲置的设备和工业产权与专有技术等技术资源方面的考虑 ④为了利用东道国政府的优惠政策以及母国政府的鼓励性政策

2. 发展中国家跨国公司对外投资的主要竞争优势

与发达国家跨国公司对外投资相比，发展中国家跨国公司对外直接投资有三个方面的优势，这些优势主要体现在对发展中国家投资的层面上。

（1）发展中国家跨国公司的对外直接投资对发展中东道国的一大优势是具有更大的创造就业机会的潜力。

（2）发展中国家跨国公司的技术和经营模式一般比较接近于发展中东道国公司所用的技术和模式，这意味着有益联系和技术吸收的可能性较大。

（3）发展中国家跨国公司在进入模式上也往往是更多地采取新建投资的方式而不是并购。在发展中东道国的投资尤其如此。就此而言，他们的投资更有可能直接推动提高发展中国家的生产能力。

经典题解

【真题61·多选题】 顺驰公司是国内一家汽车玻璃制造商。面对国内生产要素成本不断上涨和产品订单日趋减少，该公司把一部分资金和生产能力转移至生产综合成本相对较低的汽车产销大国M国。通过独立投资设厂和横向并购M国一家拥有国际知名品牌的企业，顺驰公司在M国不仅很快站稳脚跟，而且获得M国汽车制造商的大量订单，业务量大幅增长。在本案例中，顺驰公司向M国投资的动机有（　　）。（2018年）

A. 寻求效率

B. 寻求市场

C. 寻求现成资产

D. 寻求资源

【解析】"面对国内生产要素成本不断上涨和产品订单日趋减少，该公司把一部分资金和生产能力转移至生产综合成本相对较低的汽车产销大国M国"体现了寻求效率，选项A正确。"顺驰公司在M国不仅很快站稳脚跟，而且获得M国汽车制造商的大量订单，业务量大幅增长"体现了寻求市场，选项B正确。"通过独立投资设厂和横向并购M国一家拥有国际知名品牌的企业"体现了寻求现成资产，选项C正确。

【答案】ABC

【例题62·单选题】2018年，面对美国、欧盟来势汹汹的针对我国光伏制造企业"双反"（反倾销、反补贴）调查，国内光伏制造企业M公司直接在欧美投资光伏电站，成为该公司应对欧美反倾销制裁和消化过剩产能的"一箭双雕"之策。根据上述信息可以判断，M公司直接在欧美投资光伏电站的动因是(　　)。

A. 寻求市场　　B. 寻求资源

C. 寻求现成资产　　D. 寻求效率

【解析】"国内光伏制造企业M公司直接在欧美投资光伏电站，成为该公司应对欧美反倾销制裁和消化过剩产能的'一箭双雕'之策"体现了寻求市场，选项A正确。

【答案】A

【例题63·多选题】2005年年底，国内L电脑制造公司宣布以17.5亿美元收购U国I商业机器公司的个人电脑业务。该项并购，使得L公司不仅获得了I公司的个人电脑业务和市场，同时也获得了I公司所拥有的全球最好的笔记本研发能力、研发技术、品牌以及其在全球注册的4000多项专利，迅速提高了L公司的自身技术实力和自主创新能力。根据上述信息可以判断，L公司收购U国I公司个人电脑业务的动因有(　　)。

A. 寻求市场

B. 寻求资源

C. 寻求现成资产

D. 寻求效率

【解析】"该项并购，使得L公司不仅获得了I公司的个人电脑业务和市场"体现了寻求市场，选项A正确。"获得了I公司所拥有的全球最好的笔记本研发能力、研发技术、品牌以及其在全球注册的4000多项专利，迅速提高了L公司的自身技术实力和自主创新能力"体现了寻求现成资产，选项C正确。

【答案】AC

02 国际市场进入模式（★★）

复习建议	考试题型	考察套路	关键词
理解并记忆企业进入国外市场的几种模式	客观题型、主观题型	分析判断案例中目标企业采用了何种进入模式	—

企业进入国外市场的模式一般有出口、股权投资、非股权安排等几种。每一种进入模式都有各自的利与弊。

（一）出口

出口模式是指产品在本国生产，但输出到目标国进行销售，或者说是通过产品输出进入国外市场的方式。

1. 目标市场选择

目标市场选择涉及两个层面：一是目标市场的区域路径；二是在东道国细分市场的

目标客户的定位。

(1) 目标市场的区域路径。目前存在着两种选择目标市场区域路径的方式:

①传统方式。又称连续方式。一般情况而言,高新技术产品在发达国家出口的国别路径是先到经济技术发展水平相类似的发达国家,然后再到发展中国家;发展中国家则是先到环境类似的发展中国家,最后再逐步走向发达国家。

②新型方式。又称不连续方式。经济全球化背景下,许多产业中的全球分工体系已经形成,全球同步使用新产品。此时不论是发达国家还是发展中国家,该产业中的高新技术产品出口的国别路径都是先到发达国家(特别是美国)以占领世界最大市场,然后再走向发展中国家。

(2) 选择目标客户。目标客户选择的基础是市场细分。各国之间的细分市场通常在数量、大小和特点上存在差别。

2. 选择进入战略

一旦目标细分市场被选定,下一步就是制定最好的战略打入该细分市场。最重要的战略决策是应该在全球推广标准化的产品,还是针对不同国家的不同需求提供个性化的产品。

【提示】"目标市场选择"与"进入战略选择"不仅适用于出口模式,也适用于对外股权投资和非股权安排。

(二) 对外股权投资

对外股权投资涉及对东道国企业的股权参与,与出口方式相比,是一种控制程度更强、参与程度更大的进入方式。对外股权投资包括对外股票(证券)投资与对外直接投资。

1. 对外股票(证券)投资

对外股票(证券)投资是指个人或机构取得外国公司股票(证券),但并不控制该企业或参与管理。

2. 对外直接投资

对外直接投资是一国投资者为取得国外企业经营管理上的有效控制权而输出资本、设备、技术和管理技能等资产的经济行为。对外直接投资一般表现为:投资者输出资本;直接在国外开办工厂;设立分公司或事业部;并购当地原有企业;与当地政府、团体、私人企业合作,而取得直接经营企业的权利等。

对外直接投资方式可以分为全资子公司与合资经营两种形式。

(1) 全资子公司(独资经营)。

优点:

①管理者可以完全控制子公司在目标市场上的日常经营活动,并确保有价值的技术、工艺和其他一些无形资产都留在子公司。

②可以摆脱合资经营各方在利益、目标等方面的冲突问题,从而使国外子公司的经营战略与企业的总体战略融为一体。

缺点:

①这种方式可能耗费大量资金,公司必须在内部集资或在金融市场上融资以获得资金。

②成立全资子公司需要占用公司的大量资源,因此公司面临的风险可能会很高。

③由于没有东道国企业的合作与参与,全资子公司难以得到当地的政策与各种经营资源的支持,规避政治风险的能力也明显小于合资经营企业。

(2) 合资经营。合资经营是指协议共同投资的各方各按一定比例的股份出资,共同组成一家具有法人地位,在经济上独立核算,在业务上独立经营的企业。

优点:

①可以减少国际化经营的资本投入。

②有利于弥补跨国经营经验不足的缺陷,有利于吸引和利用东道国合资方的资源。

缺点:

合资企业由多方参与投资,协调成本可能过大(目标、文化等差异)。

(三) 非股权形式(契约模式)

非股权形式主要包括合约制造、服务外包、订单农业、特许经营、许可经营、管理合约及其他类型的合约关系。

【提示】国际市场进入模式比较

<table>
<tr><th colspan="2">模式</th><th colspan="2">阐释</th></tr>
<tr><td colspan="2">出口</td><td colspan="2">即国内生产，国外销售。这是一种传统、简单、风险最低的进入方式</td></tr>
<tr><td rowspan="3">对外股权投资</td><td>对外股票（证券）投资</td><td colspan="2">是指投资者以其资金购买国外公司股票（证券），以获取投资收益的投资。对外股票（证券）投资属于间接投资，是资金所有者和资金使用者的分离。该类投资通常并不控制被投资企业或参与其管理</td></tr>
<tr><td rowspan="2">对外直接投资</td><td>全资子公司（独资经营）</td><td rowspan="2">对外直接投资是指投资者将资金直接投入投资项目，形成实物资产或者并购现有企业的投资。通过直接投资，投资者便可以拥有全部或一定数量的企业资产及经营的所有权，直接进行或参与投资的经营管理。即企业直接在目标国投资，就地生产、就近销售</td></tr>
<tr><td>合资经营</td></tr>
<tr><td colspan="2">非股权形式（契约模式）</td><td colspan="2">依据合同或契约进入，它有多种具体的形式，富有较大的灵活性。如许可证模式、特许经营模式、合同制造模式、管理合同模式和工程承包模式等</td></tr>
</table>

03 国际化经营的战略类型（★★）

复习建议	考试题型	考察套路	关键词
区分四种国际化经营企业的战略类型	客观题型	（1）将典型特征融入题干，选出与之匹配的战略 （2）阶梯式问法：先判断案例中目标企业采取的战略类型，再选出与之匹配的特点	详见“国际化经营企业的战略类型”表格

（一）国际化经营企业追求的主要利益

追求的利益	实施途径	含义及应用
区位经济	把一个个价值创造活动在全球范围内分散到能最有效实施的地方	区位经济是指企业由于在全球最佳地点从事某项价值创造活动而获得的经济优势。建立价值创造活动的全球网络，将价值链的各个环节分散在价值最大化或成本最小化的地方
经验曲线效应和规模经济效应	从一个中心点服务于全球市场从而降低成本	经验曲线效应和规模经济效应是指在某种产品的生产过程中生产成本随累计产量有规律地下降。比如在一个地点生产，面向全球市场销售
转移核心能力	把母公司特殊技术或能力转移应用到新市场	“转移核心能力”暗含观点：技术先在母国开发出来，然后转移到海外
利用子公司技能（获得全球学习效应）	将在海外经营中开发出的有价值技术转移到全球网络中的其他企业	技术创新并非公司总部的专利，对于大量成熟的跨国公司，有价值的技术开发常常发生在海外分支机构。如麦当劳：海外特许经销商是宝贵新点子的源泉

（二）国际化经营企业面临的压力

压力	含义	主要措施
降低成本的压力	降低成本的压力要求企业尽量把单位成本降到最低水平。实现这个目标可能意味着企业必须在最有利的低成本地点从事生产活动，而不论这个地点在世界的什么地方	为了应付这种压力，企业必须在世界上的最佳生产地点大批量生产某种标准化产品，以此降低生产成本、实现区位经济以及经验曲线效应和规模经济效应
顾及地域差别的压力	顾及地域差别的压力意味着企业可能无法完全获得区位经济、经验曲线效应和规模经济效应的好处。也就是说，企业不可能在一个低成本地点生产全球性标准化产品，然后再把这些产品在全球范围内销售而取得经验曲线效应和规模经济效应。另外，顾及地域差别的压力还意味着企业可能无法把与自己核心能力有关的技能和产品完整地从一个国家转移到另一个国家	为了应付这种压力，产品和营销就必须适合当地消费者的品味和偏好，这通常迫使公司把生产和营销功能下放到各东道国子公司进行

（三）国际化经营的战略类型

企业国际化经营的战略基本上有四种类型，即国际战略、多国本土化战略、全球化战略与跨国战略。这四种战略可以通过“全球协作”的程度和“本土独立性和适应能力”的程度所构成的两维坐标体现出来。

类型	含义	特点	适用情形
国际战略	企业把在本国开发的各种不同的产品推向国外市场	全球协作程度和对东道国本土市场的适应能力均低。其决策行为主要体现母国与母公司的利益。公司的管理决策权高度集中于母公司，对海外事业部采取集权式管理体制。该种战略把产品的研发职能集中于母国，而在东道国当地建立生产基地和营销渠道，同时总部对其实施严格的控制。无法获得区位经济、经验曲线效应和规模经济效应	适用于企业拥有宝贵的核心能力、并且企业所面临的顾及地域差别的压力和降低成本压力均较小的情形
多国本土化战略	一个企业的大部分活动，如战略和业务决策权分配到所在国外的战略业务单位进行，由这些单元向本地市场提供本土化的产品，从而把自己有价值的技能和产品推向外国市场而获得收益	全球协作程度低、对东道国本土市场的适应能力高。其决策行为倾向于体现海外子公司的利益，母公司对子公司采取分权式管理体制。采用该战略的企业致力于最大程度地顾及地域差别。该战略倾向于在有业务的主要国家建立一整套的价值创造活动（包括生产、营销和研究与开发）。因此无法获得区位经济、经验曲线效应和规模经济效应的好处	适用于顾及地域差别的压力较大而降低成本的压力较小的情形。由于生产设施的重复性建设所造成的高成本，这种战略不宜在那些成本压力很大的行业中使用

续表

类型	含义	特点	适用情形
全球化战略	向全球市场推销标准化的产品和服务，并在较有利的国家集中进行生产经营活动，由此获得区位经济、经验曲线效应和规模经济效应，以实施成本领先战略	全球协作程度高、对东道国本土市场的适应能力低。其决策哲学是母公司的全球利益最大化。强调集权，强调由母国总部控制。采用该战略的企业把它们的生产、营销和研究开发活动集中在少数几个最有利的地点进行。采用全球化战略的企业一般不针对各地的情况调整它们的产品和营销战略	适用于降低成本的压力很大而顾及地域差别的压力很小的情形
跨国战略	企业既寻求多国本土化战略所具有的当地优势，又注重全球化战略带来的效率。因此，运用这种战略的企业在本土化响应和全球效率上都能获得优势	全球协作程度高、对东道国本土市场的适应能力高。跨国战略既不以母公司也不以子公司为中心，其决策哲学是公司的整体利益最大化。相应地，公司采取集权与分权相结合的管理体制。企业的技能和产品的流动不是单向的，即不仅仅是从母公司流向海外子公司。技能和产品也可以从国外一家子公司流向本国母公司、从一个国外子公司流向另外一个国外子公司，形成全球学习效应。该种战略能够获得区位经济、经验曲线效应和规模经济效应的好处	适用于面临降低成本的压力以及顾及地域差别的压力均高的情形

（四）四种国际化经营战略的特点

类型	优点	缺点
国际战略	转移核心能力	缺乏地区调适能力；不能获得区位经济、经验曲线效应和规模经济效应；不能形成全球学习效应
多国本土化战略	地区调适能力强	不能获得区位经济、经验曲线效应和规模经济效应；不能转移核心能力；不能形成全球学习效应
全球化战略	获得区位经济、经验曲线效应和规模经济效应	缺乏地区调适能力
跨国战略	获得区位经济、经验曲线效应和规模经济效应；地区调适能力强；形成全球学习效应	往往因组织问题而难以贯彻实施

【相关链接】1999 年，海尔在美国建立第一个海外工业园，开启了国际化的征程。海尔实施国际战略是按照“走出去、走进去、走上去”的“三步走”思路。“走出去”阶段，海尔以缝隙产品进入国外主流市场；“走进去”阶段，海尔以主流产品进入当地主流渠道；“走上去”阶段，海尔以高端产品成为当地主流品牌。

从 2005 年开始，海尔进入多国本土化战略阶段。海尔创立自主品牌，在海外建立本土化设计、本土化制造、本土化营销的“三位一体”中心，员工都是当地人，更了解当地用户的个性化需求。

从 2012 年开始，海尔进入全球化战略阶段。海尔收购三洋电机在日本、东南亚的洗衣机、冰箱等多项业务，成功实现了跨文化融合；之后，海尔还成功并购新西兰高端家电品牌斐雪派克；2016 年 1 月 15 日，海尔全球化进程又开启了历史性的一页——海尔与 GE 签署战略合作备忘录，整合通用电气家电业务。现在海尔已经在全球建立五大研发中心，21 个工业园，66 个营销中心，全球员工总数超过 6 万人。

从 2014 年开始，海尔进入跨国战略阶段。海尔从传统制造家电产品的企业转型为面向全社会孵化创客的平台，致力于成为互联网企业，颠覆传统企业自成体系的封闭系统，而是变成网络互联中的节点，互联互通各种资源，打造共创共赢新平台，实现攸关各方的共赢增值。在战略上，建立以用户为中心的共创共赢生态圈，实现生态圈中各攸关方的共赢增值；在组织上，变传统的自我封闭到开放的互联网节点，颠覆科层制为网状组织。

经典题解

【真题 64 · 单选题】P 公司是一家生产经营日化用品的跨国公司，其母公司设立在 U 国，在其他国家设立了 20 余个子公司。在该公司的经营过程中，母公司将产品的研发技术和新产品提供给各个子公司，子公司也会把在当地畅销的产品提供给母公司和其他子公司。P 公司国际化经营的战略类型属于（　　）。（2017 年）

A. 跨国战略

B. 全球化战略

C. 多国本土化战略

D. 国际战略

【解析】“母公司将产品的研发技术和新产品提供给各个子公司，子公司也会把在当地畅销的产品提供给母公司和其他子公司”，这一举动说明 P 公司能够形成以经验为基础的成本效益和区位效益，转移企业的核心竞争力，同时注意当地市场的需要。这属于跨国战略的典型特征，选项 A 正确。

【答案】A

【例题 65 · 单选题】2020 年 5 月，国内研发和制造盾构机设备的 ZT 公司开启了国际化进程，在国外成立了多个事业部，ZT 公司在国内的母公司保留技术和产品开发的职能，在国外的事业部只生产由母公司开发的产品。ZT 公司采取的国际化经营战略类型的特点是（　　）。

A. 全球协作程度低，本土独立性和适应能力高

B. 全球协作程度高，本土独立性和适应能力低

C. 全球协作程度高，本土独立性和适应能力高

D. 全球协作程度低，本土独立性和适应能力低

【解析】“在国外成立了多个事业部，ZT 公司在国内的母公司保留技术和产品开发的职能，在国外的事业部只生产由母公司开发的产品”表明 ZT 公司采取的国际化经营战略是国际战略，其特点是全球协作程度低、本土独立性和适应能力低，选项 D 正确。

【答案】D

【例题 66 · 单选题】甲公司经营高档餐厅，在内地完成布点，其连锁店也开到了香

港、澳门特区，并已经编制完成了国际化经营的方案并逐步落实。该方案允许各地分店集中关注其所在地的消费需求、行业状况、政治法律制度和社会标准的特点，因此该方案选择的国际化经营战略是(　　)。

A. 跨国战略

B. 全球化战略

C. 多国本土化战略

D. 国际战略

【解析】“该方案允许各地分店集中关注其所在地的消费需求、行业状况、政治法律制度和社会标准的特点”表明甲公司选择的是多国本土化战略，选项C正确。

【答案】 C

【例题67·单选题】 甲公司是集牛肉生产、加工及零售为一体的企业。近期甲公司开始考虑将其业务扩展到国际市场，在劳工成本较低的越南设立统一的牛肉加工厂，并在多个国家从事牛肉加工食品零售业务。甲公司管理层采用集权式管理方式，为确保牛肉加工食品的质量，甲公司计划将所有原料牛在日本农场饲养。根据以上内容，适合甲公司选择的国际化发展战略是(　　)。

A. 国际战略

B. 全球化战略

C. 多国本土化战略

D. 跨国战略

【解析】“在劳工成本较低的越南设立统一的牛肉加工厂，并在多个国家从事牛肉加工食品零售业务。甲公司管理层采用集权式管理方式，为确保牛肉加工食品的质量，甲公司计划将所有原料牛在日本农场饲养”属于全球化战略，选项B正确。

【答案】 B

04 新兴市场的企业战略（★★）

复习建议	考试题型	考察套路	关键词
区分四种战略类型；理解并记忆各自的战略举措	客观题型、主观题型	(1) 将两个维度的信息或战略举措嵌套在题干中，选出与之匹配的战略类型 (2) 判断案例中目标企业的战略类型，分析其采取的具体战略举措	—

新兴市场是指经济发展速度较高、市场发展潜力巨大的发展中国家。

将产业所面临的全球化压力和新兴市场本土企业拥有的优势资源作为两个变量，做出下图，可以用来指导公司战略性的思考。

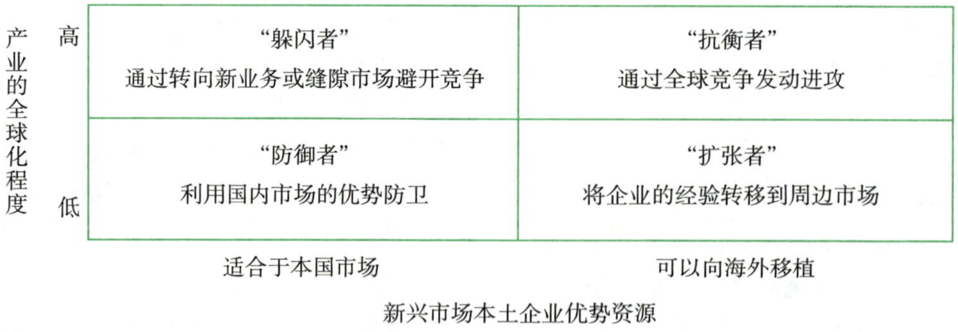

类型	特点	战略定位	战略举措
防御者	企业面临的全球化压力较小，而其拥有的优势资源只适合于本国市场	利用国内市场的优势防卫	(1) 把目光集中于喜欢本国产品的客户，而不考虑那些崇尚国际品牌的客户 (2) 频繁地调整产品和服务，以适应客户特别的甚至是独一无二的需求 (3) 加强分销网络的建设和管理，缓解国外竞争对手的竞争压力
扩张者	企业面临的全球化压力较小，而其拥有的优势资源可以向海外移植	将企业的经验转移到周边市场	通过合理运用可移植的优势资源，并以其在本地市场的成功为平台，向其他市场扩张。在向海外延伸本土优势时，应当注意寻找在消费者偏好、地缘关系、分销渠道或政府管制方面与本国市场相类似的市场，来最有效地利用自己的资源
躲闪者	企业面临的全球化压力较大，而其拥有的优势资源只适合于本国市场	通过转向新业务或缝隙市场避开竞争	(1) 与跨国公司建立合资、合作企业 (2) 将企业出售给跨国公司 (3) 重新定义自己的核心业务，避开与跨国公司的直接竞争 (4) 根据自身的本土优势专注于细分市场，将业务重心转向价值链中的某些环节 (5) 生产与跨国公司产品互补的产品，或者将其改造为适合本国人口味的产品
抗衡者	企业面临的全球化压力较大，而其拥有的优势资源可以向海外移植	通过全球竞争发动进攻	(1) 不要局限于低水平的成本上的竞争，而应将行业中的领先公司作为标杆全方位提升自己的实力。在生产效率、产品质量和服务水平上不断追赶来自发达国家的竞争者 (2) 找到一个定位明确又易于防守的市场。即准确定位企业自身在全球化产业链中的位置，积极主动地参与国际分工，可以通过发挥比较优势（如规模经济和专门技术），实现资源配置效率的提高，拓展海外市场，提高企业的竞争力 (3) 在一个全球化的产业中找到一个合适的突破口。即面对全球化背景下的产业转型升级，可以利用国外的先进技术或在国外产品和技术的基础上进行创新，建立和发展高新技术产业（进行大范围的重组，将那些由于全球化而难以为继的业务剥离，将原先内部生产的零部件外包出去），实现经济的跨越式发展 (4) 善于学习从发达国家获取资源，以克服自身技能不足和资本匮乏的缺陷

【相关链接】长期研究新兴市场的本土企业战略的学者尼雷·达娃（Nirai Dawar）和托尼·弗罗斯特（Tony Frost）曾提出一个著名的竞争模型，他们根据“所处产业的全球化压力”和“竞争性资产的国际可转移性”两个变量，提出本土企业应对跨

国公司的竞争战略。

从这个模型看，在日化等快速消费品领域中，中高端市场是典型的全球性竞争产业，而且本土企业的资产仅适用于母国。新兴市场的本土企业将会面临巨大的挑战，他们将不得不采取“躲闪”的战略：要么专注于价值链的某个环节，要么与外商合资，或索性出售给跨国公司。因为如果不能战胜强大的对手，最优的战略就是归顺对手，这正是“小护士”的战略（2003年12月，法国欧莱雅集团，完成了对中国护肤品牌“小护士”的收购）。

对一些文化程度差异小的产业，如机电、汽车、航空、电信等，竞争优势来自较高的标准化和规模经济程度，但是它们同样承载着较高的全球化压力。不过这些产业的资产容易国际转移，企业可实施“抗衡”的战略，与跨国公司展开全球争夺。长安就是一个典型，利用在意大利设计公司的资源反击跨国公司在中国的竞争。中集、TCL、联想等企业都走出国门，利用国际上的各种资源（如收购品牌和渠道）反击跨国公司的竞争。

本来在日化等快速消费品的低端市场，国际竞争的压力并不太大，企业可以通过强化无法跨国转移的资产优势，如渠道和品牌的文化内涵等，进行积极“防御”：通过集中资源保护自己的领地免受跨国公司的入侵，如“雕牌”“非常可乐”等；通过价值链上的创新提高竞争优势，如“蒙牛”与“伊利”应对“和路雪”的蚕食。

如果国际竞争的压力并不太大，同时本土企业的竞争性资产具备国际转移性，那么本土企业最好的战略是把母国的成功经验扩展到海外，这一战略就是“扩张”，如小肥羊利用特色火锅与连锁加盟将餐饮店开到美国。

经典题解

【真题68·单选题】面对国外品牌牙膏不断涌入国内市场的不利局面，健华牙膏厂独创了完全用中草药提取物制造，具有生津健齿功效的牙膏，并通过强化销售网络的建设和管理，赢得了越来越多国内消费者的好评。作为新兴市场的本土企业，健华牙膏厂采用的战略属于（　　）。（2018年）

A. “扩张者”战略

B. “防御者”战略

C. “抗衡者”战略

D. “躲闪者”战略

【解析】“面对国外品牌牙膏不断涌入国内市场的不利局面，健华牙膏厂独创了完全用中草药提取物制造，具有生津健齿功效的牙膏，并通过强化销售网络的建设和管理，赢得了越来越多国内消费者的好评”说明健华牙膏厂的战略定位是利用国内市场的优势防卫，属于“防御者”战略，选项B正确。

【答案】B

【例题69·单选题】面对国外著名化妆品公司在中国市场上不断扩张，多年从事化妆品研发、生产和销售的丽美公司为了自身的长期发展，将化妆品的生产和销售业务转让给甲跨国公司，同时与国外乙公司合作专注于丽美新产品的研发业务。从本土企业战略选择的角度看，丽美公司扮演的角色可称为（　　）。

A. 防御者

B. 扩张者

C. 抗衡者

D. 躲闪者

【解析】“将化妆品的生产和销售业务转让给甲跨国公司，同时与国外乙公司合作专注于丽美新产品的研发业务”表明丽美公司扮演的角色为躲闪者，选项D正确。

【答案】D

【例题70·单选题】H公司是国内安防设备制造行业的知名企业。面对日益加剧的全球化压力，H公司于2007年开始实施全球化扩张行动，成功建成了全球性的市场网络和研发平台。H公司在全球价值链环节当中，不仅仅拥有强大的中国制造环节，还掌控了营销、研发等高附加值的价值链环节。在国际市场竞争中，取得了话语权和定价权。根据以上描述，H公司作为新兴市场本土企业所选择的战略是(　　)。

A. “防御者”战略

B. “抗衡者”战略

C. “躲闪者”战略

D. “扩张者”战略

【解析】“面对日益加剧的全球化压力，H公司于2007年开始实施全球化扩张行动，成功建成了全球性的市场网络和研发平台。H公司在全球价值链环节当中，不仅仅拥有强大的中国制造环节，还掌控了营销、研发等高附加值的价值链环节。在国际市场竞争中，取得了话语权和定价权”表明H公司的战略定位是通过全球竞争发动进攻，其选择的战略是“抗衡者”战略，选项B正确。

【答案】B

本章疑难问题解答

【问题1】如何区分产品开发战略与相关多元化战略？

【解答】产品开发战略是指产品在同一市场的细分化，但在本质上是同一产品类别的细分。而相关多元化战略则是异质产品进入了异质市场，是增加新产品的种类和进入新市场两者同时发生的。因此，相关多元化战略属于发展战略中的**新产品和新市场组合的战略**，而产品开发战略属于在同一市场产品的细分化。

例如，耐克公司通过市场调查，不断开发适合不同运动项目的特殊运动鞋，如登山鞋、旅游鞋、自行车鞋、冲浪鞋等。其核心是强调围绕“鞋”这一产品大类或产品线，不断推出新产品，进一步丰富其产品系列，但其面对的市场（用户）依然是现有市场，只是为了更好地满足顾客在不同时段、不同场合的需求罢了。因此，耐克公司采用的战略属于产品开发战略。

再如，H公司是一家主要从事智能家电产品生产和销售的公司，近年来又涉足智能家居产品的研发、生产和销售。H公司实施的就是相关多元化战略（以“智能”为依托，开发新产品、进入新市场）。

【问题2】如何区分纵向一体化战略与相关多元化战略？

【解答】纵向一体化战略与相关多元化战略的主要区别在于是否是沿着产业链条发展的。如果企业的发展方向是沿着现有产业链条进行的，就属于纵向一体化战略；如果产品或业务仅仅是相关，而没有上下游关系的话就属于相关多元化战略。

【问题3】如何理解企业并购的协同效应？

【解答】许多西方学者从不同角度对并购的动机及其协同效应进行了大量的理论研究。其中的效率理论侧重于对企业并购的协同效应进行了分析，其认为并购可以使企业获得某种形式的协同效应，即1+1>2的效应。从本质上来看，并购是经济活动中相关资源的分配和再分配的过程。在企业的成长过程中，企业总会有一部分未被充分利用的资源，或者还会缺少某些必需的经营资源，这些多余或者紧缺的资源会使企业在发展过程中出现不均衡，并影响企业的发展。而通过并购活动，企业之间将资源重新分配，可以将原有资源的利用效果发挥到最佳状态，其获得的效果远远超过独立存在于某个企业内的水平。**资源的有效配置和合理利用，促进了企业价值的增值，实现了企业价值最大化**。这种资源互补、优势互现、价值增值的整体优势就是企业进行并购的协同效应。

【问题4】如何理解并购的动机——“克

服企业负外部性”？

【解答】所谓“外部性”，指行为主体的活动对他人和社会所产生的影响。对他人和社会产生积极影响，称之为“正外部性”（利己利人），反之则称为“负外部性”。例如，不加约束地遛狗，在草地上留下狗屎等，就是负外部性。再如，在一个规模经济显著的产业中，各个竞争企业为了获取竞争优势，纷纷扩大生产规模，大打价格战，结果导致整个产业产能过剩，盈利能力下降，这就是企业的负外部性，即个体理性导致集体非理性。并购的市场力量理论认为，企业并购的动机源于对企业经营环境的控制，并购降低了市场中企业的数量，提高了市场集中度，即并购可以克服企业的这些负外部性。

【问题5】如何区分成本领先战略和集中成本领先战略，差异化战略和集中差异化战略？

【解答】

（1）成本领先战略和集中成本领先战略的区别是所针对的市场不同：成本领先战略针对整个市场，集中成本领先战略针对细分市场。比如某企业对整个白酒市场采用成本领先，则属于成本领先战略；如果某企业仅对低端白酒市场采用成本领先，则属于集中成本领先战略。

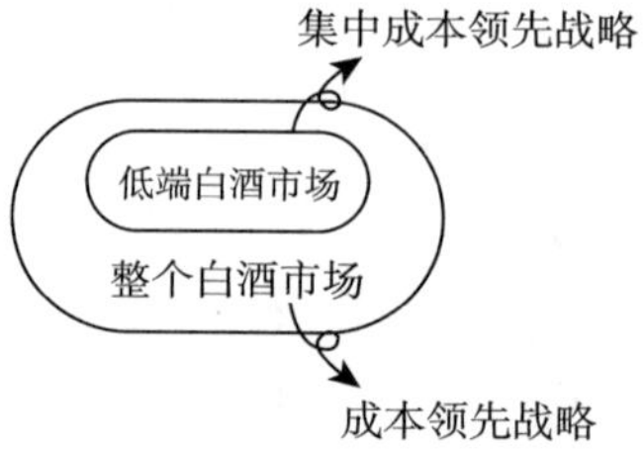

做法：降低生产成本，创造成本优势

（2）差异化战略和集中差异化战略的区别是所针对的市场不同：差异化战略针对整个市场，集中差异化战略针对某个细分市场。比如某房地产公司面对的是整个房地产市场（城市和农村），并且采取差异化，则属于差异化战略；如果该房地产公司面对的仅是农村，并且采取差异化，则属于集中差异化战略。

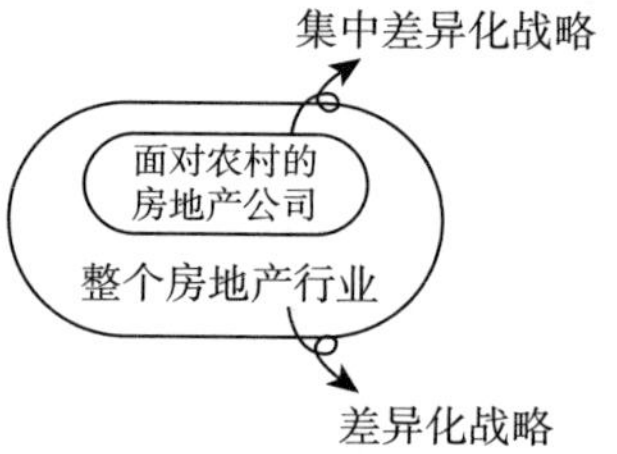

做法：针对不同收入和需求设计的房子

【问题6】如何区分三种研发定位？

【解答】

成为向市场推出新技术产品的企业——自主创新战略	含义	是指以自主创新为基本目标的创新战略，是企业通过自身的努力和探索产生技术突破，并在此基础上依靠自身的能力推动创新的后续环节，完成技术的商品化，达到预期目标的创新活动。自主创新基本上都是率先创新
	特点	代价高、风险大、收益大
	适用情形	适用于研发能力、财力均很强的企业
	举例	20世纪60年代初，IBM向第三代集成电路电子计算机进军，一共投资50亿美元，相当于美国首批三颗原子弹的科研经费。投资之大，史无前例，以致“研究开发一旦失败，IBM将不复存在”。IBM以血的代价开拓创新，奠定了在计算机行业中的领先地位

续表

成为成功产品的创新模仿者——模仿创新战略	含义	是指企业不抢先研究和开发新产品，而是在市场上出现成功的新产品时，立即对别人的新产品进行仿造或加以改进，迅速占领市场。因此，模仿创新战略能够帮助企业最大限度地吸取率先创新者成功的经验与失败的教训，吸收、继承与发展率先创新者的成果。当然这种战略不是简单模仿的战略，而是巧妙地利用跟随所带来的优势，化被动为主动，变不利为有利的一种战略
	特点	投资少、风险小、见效快
	适用情形	适用于对技术消化、吸收能力强的企业
	举例	武钢原有的生产技术与引进的一米七轧机相比落后20年，通过技术攻关、技术开发，大胆创新，使洋设备"中国化"，取得了热轧计算机模型、硅钢连铸等一批高水平的专利和科研成果，出口发达国家，成功地走出了一条"局部引进，整体提高"的科技进步之路，成为模仿创新的样板
成为成功产品的低成本生产者——技术引进型战略（技术合作型战略）	含义	是指企业与企业或企业与科研单位、高等院校之间发挥各自的优势，联合进行研究开发、生产销售，以尽快开发、实施技术创新的一种创新行为
	特点	优点：进行技术引进，可以达到收效快、成本低、风险小的效果 缺点：由于是引进技术，将使企业技术水平永远落后在技术输出的企业的后面，从长远来看，过多地依赖引进，势必逐渐削弱企业科技队伍的独创能力和活力，使企业受损
	适用情形	（1）当企业缺乏技术专家、缺少实验设备、企业没有独立的研究开发机构时，企业应当采用技术引进型战略 （2）当企业财力有限，或者在对某一产品改进所产生的利润不足以抵补研究开发费用时，企业应当采用技术引进型战略
	举例	日本在医药企业创新能力较弱时，通过引进美国许多产品专利和方法专利的许可证，赢得了可观的利润之后，再用于新药研究，加快了新药研发的速度。例如，武田制药株式会社不仅积极地开发自己的产品（自主创新战略），而且积极地从海外引进，他们充分调查专利的权利关系，尽量选择取得垄断实施权的产品（技术引进型战略）

扫一扫　"码"上做题、看解析

本书历年经典试题均配备二维码，使用"会计云课堂"App扫码，即可线上做题、看解析。

【"会计云课堂"App下载二维码见封底页】

历年经典试题回顾

一、单项选择题

1. 经营健身房的永强公司率先采用新技术，在其拥有的所有分店统一推出智能健身设备。使用该设备，健身者可以比以往节省50%的时间达到同样的健身效果，因此该设备受到健身者的好评。但由于购置、使用、维护智能健身设备耗资很大，而需求和使用率有限，永强公司入不敷出，经营陷入困境。从零散产业角度看，下列各项中，属于永强公司进行战略选择未能避免的战略陷阱是（ ）。（2020年）

A. 寻求支配地位

B. 对新产品作出过度反应

C. 不能保持严格的战略约束力

D. 过分集权化

2. 贝恩公司是著名的电子商务企业，下设5大商务区和分布在100多个国家的子公司。商务区经理负责为各自商务区制定国际化经营战略，各国子公司经理则根据所在国市场需求对该子公司的经营活动行使经营权和管理权。商务区经理需要各国子公司经理的合作，当商务区经理和子公司经理的意见或决策发生冲突时，可提交总公司裁决。贝恩公司采用的国际化经营的战略类型是（ ）。（2020年）

A. 国际战略

B. 全球化战略

C. 跨国战略

D. 多国本土化战略

3. 金力公司是国内一家风力发电设备制造企业。2015年，金力公司取得世界最大的风力发电机组制造商麦尔公司的叶轮生产外包项目，并从对方引进一整条先进生产线，成为麦尔公司唯一的叶轮供应商。之后，金力公司通过引进麦尔公司的先进技术，不断提高产品性能和生产效率，并把引进的新技术移植到核心业务齿轮增速器的生产中，成为欧美多家相关企业的齿轮增速器供应商。作为新兴市场国家本土企业，金力公司采用的战略类型是（ ）。（2020年）

A. 防御者战略　　B. 抗衡者战略

C. 扩张者战略　　D. 躲闪者战略

4. 甲公司是一家区别于传统火锅店的新式火锅餐饮企业，在给顾客提供用餐服务的同时，还免费给顾客提供擦鞋、美甲、擦拭眼镜等服务。甲公司的经营模式取得了成功，营业额高速增长。甲公司实施蓝海战略的路径是（ ）。（2016年）

A. 跨越时间

B. 重新界定产业的买方群体

C. 重设客户的功能性或情感性诉求

D. 跨越战略群组

5. 飞翔公司是国内一家奶粉生产企业。近年来，很多具有品牌优势的国外奶粉制造商纷纷涉足中国市场，竞争十分激烈。飞翔公司为了自身的长期发展，与新西兰乳品巨头甲公司结成战略联盟，双方以50%：50%的股权比例合资成立一家新的公司，产品从奶粉扩展到各类奶制品。从战略选择角度看，飞翔公司扮演的角色可称为（ ）。（2016年）

A. 防御者　　B. 躲闪者

C. 抗衡者　　D. 扩张者

二、多项选择题

1. 国内从事有色金属矿产地质勘探的艾地公司于2017年横向收购了N国的纳奇公司。N国政府只允许本国企业从事贵金属矿产的勘探，因此这次收购使艾地公司获得N国储量丰富的黄金矿产的勘探权。此后艾地公司留用了纳奇公司经验丰富的管理层。艾地公司向N国投资的动机有（ ）。（2020年）

A. 寻求市场　　B. 寻求资源

C. 寻求现成资产　　D. 寻求效率

2. 滦河公司是一家大型能源集团，拥有分别从事煤矿开采、炼焦、发电等业务的多家子公司。面对煤炭产能过剩销售困难的局面，该公司管理层提出放弃煤矿开采业务，但此举将使大量煤炭采掘设备废弃，下岗工人生活和重新安置费用短期内难以解决，炼焦、发电等业务原料来源的稳定性将受到影响，因此遭到各个子公司员工的质疑、不满甚至反对。滦河公司的煤矿开采业务面临的退出障碍有（ ）。（2020年）

A. 感情障碍
B. 退出成本
C. 内部战略联系
D. 固定资产的专用性程度

3. 新业影视公司于 2019 年年底推出一档贺岁片。该片公映前，公司召开新片发布会，全体创作人员、导演和阵容强大的主要演员集体在媒体和影视界嘉宾前亮相，宣称此片将“进军奥斯卡”。公司在会上散发了该片的精彩剧照，透露了令人捧腹的拍摄花絮，并请与会人员免费观看了该片的首映。新业影视公司采用的促销策略组合要素有（　　）。（2020 年）
A. 广告促销　　B. 公关宣传
C. 人员推销　　D. 营业推广

4. 松涛旅行社面对老年社会的到来，专注于组织老年消费者出国游业务，并在业内率先根据旅行中所在国家或地区的特点，开展健身、垂钓、摄影、休闲、美食品尝与制作、探访民居等活动。面对越来越多的慕名而来的消费者，该社在国内设立了上百家分社或代理机构，复制推广上述业务模式，取得了远远高于行业平均水平的利润率。从零散产业的战略选择角度看，松涛旅行社的做法有（　　）。（2020 年）
A. 连锁经营或特许经营
B. 提高产品差异化程度
C. 尽早发现产业趋势
D. 目标集聚

5. 百苑集团是一家实行标准化管理的跨国餐饮连锁企业。2016 年以来，该公司收购了国内多家分别经营“川”“鲁”“粤”等不同菜系的餐饮企业。收购后的标准化管理难以适应多元化的中餐文化和管理风格，运营状况远逊于预期。依据并购战略“并购失败的原因”，下列各项中，属于百苑集团收购后运营状况远逊于预期的原因有（　　）。（2020 年）
A. 决策不当
B. 跨国并购面临政治风险
C. 支付过高的并购费用
D. 并购后不能很好地进行企业整合

6. 乐融旅行社定期开展会员俱乐部活动。活动期间，该社向参加活动的会员提供免费茶点、风景摄影及旅游知识讲座、旅游新项目推介等，建立了良好的公众形象。在上述活动中，乐融旅行社采用的促销组合要素有（　　）。（2018 年）
A. 营业推广　　B. 广告促销
C. 人员推销　　D. 公关宣传

三、简答题

1. 2003 年，从国内名牌大学毕业的李轩开始以“眼镜肉店”老板的身份在 X 市农贸市场卖猪肉，成为倍受关注的“最有文化的猪肉佬”。多年的教育背景让李轩把卖猪肉这个生意做到了很高的水准，他从来不卖注水肉，品质不好的肉坚决不进货，也从不缺斤少两，慢慢地积攒了诚信经营的口碑，一天能卖出十几头猪。

2008 年，李轩与同是经营猪肉生意的本校校友张生相识。张生于 2007 年在 G 市创办猪肉连锁店，同样因为“国内名牌大学”和“猪肉”的名号，引起众人关注。李轩和张生开始联手打造“特号土猪”的猪肉品牌。他们自己养猪，自己卖猪。他们选择口感颇受国内百姓喜爱的优良土猪品种；猪场采用半开放式的大空间，让猪自由活动；猪场里设有音响，专门给猪听音乐。他们认为，猪和人一样，只有心情愉悦，才会长得又肥又壮，肉质也会更加鲜美。

“特号土猪”公司日益发展壮大。从 2010 年 5 月开始，李轩和张生凭着自己多年经营猪肉的经验，开办了培训职业屠夫的“屠夫学校”，培养目标是“通晓整个产业流程的高素质创新性人才”。“特号土猪”公司每年都会招聘应届大学生，经过“屠夫学校”40 天培训，再派往各店铺工作。

2015年，“特号土猪”销量超过10亿元，成为国内土猪肉第一品牌。2016年，在互联网大潮引领下，“特号土猪”登陆国内最大电商平台，成为第一个面向大众消费者的“互联网+”猪肉品牌。线上与线下同时发力，“特号土猪”品牌影响力进一步扩展，销量也更上一层楼。

2019年，“特号土猪”品牌连锁店开到全国20多个城市，共有2000多家门店。十几年来，李轩和张生专心致志，将“特号土猪”高端品牌做到极致。

要求：

（1）简要分析李轩和张生在零散产业——猪肉经营业中是如何实施三种基本竞争战略的；

（2）从差异化战略实施条件（资源能力）角度，简要分析李轩和张生将“特号土猪”高端品牌做到极致的原因。（2020年）

2. 在汽车产业电动化、智能化、网联化、共享化融合变革之际，被称为“造车新势力”之一的家家智能汽车公司于2015年正式成立，家家公司的董事长兼创始人王向认为，汽车制造业已经进入2.0数字时代，其特征是电机驱动+智能互联，而汽车3.0时代是人工智能时代，其特征是无人驾驶+出行空间。为了赢得2.0时代，并参与3.0时代的竞争，家家公司开始全面布局：通过三轮融资获得资金，拥有了自己的制造基地，与国内最大的出租车网约平台合作切入共享出行领域，积极投资产业链（包括投资孵化自动驾驶系统供应商MJ公司、专注自动驾驶中央控制器的ZX公司以及研发生产激光雷达的LH公司等）。

王向认为，未来企业竞争的关键要素，是具备快速成长能力的公司组织。他把60%的时间用于组织管理，以是否具备创新能力与正确价值观而非是否来自成功大企业为标准选拔人才；帮助团队中每一个人成就心中的事业追求，去挑战自己和团队成长的极限。

家家公司的第一款产品SEV面向国内外共享汽车使用群体，续航里程将超过100公里。但是，两年筹备之后，由于低速车的合法性以及海外分时租赁市场实际容量的局限，这个雄心勃勃的计划，还是夭折了。面对挫折，王向立即将公司产品开发重心转移到中大型SUV的“家家智造ONE”。为了实现“没有里程焦虑”，“家家智造ONE”采用全新的形式——增程式电动。王向认为，相对于U国TL等电动车采用的充电桩/换电站等方式，中国消费者更需要从产品本身去解决问题的产品。2018年10月18日晚，备受汽车及科技界人士瞩目的家家公司新车——“家家智造ONE”于B市正式发布。这场发布会没有明星大腕捧场助阵，全程由王向一人直接以大量数据对比和充满硬核知识的干货完成了自我演绎，让消费者在各类新产品中有了清晰的比较。王向表示，“家家智造ONE”定价不会高于40万元，而增程式电动技术显著难于纯电动车，因而“家家智造ONE”的性价比具有优势。

2018年12月，家家公司以6.5亿元收购LF股份公司所持有的C市LF汽车公司100%股权，被业界称为家家公司“完美避开进入门槛”，取得了新能源汽车的生产资质，以实现王向掌控并引领新能源汽车市场的梦想。而此举对于LF股份公司而言是其战略重组的一部分，将经营不善的C市LF汽车公司剥离出去，以应对流动资金不足的困境。家家公司与LF股份公司还签署了为期3年的框架合作协议。双方将通过资源互补、技术互补等方式，在新能源技术开发、车联网、人车交互及数据共享等领域形成技术联盟。

要求：

（1）简要分析王向统领家家公司所克服的智能汽车新兴产业中的发展障碍；

（2）简要分析家家公司收购C市LF汽车

公司的动机；

(3) 简要分析 LF 股份公司采用收缩战略的原因和方式。(2020 年)

3. 2014 年王丽红抓住酒店市场消费升级的机遇，投巨资创建了果硕酒店品牌。果硕酒店布局全国一二线核心城市，以发挥规模经济优势。2019 年，果硕酒店全国连锁店近千家，覆盖百余城市，在国内激烈竞争的中档酒店中成为规模领先的酒店集团。

2017 年，果硕酒店集团从国内酒店行业巨大的发展潜力中，敏锐地感受到酒店经营中一个核心业务环节——酒店布草洗涤，未来一定向规模化、产业化的方向发展，布草洗涤的效率提升、节能降耗、物流升级将成为现实。果硕酒店集团毅然投入上亿元资金建设营邦洗涤产业园区，这是国内首个现代化智慧洗涤产业园区。

截至 2019 年年底，营邦洗涤产业园区累计投入超 2 亿元，在国内十余个城市布局 5 个智慧洗涤产业园、12 个洗涤龙智慧工厂，投产 30 条洗涤龙，成为国内连锁布局范围最广、工厂数量最多、上线洗涤龙最多的公纺洗涤龙头企业。营邦洗涤产业园区成为果硕酒店集团新的利润增长点。

营邦洗涤工厂采用国际顶尖的全自动化隧道式洗涤龙生产线，2 条洗涤龙就相当于 8~12 个传统中型单机工厂，实现分拣、洗涤、仓储、运输、收发、支付等纺织品流转全流程智能化，并建立洗涤及检测标准、运输标准、环保标准、管理工艺标准等，推动行业标准化运营。营邦洗涤工厂依托研发出的云洗涤管理系统，在每一件纺织品中植入 RFID 超高频芯片，实时链接连通工厂、酒店，辅以人才培训、供应链支持以及订单打通。营邦洗涤产业园区在有效集合上下游产业链资源，实现规模效应、显著降低能耗和人力成本的同时，规范园区污水排放处理，自建万吨污水处理设施，每年节水上千万吨。

2019 年 12 月，营邦洗涤产业园区的业务进一步拓展，完成 5000 万元布草采购，全部植入 RFID 芯片，全力推进布草租洗业务。相比较传统的纯洗业务，采用布草租赁洗涤模式，对于酒店上下游产业链降低成本、提高利润的好处显而易见：一是因为纺织品利用率大幅提升，有效提升行业成本管控能力；二是租赁的纺织品规格材质相对统一，能更充分发挥洗涤设备效率，同步提升行业周转效率；三是传统洗涤与物联网技术结合，洗涤标准化流程更加成熟，同时标准化的流程也有利于保护和延长纺织品的使用寿命。这一战略举措，将促进酒店与洗涤公司基于双赢思想的紧密合作。

要求：简要分析果硕酒店集团发展战略的类型及其适用条件。(2020 年改编)

4. 2004 年 1 月，以 B2C 为主要经营模式的综合性网络零售商喜旺公司注册成立。此时在电商领域，无论是用户规模或是平台数量，早期进入者云里公司已占尽先机。为了突破云里公司一家独大的状况，喜旺公司采取一系列战略举措，实现对产业链上下游的整合和控制，打造自身的竞争优势。

(1) 自建物流体系。喜旺公司早期与大多数电商一样，采用第三方物流配送商品。随着商品年销售量的不断增加，第三方物流配送能力不足、每天数千单货物积压问题日益显著，严重影响服务质量和客户满意度。喜旺公司决定自建物流体系，并于 2007 年投资 2000 万元建立东速快递公司，专门为喜旺商城提供物流服务，服务范围覆盖 200 多座城市。东速快递公司的成立，大大提高了喜旺商城全国配送商品的速度，为喜旺商城的用户带来良好的体验。此后，喜旺公司不断完善物流配送体系，将大量资金用于物流队伍、运输车队、仓储体系建设。到 2011 年，喜旺公司在全国各地建立 7 个一级物流中心和 20 多个二级物流中心，以及 118 个大型仓库。

(2) 进一步整合物流配送资源和能力。

2014年3月，喜旺公司并购迅风物流；2014年10月，喜旺公司与国有邮政公司达成战略合作；2016年5月，喜旺公司并购“快快”，实现“两小时极速达”的个性化增值服务。喜旺公司这一系列举措，使得其下游配送的效率取得质的飞跃。

（3）运用多种方式整合与完善商品采购与供给端。为了确保上游供给商品的质量与可靠性，2014年4月，喜旺公司与国内最大海洋牧场微岛公司达成合作协议；2014年6月，喜旺公司投资智能体重体脂秤P产品；2015年5月，喜旺公司投资7000万美元建立生鲜电商果园；2015年8月，喜旺公司与国信医药公司合作，使用户在喜旺平台可购买处方药品；2015年8月，喜旺公司出资43亿元战略入股永芒超市，取得10%股权。永芒超市是国内超市中最好的生鲜品供应商，拥有业内最低的生鲜品采购成本。永芒超市的门店超过350家，但还不能覆盖全国。线上线下两大零售巨头原本是竞争对手，达成合作后，在永芒超市门店尚未覆盖的区域，喜旺公司可以与永芒超市共同提供O2O服务（online线上网店和offline线下消费），因此双方还有较大的潜在合作空间。

要求：

（1）简要分析喜旺公司所实施的发展战略类型及其实施该战略的动因（优势）；

（2）简要分析喜旺公司实施发展战略所采用的途径；

（3）简要分析喜旺公司与永芒超市合作的动因。（2019年）

5. 日升公司于1995年成立，1996年在国内设立生产基地，建设了五个制造厂房。日升公司最初主要从事OEM代工业务，为M国的客户FG公司贴牌生产家具配套及小巧家具组件。之后，公司业务扩展至餐厅及卧房家具，成为国内首家生产卧房家具的企业。1998年，日升公司单月出货量从100个货柜大幅提升至300个货柜，制造能力远远超过昔日家具业的龙头老大。

1999年以前，日升公司的家具几乎全部外销，只做OEM代工业务而没有自己的品牌。公司在低附加值的经营中认识到打造自身品牌的重要性。1999年3月，日升公司在M国组建公司并创立公司品牌“LC”，主要从事中低端家具的生产和销售。然而，日升公司在M国自创品牌的成效并不显著。于是，公司先后实施四次跨国并购，获取了欧美知名企业的品牌、渠道、研发设计及制造能力等战略性资产，实现了从OEM向原始设计制造商OBM的升级。

2001年，日升公司斥资完成对原委托方FG公司的收购，直接进入M国中高档家具市场。2005年日升公司成功上市。上市后，公司市值从2004年的1.37亿美元跃升至2005年的3.69亿美元，增长2.69倍。

在强大的资金和产能支持下，日升公司于2006年至2008年又先后收购国际三大品牌家具制造商。四次跨国收购使日升公司的产品组合由单一的中低端木制家具拓展为包含中低端、高端、顶级木制家具，以及沙发、酒店家具的组合；销售市场由M国扩展到欧洲。2000年和2008年，在国内设立研发中心的基础上，日升公司又分别在M国和欧洲设立了研发中心。

2007年以来，全球经济环境发生了很大变化。出于对国内市场潜力的判断，日升公司适时调整经营策略，决定在巩固海外市场的同时，进军国内市场。多年的国际化经历使日升公司在生产、设计、销售方面储备、积累了大量人才和经验。2008年日升公司在国内展会上全面亮相，展出专门针对国内市场开发的三大品牌——“日升家居”“日升家园”“日升屋”。2009年9月在国内建成了日升国际风尚馆。

日升公司在原有多个知名品牌的基础上，运用特许经营品牌、针对细分客户设立新品牌等策略，进一步巩固日升公司的OBM

业务。2010年，开展酒店家具业务，并在J国和N国设立生产基地。2009年、2012年，先后推出特许品牌“PDH”和“PDK”；2011年，推出青年家具品牌“SM”；2012年，M国日升推出特许品牌“MH”；2013年，推出特许品牌“WB”；2014年，推出婴儿家具品牌“SB”。日升公司的OBM业务约占总业务的90%。

目前，日升公司在国内18个城市23家门店销售产品。国际市场仍然是日升公司的主要市场。

要求：

(1) 简要分析日升公司“从OEM向OBM升级”所采用的发展途径；

(2) 简要分析日升公司“从OEM向OBM升级”所显示的企业能力。(2019年)

6. 1992年，以家电研发、生产和销售为主业的信达公司确立了“技术立企”的发展战略。公司董事长程静强调：“那些只引进不研发、落伍了再引进的企业，没有追求，必死无疑”。信达公司拒绝参与彩电行业价格战，每年将销售收入的5%投入研发。公司实行奖金与开发成果挂钩的制度，将技术开发人员工资涨到一线工人的3倍。几十年来，在信达公司彩电业务的发展过程中，经历了4个关键的转折点。

(1) 2005年研发成功“中国芯”，中国首块拥有自主知识产权并产业化的数字视频处理芯片在信达公司诞生，彻底打破了国外芯片的垄断地位。2013年国内首款网络多媒体电视SoC主芯片研制成功并实现量产。2015年发布VP画质引擎芯片，使信达公司正式比肩国际行业巨头，成为中国拥有自主高端画质芯片的企业。

(2) 建成中国电视行业第一条液晶模组线，彻底扭转中国液晶模组几乎全部依赖外国企业的状况，率先完成平板电视上游产业链的突破。

(3) UL电视与激光电视并行。其中，“UL显示技术”是信达公司10年来对电视行业上游垄断发起的第3次突围战。凭借历时7年研发的激光电视提前锁定主动权，在全球大屏幕电视市场赢得了一席之地。

(4) 转型布局智能电视。2017年，信达公司推出的V5智能系统由简单的单向人机交互向更简洁的触控交互、智能交互发展，主动感知用户需求，实现智能化推荐。

信达公司以强大的研发实力为后盾，以优秀的销售团队为支撑，产品销售额与营销收入实现稳步增长。根据有关部门提供的信息，2018年，信达公司电视机的营业收入位居全球品牌第三位，国内品牌第一位。

要求：

(1) 简要分析信达公司所实施的竞争战略类型，并从资源和能力角度，分析信达公司实施这一竞争战略的条件；

(2) 简要分析信达公司的研发定位。(2019年)

7. 2008年，传统汽车生产企业旭辉公司决定研发、生产国内第一款新能源汽车，此举在同行眼中无异于一种“逆风而上”的冒险行为。

首先，对传统汽车企业而言，研发新能源汽车是一个全新的挑战。新能源汽车的驱动原理与传统燃油汽车有着本质性的区别。技术的不确定性以及业务创新对技术和人才储备的要求都是对企业严峻的考验。

其次，新能源汽车企业的运营模式、行业规范和服务体系等方面无法仿照传统燃油汽车，存在诸多不确定性。

第三，新能源汽车供应链处于初建期，企业原材料、零部件及其他供给不足；分销渠道、充电设备、维修保养、保险业务等服务很不完善。

第四，传统汽车企业与消费者的困惑与等待观望。2014年下半年，政府推出一系列扶持新能源汽车产业的政策，而此前传统汽车企业大多采取深耕传统燃油汽车的策略以降低被新能源汽车替代的风险。消费者普遍认为新能源汽车技术尚不成熟，服务设施尚不完善，价格过高且伴随规模经济与经验曲线的形成肯定会大幅度降价，第二代或第三代产品将迅速取代现有产品，因而采取等待观望态度。在这种情况下，企业市场营销的中心活动只能是选择顾客对象并诱导初始购买行为。

旭辉公司以一往无前的勇气和高瞻远瞩的眼力，坚守十年时间，实现了对新能源汽车领域核心技术的掌控与完整的产业链布局，也迎来新能源汽车销量在国内外的全面爆发。到目前为止，旭辉公司是全球唯一一家同时掌握新能源汽车电池、电机、电控及充电配套设施、整车制造等核心技术以及拥有成熟市场推广经验的企业。旭辉公司物美价廉的新能源汽车已遍布全球六大洲的50个国家和地区。

要求：

（1）简要分析作为新兴产业，新能源汽车行业内部结构的共同特征；

（2）简要分析作为新兴产业，新能源汽车行业的发展障碍。（2019年改编）

8. 随着生活节奏的加快，生活在都市的人们越来越希望能有一方净土，在空闲的时光摆脱繁忙的工作，通过劳动来净化自己的心灵，回归到最简单家庭亲情的生活方式中。此外，消费者对有机农产品的需求与日俱增，而一些企业的不规范行为导致消费者对市场销售的有机农产品的真实性产生质疑。

一种新型的社区支持型农业顺应这些需求而产生，其中以小马驹市民农园最为知名。小马驹市民农园成立于2008年，农园将农业、休闲业、教育产业融为一体，以会员制的模式运作。会员分为两种类型——配送份额会员和劳动份额会员。对于配送份额会员，农园提供配送服务，包括宅配和取菜点两种方式。宅配即配送到家，配送频率为每周一次或两次；小马驹农园在市区设立了三个取菜点，会员可以自行选择时间和取菜点。这些配送为消费者提供了便利，使他们享受到被关爱的体验。

劳动份额会员可以在空闲时间到农场耕种自己的园地。有儿童的家庭特别青睐这种亲近自然、家庭团聚、寓教于乐的模式。小马驹农园策划了很多节事活动，包括开锄节、立夏节、端午节、立秋节、中秋节、丰收节等，在这些节事活动中，对小朋友进行传统农耕和文化教育。农园还开展了一些活动激发小朋友的兴趣，包括认识植物、喂养动物、挖红薯、拔萝卜、荡秋千、玩沙子、滚铁环、拔河、在野地里撒欢等，这些活动是孩子们在城市中不可能见到的。在农园一角设立了一个大食堂，会员在劳动过程中，可以到食堂用餐。农园要求会员用餐后自己洗碗，洗碗用的不是洗涤灵，而是麦麸，更增添了农园天然质朴环保的色彩。

小马驹市民农园新鲜的有机农产品去掉了中间商，可以直接被会员们购买，在传统农产品的激烈竞争中，确保了稳定的市场和农民可靠的收入来源；同时，由于降低了农产品物流和包装成本，会员们能够亲历有机农产品的生产过程，也满足了会员们能够放心地享用物美价廉有机农产品的消费需求。

要求：

（1）依据红海战略和蓝海战略的关键性差异，简要分析小马驹农园怎样体现蓝海战略的特征；

（2）依据蓝海战略重建市场边界的基本法则（开创蓝海战略的途径），简要分析小马驹农园如何在激烈的农产品生产领域，开创新的生存与发展空间。（2018年）

9. 2003年，“电池大王”环亚公司收购了一家汽车制造公司，成立了环亚汽车公司。环亚汽车公司将其电池生产技术优势与汽车制造技术相结合，迅速成为国内新能源汽车领域的龙头企业。

新能源汽车生产的关键在于掌握三大核心零部件电机、电控与电池的生产制造技术以及具有完备的整车组装能力。环亚汽车公司下大力气增强企业这些关键性活动的竞争优势。

环亚汽车公司在包括电机、电控与电池生产领域投入的研发费用占销售收入比重达4.13%，远高于国内同类汽车生产企业的研发投入占比，与国际知名汽车品牌企业相当。环亚汽车公司自主研发的磷酸铁锂电池（锂电池的一种）及管理系统安全性能好、使用寿命长；环亚汽车公司的锂电池专利数量名列国内第一。环亚汽车公司自主研发的永磁同步电机功率大、扭矩大，足够满足双模电动汽车（拥有燃油驱动与电能驱动两种动力系统，驱动力可以由电动机单独供给，也可以由发动机与电动机耦合供给，与混合动力汽车并无差别）与纯电动车的动力需求。环亚汽车公司自主研发的动力系统匹配技术能够保证动力电池、驱动电机及整车系统的匹配，保证整车运行效率。此外，2008年环亚汽车公司以近2亿元的价格收购了半导体制造企业中达公司，此次收购使环亚汽车公司拥有了电动汽车驱动电机的研发能力和生产能力。2011年环亚汽车公司与国际知名老牌汽车制造企业D公司成立合资企业，借助D公司掌握的汽车结构以及安全领域的专有技术，增强公司在汽车整车组装方面的研发能力和生产能力。

为了进一步扩大新能源汽车生产制造规模，环亚汽车公司又将在新能源轿车制造的优势延展至新能源客车制造。2009年环亚汽车公司以6000万元的价格收购国内美泽客车公司，获得客车生产许可证；2014年环亚汽车公司又与国内广贸汽车集团分别按51%和49%的持股比例合资设立新能源客车公司，注册资本3亿元人民币。

近年来，环亚汽车公司开启了向产业上下游延展的战略新举措。2015年环亚汽车公司收购专门从事盐湖资源综合利用产品的开发、加工与销售的东州公司，这一收购整合了环亚汽车公司汽车零部件的生产。2016年环亚汽车公司以49%的持股比例，与青山盐湖工业公司及深域投资公司共同建立合资企业，注册资本5亿元人民币。此次合作实现了环亚汽车公司的动力锂电池优势与盐湖锂资源优势相结合。2015年环亚汽车公司与广安银行分别以80%和20%的持股比例合资成立环亚汽车金融公司，注册资本5亿元人民币。这是环亚汽车公司向汽车服务市场延伸的一个重大事件。

到目前为止，环亚汽车公司是全球少有的同时掌握新能源电池、电机、电控及充电配套、整车制造等核心技术以及拥有成熟市场推广经验的企业之一。环亚新能源汽车的足迹已遍布全球六大洲50个国家和地区。

要求：

（1）简要分析环亚汽车公司在分析自身的资源和能力，从而构筑其竞争优势的过程中，是如何体现价值链分析方法的；

（2）简要分析环亚汽车公司实施发展战略所采用的主要途径。（2018年）

10. 羊乐火锅成立于1999年8月。羊乐火锅以其风格多样的美味锅底、无须蘸料的特色和旨在“让消费者到处能看到我的店”的全国连锁经营布局赢得消费者的喜爱。2002年，羊乐火锅的营业额达到25亿元，一跃成为国内本土餐饮业的佼佼者。2008年6月，羊乐火锅登陆香港交易所主板上市。

2011年，国内最大的餐饮企业千百集团领导层判断，中餐市场的发展势不可挡，而火锅占中餐市场三分之一，羊乐火锅又位居国内火锅企业中的龙头地位，因而加快了收购羊乐火锅的步伐。

2012 年 2 月，千百集团以 6.5 港元/股的注销价格（溢价 30%）、总额近 46 亿港元现金完成了对羊乐火锅的高价收购，持股比例高达 93.2%，剩余的 6.8%股权则由羊乐火锅两位创始人持有。一年后，千百集团再次加码，以现金收购羊乐火锅全部股权。曾经的“国内火锅第一股”的称号也随着羊乐火锅从交易所退市而隐匿。

正式收购羊乐火锅后，千百集团启动了标准化品牌升级工作，发布了全新品牌形象和运营标准，将传统厨艺与先进的管理理念相结合，努力将羊乐火锅打造成为知名火锅连锁品牌。

然而，收购后的几年中，羊乐火锅的运营情况不尽如人意，客流量与门店数量不断下滑。在国内一项行业评比中，收购前一直名列前茅的羊乐火锅仅位列第 9 位。业内人士分析，造成这种状况的原因如下：

(1) 收购后的标准化管理未必适合饮食文化多元化的中餐，即使对于形式相对简单的火锅也不例外。经过多年的发展和改良，火锅种类的划分更加细化，作为一种餐饮文化，很难用标准化的管理模式去“经营”。消费者对口味的感受需要多元化的体验。羊乐火锅标准化管理的升级将着重于店面的装修风格和菜品的精致程度向千百旗下的外资餐饮企业看齐，而羊乐火锅原来引以自傲的“美味锅底、无须蘸料”的特色被改掉，没有及时更新菜品，不能针对不同顾客提供差异化服务（如南北方消费者对调料的不同需求），使得消费者失去了以往享用羊乐火锅的乐趣。

(2) 千百集团运用“关、延、收、合”四字诀对羊乐火锅的加盟店进行整顿，使得原来羊乐火锅的门店数量大幅缩减，又没有及时对羊乐火锅门店开展新的布局，因而失去了羊乐火锅旨在“让消费者到处能看到我的店”打造的规模经济优势。

(3) 2013 年千百集团收购羊乐火锅两位创始人持有的剩余股权后，羊乐火锅原创团队就离开，之前多年积累的企业竞争优势也随之消失殆尽。例如，羊乐火锅当时完全有能力去整合 M 省肉羊全产业链，而原创团队散伙后，这一功能被 M 省另一家企业取而代之。

(4) 中国庞大的火锅餐饮市场吸引着新的企业不断加入，火锅业态近几年涌现不少实力强大的竞争对手。这些公司各自以其鲜明的特色、不断地推陈出新、清晰的市场定位，以及不断拓展的门店布局，赢得日益挑剔的消费者的青睐，对羊乐火锅的市场地位形成巨大的威胁。

要求：

(1) 依据并购战略“并购失败的原因”，简要分析千百集团收购羊乐火锅效果不尽如人意的主要原因；

(2) 依据“零散产业的战略选择”，结合本案例，简要分析餐饮企业应当如何选择和实施波特三种基本竞争战略。(2018 年)

11. 智勤公司成立于 2010 年，是一家研究开发智能手机的企业。智勤公司从创立之初就做了大量的市场调研，发现智能手机市场上国内中低端品牌与国际高端品牌的技术差距正逐步缩小，消费者更多地关注产品价格，价格竞争开始成为市场竞争的主要手段。在此基础上，智勤公司对消费者的年龄进行了细分，将目标市场消费者的年龄定位在 25 至 35 岁之间。这个阶段的年轻人相对经济独立，普遍处于事业的发展期，并且个性张扬，勇于尝试，对于新鲜事物的接受程度比其他年龄段的人更高。

为了适应目标顾客对价格敏感的特点，智勤手机以其“高性价比”走入大众视线。为了降低智勤手机的成本和价格，智勤公司采取了以下措施：

(1) 开创了官网直销预订购买的发售方式，减少了昂贵的渠道成本，使智勤手机生产出来之后，不必通过中间商就可以到达消费者手中。

(2) 在营销推广方面，智勤公司没有使用传统的广告营销手段，而是根据消费者的不同类型，分别在智勤官网、QQ空间、智勤论坛、微信平台等渠道进行智勤手机的出售和智勤品牌的推广，在很大程度上采用粉丝营销、口碑营销的方式，有效降低了推广费用。

(3) 采用低价预订式抢购模式。这种先预定再生产的方式使智勤公司的库存基本为零，大大减少了生产运营成本。

(4) 智勤手机定价只有国际高端品牌的1/3，而其硬件成本要占到其定价的2/3以上。为了既保证高性价比又不降低手机的产品质量，智勤公司为手机瘦身，把不需要的硬件去掉，把不需要的功能替换掉，简化框架结构设计，使用低成本的注塑材质工艺等。

(5) 将手机硬件的研发和制造外包给其他公司，提高了生产率，大大减小了智勤成立之初的资金压力。

(6) 实现规模经济。2011～2015年智勤手机的销售量突飞猛进地增长，进而为智勤手机通过规模经济降低成本和价格奠定了基础。

要求：

(1) 从市场情况和资源能力两个方面，简要分析智勤手机实施成本领先战略的条件；

(2) 依据消费者市场细分、目标市场选择和设计营销组合三个方面，简要分析智勤手机的营销策略。(2017年改编)

四、综合题

1. 资料一

20世纪90年代，兰微公司在C国推出微波炉产品。兰微公司充分利用市场对微波炉产品价格的高度敏感，通过集中生产少数品种、规模经济、减少各种要素成本、提高生产效率、不断改进产品工艺设计、承接外包等多种手段降低成本，以“价格战”不断摧毁竞争对手的防线，抬高行业的进入门槛，使自己成为微波炉行业的“霸主”，国内市场占有率超过70%，全球产量占比超过30%。国内微波炉生产厂商从超过200家迅速下降到不足30家。

1999年，在众人的质疑声中，光美公司宣布大举进入微波炉行业。光美公司当时的战略决策是基于两点理由：一是从制造技术的角度看，微波炉和光美公司已生产的电饭煲、电磁炉等产品都是使用电能转换加热系统，因此对微波炉的技术研发、生产制造和营销网络都有着极其便利的条件和经验，还可以利用光美公司在其他厨具小家电市场上树立的品牌优势开拓市场；二是光美公司的主打产品空调、风扇等，销售旺季集中在每年的3～8月，在其余时间里资金和经销商资源的利用都明显不足，而推出微波炉产品可以弥补这一缺陷，有利于优化公司整体运作和产品结构，建立新的增长点。

对于光美公司的挑战，兰微公司予以迎击，不仅再次举起了“价格战”的大旗，而且宣布大举进军光美公司已拥有优势的产业，如空调、冰箱、风扇、电暖气等产业。针对兰微公司的行为和兰微公司价格血洗形成的行业规模壁垒，光美公司的微波炉业务确立了“低成本、规模化”的跟随发展策略，利用光美公司强大的品牌优势、销售网络和资源实力，以“低价渗透”的方式与兰微公司展开正面的激烈对抗，开启了微波炉行业“两强争霸”的征程。

在与兰微公司竞争力的对比分析中，光美公司清楚地看到，自己的微波炉业务竞争地位不稳固，多年来一直被迫接受价格战，而没有通过差异化创新建立与兰微公司相抗衡的产品特色和品牌形象。

2006年，在一次光美公司每年例行的经营策略高层研讨会上，与会人员对微波炉行业的发展趋势和公司应对策略形成了统一的判断和认识。

与炉灶等加热工具相比，微波炉具有多种优点，它不仅能快速加热或烹调食物，而且没有油烟，还能保持食物的原汁原味与减少营养损失。在C国，虽然80%以上的家庭已经使用微波炉，但微波炉只是作为一个加热工具，它的多种优点还没被消费者充分认识。同时，市场上的微波炉设计、构造与性能雷同，缺少创新型产品。如果能够开发并向市场推出使消费者迅速认识并接受微波炉的多种优点的产品，微波炉市场将进入另一个高速发展期。

光美公司对全球微波炉产销调研情况显示，在国际市场，日本、韩国垄断了中高端市场，C国企业控制了中低端市场，而全球微波炉市场中低端制造向C国转移已经接近尾声。随着材料成本、物流成本的快速上升，微波炉行业的利润空间将进一步缩小。日本、韩国企业由于在规模、产业链的配套上不如C国企业，成本劣势将进一步凸显，只能逐步退出制造领域，因此为C国企业进入中高端制造领域、实现中高端产品出口增长提供了机会。

与会人员一致认为，公司应当从以跟随为主的“低成本”战略向“差异化”战略转变；公司竞争的焦点应当从关注竞争对手向关注消费者、关注客户需求转变；用3~5年时间，扭转目前品牌竞争的被动局面，由“中低端”向“中高端”转变，最终超越兰微公司成为全球微波炉行业霸主，成为全球最优秀的微波炉供应商。

资料二

光美公司于2006年在国内率先推出具备蒸功能的产品，这不仅是第一款针对国内市场消费者使用习惯开发的本土化创新产品，实现了C国传统烹饪习惯与微波炉功能优点的有效结合，而且在核心技术上形成了对兰微公司的技术壁垒，突破了兰微公司的价格和产品封锁。经过将近一年的推广，市场反响很好，显示了巨大的发展潜力。光美公司决定通过对微波炉“蒸功能”的持续升级和传播实现战略转型，扭转在国内市场上竞争的被动局面。

2007年，公司确立了以“80后”白领阶层以及一二线城市家庭作为具备“蒸功能”微波炉的主要目标客户群，推出了第二代具备蒸功能的产品——“全能蒸”微波炉，这款微波炉可以使国内8大菜系的代表性菜式烹饪通过“蒸功能”实现，并将健康、营养、口感、杀菌与外观的时尚及使用的安全、便捷完美地结合在一起。此后，光美公司以“蒸功能”为主题的产品功能不断升级，针对不同消费群体的产品线不断扩充，“蒸文化”逐步普及，公司和产品的品牌形象日益鲜明。

2008年，光美公司发布了5个系列14款“蒸功能”微波炉。该产品在智能化、时尚设计方面对第二代产品进行了升级，并针对不同细分市场推出系列新品。

2009年，公司第三代产品“蒸立方”面世，该款产品创造了三项纪录：首创新的蒸技术，即不借助其他器具，由蒸汽将食物蒸熟；首创炉腔内蒸汽温度达到300℃，使食物脱脂减盐，更有效地保留营养；首创自动供水、排水系统，使用更加便捷，也更省电。

2010年，光美公司发布第五代“蒸功能”系列新品，新产品顺应节能、绿色、环保的时代潮流，率先将历时4年开发的变频技术应用在微波炉上，产品更节能。同时，光美公司宣布，退出300元以下微波炉市场，主流变频蒸立方产品价格集中在3000~5000元，最高端变频高温产品的零售价格高达10000元。

2012 年光美公司发布了半导体、太阳能和云技术微波炉三大创新产品，而且宣布把蒸立方作为独立的高端品牌。从 2012 年开始，超市系统将停止销售 399 元以下产品，在连锁销售系统中将停止销售 599 元以下产品。光美公司解释，从光美公司掌握的数据看，国内市场的高端化消费趋势已经非常明显，低端产品对消费者已不具吸引力。

光美公司在不断创新和推出产品的过程中，成功地开展了一系列促销活动。

2006 年，光美公司开启了以“食尚蒸滋味”为主题的全年推广活动，首次在各大电视台开展广告营销活动，同时在全国主要市场开展产品的循环演示活动。2008 年，光美公司主办了“蒸夺营养冠军”的全国推广活动。2009 年，光美公司推出“全蒸宴”的全国演示推广活动。2010 年，光美公司推出“蒸出营养与健康——光美公司蒸立方”微波炉的电视形象广告片。

配合线上的品牌广告推广以及线下的循环演示活动，2010 年光美公司耗巨资在国内主要城市的核心终端，开辟了 1000 个“蒸立方”品牌专柜。

2011 年公司开发上线了新一代营销管理系统，该系统实现了全国主要终端的销售、库存数据动态更新，公司能及时了解市场销售变化情况。2012 年光美公司推出另一项重大变革措施，变以产定销为以销定产。这项变革成效显著，仅 2012 年第一季度工厂库存就下降了 60%。

自 2007 年起，光美公司在海外前 15 大市场设立了区域经理，同时针对不同区域的主流客户设立了专门的产品开发团队。通过资源的聚焦、本土化市场拓展以及公司技术、品牌等后台支持体系的不断强化，至 2010 年，光美公司生产的微波炉在 9 个国家成功实现对竞争对手产品的超越，在 10 个国家中市场占有率排名首位。

资料三

提升自主创新能力一直是光美公司努力的方向和管理的重点。光美公司在这方面开展的主要工作：

（1）确定公司技术发展方向以及技术发展路线。2009 年公司制定了三年技术路线图，其中不仅规划出公司主要技术发展方向，而且第一次将产品实现技术（关键制造技术）纳入技术规划中，形成基础研究、核心技术研究、产品开发的阶梯创新模式，实现了技术与市场的有效对接。

（2）开展广泛技术合作。2008 年光美公司引进变频器开发的鼻祖——日本 D 公司的变频技术以及高温蒸汽技术和生产工艺。经过一年多的消化吸收，公司于 2010 年在国内市场推出“变频蒸立方高端新品”，树立了光美公司在微波炉“蒸功能”上的绝对技术领先地位。此外，公司广泛开展与国内外科研院校、零部件供应商在研发项目上的合作。公司还与其他单位建立联合实验室，开展长期的合作研究。

（3）投入巨资改善软硬件条件。到 2012 年年底，光美公司研发体系的人员从转型前的约 100 人增加到 240 人，形成了 10 多个前沿、关键技术研究团队。公司调整了研发项目激励方式，提高了基础研究项目的激励比例。同时，公司调整了科技人员的薪酬结构，减少年底绩效收入，提高固薪，以稳定研发队伍。公司累计投资 3 亿多元，建立了包括零部件质量检验、整机性能寿命检测、消费者体验研究、营养分析等在内的全球最先进、最完善的研发测试体系。

（4）大刀阔斧进行组织变革。2009 年之后，公司不断完善基于以市场、客户为导向的矩阵式管理模式，各产品、客户经理对经营结果负责，并拥有相应的产品企划和定价、供应商选择、人员选择等关键决策权力；其他管理人员在各自职责体系中对产品、客户经理经营提供后台支持。

（5）变革学习、考核机制。公司不断加大对各类人员培训的投入，同时转变培训方式。公司要求中高层管理者每年必须走访市场不少于4次，倾听市场和客户的声音。公司定期组织中高层管理者赴日本、韩国企业进行学习交流取经。公司每年投入超过1000万元的培训费用用于员工的专业技能培训。公司出台专项政策，鼓励员工进行再学习、再深造。公司经常组织读书心得分享会，书目由公司总经理亲自选定，均与公司当期推动的变革措施有关。光美公司的绩效导向文化逐渐深入到员工骨髓，公司也结合各阶段工作重点在绩效考核导向方面进行不断的调整和优化。

（6）提高成本竞争力。为了避免差异化成本过高，光美公司通过加大部件自制、精益运营、加强价值链信息共享和协同降低运营成本等手段来创新成本管控，解决成本与结构升级的矛盾，应对资源要素价格的持续上升，保证成本优势。

经过多年的努力，光美公司在2010年成功超越兰微公司成为微波炉出口冠军；在2012年，光美公司微波炉国内市场品牌价格指数全面超越兰微公司，由行业跟随者升级为行业领导者，跳出行业“价格战”的恶性循环，实现了企业业绩持续增长。

要求：

（1）简要分析光美公司实行多元化经营进入微波炉产业的动因（采用多元化战略的优点）；

（2）简要分析兰微公司微波炉产品实施成本领先战略的条件（从市场情况、资源能力两个方面）与风险；

（3）简要分析光美公司微波炉产品战略转型、实施差异化战略的条件（从市场情况、资源能力两个方面），以及光美公司如何防范差异化战略的风险；

（4）简要分析兰微公司为阻止光美公司进入微波炉产业所设置的行为性障碍；

（5）简要分析光美公司战略转型中研发的类型、动力来源和定位；

（6）依据市场营销组合四个要素，简要分析光美公司如何运用市场营销来实现战略转型。（2016年改编）

2. 资料一

威远公司早期是C国一家IT金融服务企业。最近几年，由于IT金融行业的竞争愈演愈烈，威远公司在IT金融服务业中的利润空间不断收窄，面临着很大的压力。

2010年，威远公司总经理王涛开始为公司寻找转型的出路。一次他到国外旅游，在下榻的酒店中第一次接触到G国D公司生产的B滤水壶，这个产品一下子吸引了他。事实上，经过40多年的发展，G国B滤水壶已经是壶式滤水器领域中的世界第一品牌。D公司以“为大众提供健康水源”为宗旨，将B滤水壶产品定位于低端的健康产品。因此，B滤水壶进入低端零售渠道。随着使用产品的用户越来越多，B滤水壶发展成为G国普通家庭的“家用水源”。

B滤水壶产品在世界各地陆续获得了成功。根据调查，普通用户平均每天使用B滤水壶过滤自来水3~4升，并对产品的滤水性能和质量感到满意。

B滤水壶产品成功的核心在于独有的双重滤芯技术，其采用的材质如椰壳活性炭、无钠离子交换树脂等均采用了世界级的自有专利技术，从材质到技术在业内均有非常高的认可度。

人们发现使用B滤水壶过滤后的水制作的食品、饮料味道更好。因此，一些商业企业例如酒店、快餐店、咖啡厅以及食品加工厂等也开始使用B滤水壶。后来，D公司运用成熟的滤水技术进军工业市场，例如为部分家电企业提供一体化滤水解决方案，以及为汽车制造企业提供生产用的蒸馏水等。

王涛看到，滤水器在C国具有巨大的潜在需求。一方面，C国城市自来水处理的工艺及技术标准还处于一个相对不高的水平。2009年，有关机构组织的水质调查发现，有1000余家的城市自来水厂家在出厂时水质不合格，农村饮用水水质状况更令人担忧。有关机构宣布，《生活饮用水卫生标准》将在国内强制性实施。然而，由于技术原因，自来水厂供水管道的二次污染问题还未能根本解决，水质达标还需要一个比较长的时间。另一方面，经过长时期的改革开放，C国的经济得到了迅速发展，普通消费者的生活重点已经从追求温饱渐渐过渡到寻求健康的新阶段。在目前的商业领域中，能够满足人民群众日益增长的对健康和品质生活追求的产品通常都有较好的市场表现。

王涛回国后，很快找到了D公司驻C国区总代理办事处。2010年威远公司与D公司驻C国区总代理办事处签订了D市B滤水壶产品独家代理协议。

资料二

王涛开始认真考虑B滤水壶产品在C国的定位问题。事实上，B滤水壶在不同国家定位不尽相同。比如在G国、P国和R国，人们选择B滤水壶的一个主要原因是它可以降低当地水质的硬度，软化后的过滤水主要用来冲茶和泡咖啡；在X国、F国和Y国，消费者将其作为瓶装水的一种低成本替代品。而在进入C国市场时，D公司驻C国区的总经理认为有必要将B滤水壶作为一个高端、时尚、健康的产品概念推向市场。根据产品的这种定位，王涛决定进入高端商场渠道。

B滤水壶产品在D市几家主要高端商场设立了品牌专柜，以高端、高价的形象出现。D市高端消费者对这些高端商场有着深厚的认同感和信任度，加上B滤水壶系列产品是G国原装进口产品，在国外销售了几十年，积累了可靠的声誉。进入这些渠道以后，在高端消费者群体中迅速建立了良好的口碑，销售额一直在稳步增长。在2010年至2013年的时间里，产品基本上覆盖了D市的高端商场渠道。

威远公司在B滤水壶产品的营销上相继建立了会员微信平台和消费者数据库，定期邀请新老顾客参加商场会员日、公司会员日等营销活动。此外，公司还经常性地参加一些社会论坛、会展赞助、会议体验等活动，取得了良好的效果。

威远公司建立了一支非常专业的销售团队，定期请D公司驻C国区总经理进行专业技术方面的知识培训、销售人员对商业零售业务的把握能力，以及对柜台形象和产品陈列的理解能力均达到较高的水平。各高端商场对威远公司的业务能力普遍给予较高的评价。

经过三年的渠道深耕，B滤水壶品牌已经在D市市场站稳了脚跟。然而，经过一段时间的发展，G国D公司对其产品在C国的高端定位有了不同的看法。他们认为C国是一个新兴市场，消费者的健康意识刚刚兴起，市场上竞争对手相对不多。而高端定位与公司"为大众提供健康水源"的经营宗旨相悖，也影响公司占领C国巨大市场目标的实现。2013年G国D公司在C国申请设立销售子公司，全面接手管理C国市场。B滤水壶产品在C国产品定位的调整已成必然。

此外，随着线上电子商务平台的迅速发展和大型零售集团的连锁化经营，家用滤水器市场的渠道扁平化趋势越来越明显，经销商、零售商的利润空间被不断压缩，市场竞争越来越激烈。

资料三

威远公司面临着新的战略变革。公司内部有两种截然不同的意见。一种意见认为，应当保留公司原有的高端渠道。这种意见的理由是，公司已经在高端渠道上做了巨大的投入，积累了相当的资源和能力，具备较强的竞争地位与优势，现在如果放弃，则前期的资金及其他各种投入、积累的客户群体、人际关系等就会丧失。他们认为，虽然在高端渠道不能再经营B滤水壶了，但公司可以选择其他高端品牌的同类产品，比如U国M公司的M管道式滤水器和U国的S牌空气净化器。应当利用这次渠道调整机会，引进这两个产品，扩大公司的产品线。

另一种意见则认为，应该放弃高端渠道，继续经营B滤水壶品牌，并借着G国D公司在C国市场的调整，进入低端渠道。他们的理由是，B滤水壶品牌长期以来一直在世界及C国壶式滤水器市场占据着第一的位置，几乎没有成规模的竞争对手。特别是在技术独特性方面，世界范围内尚没有能和D公司相提并论的企业。由于B滤水壶的规模经济效应，产品成本已经十分低廉，且由于D公司在知识产权和生产技术方面的优势，新进入者面临着严峻的成本挑战和知识壁垒。此外，虽然管道式滤水器有大量品牌产品可供选择，但管道式滤水器在使用的方便程度和维护的简易性方面明显不如壶式滤水器。因而在滤水器领域，短期内尚无人可以挑战B滤水壶。这种意见还认为，公司进入低端渠道已经是大势所趋，而低端渠道不同于高端渠道，它包括的范围非常广，例如各种百货商店、超市、妇婴用品店等，开发这些渠道会花费公司很大的人力、物力和财力，如果再保留高端渠道，那么公司将面临太大的压力。

王涛明白，高端渠道是威远公司在区域市场中立足的重要资源，如果轻易放弃，产生的后果很可能是致命的。但是要保留公司原有的高端渠道，需要从整体上对公司下一步的战略进行新的策划。

在威远公司高端渠道中引入新产品，并不是简单地把B滤水壶从高端市场转向低端市场，再将M滤水器和S牌空气净化器加进去，而是通过经营运作，把一个产品体系加入到高端渠道中。比如，可以将滤水器和空气净化器产品整合，设计成一个健康生活概念馆，按照不同产品的技术特点、产品特性、品牌特征等培训一线销售人员及业务人员，使得整个团队的成员都能对产品及品牌形成深刻、专业的认知。

对于B滤水壶即将进入的低端渠道，由于有既往出色的销售业绩，各大超市一般比较容易接受B滤水壶产品。目前，威远公司开始与D市的零售超市接触，相关谈判正在进行中，低端渠道的开拓和发展，将成为威远公司整个渠道工作的有效延展和补充。

要求：

（1）运用核心能力的三个关键性测试标准，简要分析B滤水壶能够在G国取得成功的原因；

（2）运用市场营销战略中消费者市场的细分变量，简要分析B滤水壶进入C国市场早期的市场细分变量；

（3）运用PEST分析，说明威远公司在C国引入B滤水壶的原因；

（4）运用产业五种竞争力模型，简要分析威远公司仍然不放弃B滤水壶的原因；

（5）运用市场营销战略中“产品组合策略类型”，简要分析威远公司对保留高端渠道，进入低端市场的考虑。（2016年改编）

历年经典试题回顾参考答案及解析

“扫码看解析” 使用“微信”或“会计云课堂”App 扫码，即可线上对答案、看解析，错题随手收藏，及时巩固复习。

一、单项选择题

1. 【答案】B

解析：零散产业中谨防潜在的战略陷阱之一是**避免对新产品作出过度反应**。由于零散产业需求的多样性与缺乏规模经济，企业对新产品做出的大量投资在该产品的成熟期并不容易收回，也难以获得较高的回报。本题中，“由于购置、使用、维护智能健身设备耗资很大，而需求和使用率有限，永强公司入不敷出，经营陷入困境”说明永强公司进行战略选择时未能避免的战略陷阱是对新产品作出过度反应，选项 B 正确。

2. 【答案】C

解析：跨国战略是在全球激烈竞争的情况下，形成以经验为基础的成本效益和区位效益，转移企业的核心竞争力，同时注意当地市场的需要，其**全球协作程度高，本土独立性和适应能力强**。本题中，“各国子公司经理则根据所在国市场需求对该子公司的经营活动行使经营权和管理权。商务区经理需要各国子公司经理的合作，当商务区经理和子公司经理的意见或决策发生冲突时，可提交总公司裁决”属于跨国战略，选项 C 正确。

3. 【答案】B

解析：“金力公司取得世界最大的风力发电机组制造商麦尔公司的叶轮生产外包项目，并从对方引进一整条先进生产线，成为麦尔公司唯一的叶轮供应商。之后，金力公司通过引进麦尔公司的先进技术，不断提高产品性能和生产效率，并把引进的新技术移植到核心业务齿轮增速器的生产中，成为欧美多家相关企业的齿轮增速器供应商”属于抗衡者战略，选项 B 正确。

4. 【答案】C

解析：企业服务的对象还是原有顾客，只是又增加了一些服务（免费给顾客提供擦鞋、美甲、擦拭眼镜等服务）来满足客户的一些功能性或情感性诉求，选项 C 正确。

5. 【答案】B

解析：“躲闪者”的战略选择包括与跨国公司建立合资、合作企业（双方以 50%：50%的股权比例合资成立一家新的公司）等，选项 B 正确。

二、多项选择题

1. 【答案】BC

解析：“这次收购使艾地公司获得 N 国储量丰富的黄金矿产的勘探权”属于寻求资源；“留用了纳奇公司经验丰富的管理层”属于寻求现成资产。因此，选项 B、C 正确。

2. 【答案】ABCD

解析：“遭到各个子公司员工的质疑、不满甚至反对”属于感情障碍，选项 A 正确；“下岗工人生活和重新安置费用短期内难以解决”属于退出成本，选项 B 正确；“炼焦、发电等业务原料来源的稳定性将受到影响”属于内部战略联系，选项 C 正确；“使大量煤炭采掘设备废弃”属于固定资产的专用性程度，选项 D 正确。

3.【答案】ACD

解析："公司召开新片发布会……在媒体和影视界嘉宾前亮相"属于广告促销；"全体创作人员、导演和阵容强大的主要演员集体在媒体和影视界嘉宾前亮相，宣称此片将'进军奥斯卡'"属于人员推销；"公司在会上散发了该片的精彩剧照，透露了令人捧腹的拍摄花絮，并请与会人员免费观看了该片的首映"属于营业推广。因此，选项A、C、D正确。

4.【答案】ABCD

解析："该社在国内设立了上百家分社或代理机构，复制推广上述业务模式，取得了远远高于行业平均水平的利润率"属于连锁经营或特许经营，选项A正确；"在业内率先根据旅行中所在国家或地区的特点，开展健身、垂钓、摄影、休闲、美食品尝与制作、探访民居等活动"属于提高产品差异化程度，选项B正确；"松涛旅行社面对老年社会的到来，专注于组织老年消费者出国游业务，并在业内率先根据旅行中所在国家或地区的特点，开展……等活动"属于尽早发现产业趋势，选项C正确；"专注于组织老年消费者出国游业务"属于目标集聚，选项D正确。

5.【答案】AD

解析："收购后的标准化管理难以适应多元化的中餐文化和管理风格，运营状况远逊于预期"属于决策不当和并购后不能很好地进行企业整合，选项A、D正确。

6.【答案】ACD

解析："该社向参加活动的会员提供免费茶点、风景摄影及旅游知识讲座"属于营业推广，选项A正确；"该社向参加活动的会员提供……旅游新项目推介"属于人员推销，选项C正确；"建立了良好的公众形象"属于公关宣传，选项D正确。

三、简答题

1.【答案】

（1）①克服零散——获得成本优势。

a. 连锁经营和特许经营。"张生于2007年在G市创办猪肉连锁店""2019年，'特号土猪'品牌连锁店开到全国20多个城市，共有2000多家门店"。

b. 技术创新以创造规模经济。"在互联网大潮引领下，'特号土猪'登陆国内最大电商平台，成为第一个面向大众消费者的'互联网+'猪肉品牌。线上与线下同时发力，'特号土猪'品牌影响力进一步扩展，销量也更上一层楼""开办了培训职业屠夫的'屠夫学校'，培养目标是'通晓整个产业流程的高素质创新性人才'"。

②增加附加价值——提高产品差异化程度。"多年的教育背景让李轩把卖猪肉这个生意做到了很高的水准，他从来不卖注水肉，品质不好的肉坚决不进货，也从不缺斤少两，慢慢地积攒了诚信经营的口碑""他们自己养猪，自己卖猪。他们选择口感颇受国内百姓喜爱的优良土猪品种；猪场采用半开放式的大空间，让猪自由活动；猪场里设有音响，专门给猪听音乐。他们认为，猪和人一样，只有心情愉悦，才会长得又肥又壮，肉质也会更加鲜美""开办了培训职业屠夫的'屠夫学校'，培养目标是'通晓整个产业流程的高素质创新性人才'"。

③专门化——目标集聚。"十几年来，李轩和张生专心致志，将'特号土猪'高端品牌做到极致"。

（2）①具有强大的研发能力和产品设计能力。"他们自己养猪，自己卖猪。他们选择口感颇受国内百姓喜爱的优良土猪品种；猪场采用半开放式的大空间，让猪自由活动；猪场里设有音响，专门给猪听音乐。他们认为，猪和人一样，只有心情愉悦，才会长得又肥又壮，肉质也会更加鲜美”“开办了培训职业屠夫的‘屠夫学校’，培养目标是‘通晓整个产业流程的高素质创新性人才’”。

②具有很强的市场营销能力。“从来不卖注水肉，品质不好的肉坚决不进货，也从不缺斤少两，慢慢地积攒了诚信经营的口碑，一天能卖出十几头猪”“在互联网大潮引领下，‘特号土猪’登陆国内最大电商平台，成为第一个面向大众消费者的‘互联网+’猪肉品牌。线上与线下同时发力，‘特号土猪’品牌影响力进一步扩展，销量也更上一层楼”。

③有能够确保激励员工创造性的激励体制、管理体制和良好的创造性文化。“开办了培训职业屠夫的‘屠夫学校’，培养目标是‘通晓整个产业流程的高素质创新性人才’”。

④具有从总体上提高某项经营业务的质量、树立产品形象、保持先进技术和建立完善分销渠道的能力。“李轩和张生开始联手打造‘特号土猪’的猪肉品牌”“选择口感颇受国内百姓喜爱的优良土猪品种；猪场采用半开放式的大空间，让猪自由活动；猪场里设有音响，专门给猪听音乐”“开办了培训职业屠夫的‘屠夫学校’，培养目标是‘通晓整个产业流程的高素质创新性人才’”“在互联网大潮引领下，‘特号土猪’登陆国内最大电商平台，成为第一个面向大众消费者的‘互联网+’猪肉品牌”“十几年来，李轩和张生专心致志，将‘特号土猪’高端品牌做到极致”。

2. 【答案】

（1）①专有技术选择、获取与应用的困难。“为了实现‘没有里程焦虑’，‘家家智造 ONE’采用全新的形式——增程式电动。王向认为，相对于 U 国 TL 等电动车采用的充电桩/换电站等方式，中国消费者更需要从产品本身去解决问题的产品”。

②原材料、零部件、资金与其他供给的不足。“家家公司开始全面布局：通过三轮融资获得资金，拥有了自己的制造基地，与国内最大的出租车网约平台合作切入共享出行领域，积极投资产业链（包括投资孵化自动驾驶系统供应商 MJ 公司、专注自动驾驶中央控制器的 ZX 公司以及研发生产激光雷达的 LH 公司等）”。

③顾客的困惑与等待观望。“这场发布会没有明星大腕捧场助阵，全程由王向一人直接以大量数据对比和充满硬核知识的干货完成了自我演绎，让消费者在各类新产品中有了清晰的比较”。

④被替代产品的反应。老产品生产企业会采用各种有效的办法降低替代品的威胁。老产品防范新产品的最佳战略可能是进一步降低成本，这也给新兴产业的发展增添了难度。“王向表示，‘家家公司智造 ONE’定价不会高于 40 万元，而增程式电动技术显著难于纯电动车，因而‘家家公司智造 ONE’的性价比具有优势”。

⑤缺少承担风险的胆略与能力。新兴产业早期的发展障碍较少来源于缺乏对巨大资源掌控的能力，而更多地源于缺少承担风险的胆略与能力、技术上的创造性以及作出前瞻性的决策以储备投入人力、物资与分销渠道的能力等。“家家公司的董事长兼创始人王向认为，汽车制造业已经进入 2.0 数字时代，其特征是电机驱动+智能互联；而汽车 3.0 时代是人工智能时代，其特征是无人驾驶+出行空间。为了赢得 2.0 时代，并参与 3.0 时代的竞争，家家公司开始全面布局”“由于低速车的合法性以及海外分时租赁市场实际容量的局限，这个雄心勃勃的计划，还是夭折了。面对挫折，王向立即将公司产品开发重心转移到中大型 SUV 的‘家家智造 ONE’”“王向认为，未来企业竞争的关键要素，是具备快速成长能力的公司组

织。他把 60% 的时间用于组织管理，以是否具备创新能力与正确价值观而非是否来自成功大企业为标准选拔人才；帮助团队中每一个人成就心中的事业追求，去挑战自己和团队成长的极限”。

（2）①避开进入壁垒，迅速进入，争取市场机会，规避各种风险。“被业界称为家家公司‘完美避开进入门槛’，取得了新能源汽车的生产资质”。

②获得协同效应。“家家公司与 LF 股份公司还签署了为期 3 年的框架合作协议。双方将通过资源互补、技术互补等方式，在新能源技术开发、车联网、人车交互及数据共享等领域形成技术联盟”。

③增强对市场的控制力。“‘完美避开进入门槛’，取得了新能源汽车的生产资质，以实现王向掌控并引领新能源汽车市场的梦想”。

（3）①主动原因，大企业战略重组的需要。“而此举对于 LF 股份公司而言是其战略重组的一部分，将经营不善的 C 市 LF 汽车公司剥离出去，以应对流动资金不足的困境”。

②被动原因，企业或企业某项业务失去竞争优势。由于企业内部经营机制不顺、决策失误、管理不善等原因，企业经营陷入困境，不得不采用防御措施。“将经营不善的 C 市 LF 汽车公司剥离出去”。

LF 股份公司采用收缩战略的方式是放弃战略中的卖断。指母公司将其所属的业务单位卖给其他企业，从而与该业务单位断绝一切关系，实现产权的彻底转移。“家家公司以 6.5 亿元收购 LF 股份公司所持有的 C 市 LF 汽车公司 100% 股权”。

3. 【答案】

（1）横向一体化战略。“投巨资创建了果硕酒店品牌。果硕酒店布局全国一二线核心城市，以发挥规模经济优势。2019 年，果硕酒店全国连锁店近千家，覆盖百余城市，在国内激烈竞争的中档酒店中成为规模领先的酒店集团”“截至 2019 年年底，营邦洗涤产业园区累计投入超 2 亿元，在国内十余个城市布局 5 个智慧洗涤产业园、12 个洗涤龙智慧工厂，投产 30 条洗涤龙，成为国内连锁布局范围最广、工厂数量最多、上线洗涤龙最多的公纺洗涤龙头企业”。

适用条件：

①企业所在产业竞争较为激烈。“在国内激烈竞争的中档酒店中成为规模领先的酒店集团”。

②企业所在产业的规模经济较为显著。“以发挥规模经济优势”。

③企业能够在局部地区获得一定的垄断地位。“成为规模领先的酒店集团”。

④企业所在产业的增长潜力较大。“抓住酒店市场消费升级的机遇”。

⑤企业具备横向一体化所需的资金、人力资源等。“投巨资创建了果硕酒店品牌”。

（2）前向一体化战略。“果硕酒店集团毅然投入上亿元资金建设营邦洗涤产业园区，这是国内首个现代化智慧洗涤产业园区”“截至 2019 年年底，营邦洗涤产业园区累计投入超 2 亿元，在国内十余个城市布局 5 个智慧洗涤产业园、12 个洗涤龙智慧工厂，投产 30 条洗涤龙，成为国内连锁布局范围最广、工厂数量最多、上线洗涤龙最多的公纺洗涤龙头企业”。

适用条件：

①企业现有销售商的销售成本较高或者可靠性较差而难以满足企业的销售需要。“敏锐地感受到酒店经营中一个核心业务环节——酒店布草洗涤，未来一定向规模化、产业化的方向发展，布草洗涤的效率提升、节能降耗、物流升级将成为现实”“营邦洗涤产业园区在有效集合上下游产业链资源，实现规模效应、显著降低能耗和人力成本的同时，规范园区污水排放处理，自建万吨污水处理设施，每年节水上千万吨”。

②企业所在产业的增长潜力较大。“果硕酒店集团从国内酒店行业巨大的发展潜力中”。

③企业具备前向一体化所需的资金、人力资源等。“果硕酒店集团毅然投入上亿元资金建设营邦洗涤产业园区”。

④销售环节的利润率较高。“酒店布草洗涤，未来一定向规模化、产业化的方向发展”“营邦洗涤产业园区成为果硕酒店集团新的利润增长点”。

(3) 后向一体化战略。“2019 年 12 月，营邦洗涤产业园区的业务进一步拓展，完成 5000 万元布草采购，全部植入 RFID 芯片，全力推进布草租洗业务”。

①企业现有的供应商供应成本较高或者可靠性较差而难以满足企业对原材料、零部件等的需求。“一是因为纺织品利用率大幅提升，有效提升行业成本管控能力；二是租赁的纺织品规格材质相对统一，能更充分发挥洗涤设备效率，同步提升行业周转效率；三是传统洗涤与物联网技术结合，洗涤标准化流程更加成熟，同时标准化的流程也有利于保护和延长纺织品的使用寿命”。

②企业所在产业的增长潜力较大。“果硕酒店集团从国内酒店行业巨大的发展潜力中”。

③企业具备后向一体化所需的资金、人力资源等。“营邦洗涤产业园区的业务进一步拓展，完成 5000 万元布草采购，全部植入 RFID 芯片，全力推进布草租洗业务”。

④供应环节的利润率较高。“采用布草租赁洗涤模式，对于酒店上下游产业链降低成本、提高利润的好处显而易见：一是因为纺织品利用率大幅提升，有效提升行业成本管控能力；二是租赁的纺织品规格材质相对统一，能更充分发挥洗涤设备效率，同步提升行业周转效率；三是传统洗涤与物联网技术结合，洗涤标准化流程更加成熟，同时标准化的流程也有利于保护和延长纺织品的使用寿命”。

⑤企业产品价格的稳定对企业而言十分关键，后向一体化有利于控制原材料成本，从而确保产品价格的稳定。“一是因为纺织品利用率大幅提升，有效提升行业成本管控能力；二是租赁的纺织品规格材质相对统一，能更充分发挥洗涤设备效率，同步提升行业周转效率；三是传统洗涤与物联网技术结合，洗涤标准化流程更加成熟，同时标准化的流程也有利于保护和延长纺织品的使用寿命”。

4. 【答案】

(1) 喜旺公司所实施的发展战略类型属于纵向一体化战略，包括前向一体化战略和后向一体化战略。

①前向一体化。“自建物流体系”“进一步整合物流配送资源和能力”。

其动因（优势）是有利于企业控制和掌握市场，增强对消费者需求变化的敏感性，提高企业产品的市场适应性和竞争力。“随着商品年销售量的不断增加，第三方物流配送能力不足、每天数千单货物积压问题日益显著，严重影响服务质量和客户满意度。喜旺公司决定自建物流体系”“喜旺公司这一系列举措，使得其下游配送的效率取得质的飞跃”。

②后向一体化。“运用多种方式整合与完善商品采购与供给端”。

其动因（优势）是有利于企业有效控制关键原材料等投入的成本、质量及供应可靠性，确保企业生产经营活动稳步进行。“为了确保上游供给商品的质量与可靠性”“喜旺公司与国信医药公司合作，使用户在喜旺平台可购买处方药品”“永芒超市是国内超市中最好的生鲜品供应商，拥有业内最低的生鲜品采购成本”。

(2) 喜旺公司实施发展战略所采用的途径：

①外部发展（并购）。“2014 年 3 月，喜旺公司并购迅风物流”“2016 年 5 月，喜

旺公司并购‘快快’，实现‘两小时极速达’的个性化增值服务”。

②内部发展（新建）。“自建物流体系……2007 年投资 2000 万元建立东速快递公司，专门为喜旺商城提供物流服务……喜旺公司不断完善物流配送体系，将大量资金用于物流队伍、运输车队、仓储体系建设。到 2011 年，喜旺公司在全国各地建立 7 个一级物流中心和 20 多个二级物流中心，以及 118 个大型仓库”“2014 年 6 月，喜旺公司投资智能体重体脂秤 P 产品；2015 年 5 月，喜旺公司投资 7000 万美元建立生鲜电商果园”。

③战略联盟。“2014 年 10 月，喜旺公司与国有邮政公司达成战略合作”“2014 年 4 月，喜旺公司与国内最大海洋牧场微岛公司达成合作协议”“喜旺公司与国信医药公司合作，使用户在喜旺平台可购买处方药品”“2015 年 8 月，喜旺公司出资 43 亿元战略入股永芒超市，取得 10% 股权”。

（3）①避免或减少竞争。“线上线下两大零售巨头原本是竞争对手，达成合作后……双方还有较大的潜在合作空间”。

②实现资源互补。“永芒超市是国内超市中最好的生鲜品供应商，拥有业内最低的生鲜品采购成本。永芒超市的门店超过 350 家，但还不能覆盖全国……达成合作后，在永芒超市门店尚未覆盖的区域，喜旺公司可以与永芒超市共同提供 O2O 服务（online 线上网店和 offline 线下消费）”。

③开拓新的市场。“喜旺公司可以与永芒超市共同提供 O2O 服务（online 线上网店和 offline 线下消费）（喜旺开拓线下市场，永芒超市开拓线上市场）”。

5. 【答案】

（1）①外部发展（并购）。“公司先后实施四次跨国并购，获取了欧美知名企业的品牌、渠道、研发设计及制造能力等战略性资产，实现了从 OEM 向原始设计制造商 OBM 的升级”“2001 年，日升公司斥资完成对原委托方 FG 公司的收购，直接进入 M 国中高档家具市场”“日升公司于 2006 年至 2008 年又先后收购国际三大品牌家具制造商”。

②内部发展（新建）。“1996 年在国内设立生产基地，建设了五个制造厂房”“1999 年 3 月，日升公司在 M 国组建公司并创立公司品牌‘LC’，主要从事中低端家具的生产和销售”“2000 年和 2008 年，在国内设立研发中心的基础上，日升公司又分别在 M 国和欧洲设立了研发中心”“2009 年 9 月在国内建成了日升国际风尚馆”“2010 年，开展酒店家具业务，并在 J 国和 N 国设立生产基地”“日升公司在国内 18 个城市 23 家门店销售产品”。

③战略联盟。“日升公司最初主要从事 OEM 代工业务，为 M 国的客户 FG 公司贴牌生产家具配套及小巧家具组件”“日升公司在原有多个知名品牌的基础上，运用特许经营品牌、针对细分客户设立新品牌等策略，进一步巩固日升公司的 OBM 业务”。

（2）日升公司“从 OEM 向 OBM 升级”所显示的企业能力：

①研发能力。“公司先后实施四次跨国并购，获取了欧美知名企业的品牌、渠道、研发设计及制造能力等战略性资产，实现了从 OEM 向原始设计制造商 OBM 的升级”“2000 年和 2008 年，在国内设立研发中心的基础上，日升公司又分别在 M 国和欧洲设立了研发中心”。

②生产管理能力。“1996 年在国内设立生产基地，建设了五个制造厂房”“公司业务扩展至餐厅及卧房家具，成为国内首家生产卧房家具的企业。1998 年，日升公司单月出货量从 100 个货柜大幅提升至 300 个货柜，制造能力远远超过昔日家具业的龙头老大”。

③营销能力。

a. 产品竞争能力。“1998 年，日升公司单月出货量从 100 个货柜大幅提升至 300 个货柜，制造能力远远超过昔日家具业的龙头老大”“四次跨国收购使日升公司的产品组合由单一的中低端木制家具拓展为包含中低端、高端、顶级木制家具，以及沙发、酒店家具的组合；销售市场由 M 国扩展到欧洲”。

b. 销售活动能力。“多年的国际化经历使日升公司在生产、设计、销售方面储备、积累了大量人才和经验”“2008 年日升公司在国内展会上全面亮相，展出专门针对国内市场开发的三大品牌——‘日升家居’‘日升家园’‘日升屋’。2009 年 9 月在国内建成了日升国际风尚馆”“2009 年、2012 年，先后推出特许品牌‘PDH’和‘PDK’；2011 年，推出青年家具品牌‘SM’；2012 年，M 国日升推出特许品牌‘MH’；2013 年，推出特许品牌‘WB’；2014 年，推出婴儿家具品牌‘SB’”。

c. 市场决策能力。“公司在低附加值的经营中认识到打造自身品牌的重要性”“然而，日升公司在 M 国自创品牌的成效并不显著。于是，公司先后实施四次跨国并购”“出于对国内市场潜力的判断，日升公司适时调整经营策略，决定在巩固海外市场的同时，进军国内市场”。

④财务能力。“2005 年日升公司成功上市。上市后，公司市值从 2004 年的 1.37 亿美元跃升至 2005 年的 3.69 亿美元，增长 2.69 倍。在强大的资金和产能支持下”。

⑤组织管理能力。“公司先后实施四次跨国并购”“出于对国内市场潜力的判断，日升公司适时调整经营策略，决定在巩固海外市场的同时，进军国内市场”“日升公司在原有多个知名品牌的基础上，运用特许经营品牌、针对细分客户设立新品牌等策略”“日升公司在国内 18 个城市 23 家门店销售产品”。

6. 【答案】

(1) 信达公司所实施的竞争战略类型是差异化战略。“信达公司拒绝参与彩电行业价格战，每年将销售收入的 5% 投入研发”。

从资源和能力角度，信达公司实施差异化战略的条件：

①具有强大的研发能力和产品设计能力。“每年将销售收入的 5% 投入研发”“2005 年研发成功‘中国芯’”“建成中国电视行业第一条液晶模组线，彻底扭转中国液晶模组几乎全部依赖外国企业的状况”“‘UL 显示技术’是信达公司 10 年来对电视行业上游垄断发起的第 3 次突围战”。

②具有很强的市场营销能力。“信达公司以强大的研发实力为后盾，以优秀的销售团队为支撑，产品销售额与营销收入实现稳步增长。根据有关部门提供的信息，2018 年，信达公司电视机的营业收入位居全球品牌第三位，国内品牌第一位”。

③有能够确保激励员工创造性的激励体制、管理体制和良好的创造性文化。“公司实行奖金与开发成果挂钩的制度，将技术开发人员工资涨到一线工人的 3 倍”。

④具有从总体上提高某项经营业务的质量、树立产品形象、保持先进技术和建立完善分销渠道的能力。“公司董事长程静强调：‘那些只引进不研发、落伍了再引进的企业，没有追求，必死无疑’”“在信达公司彩电业务的发展过程中，经历了 4 个关键的转折点”。

(2) 信达公司的研发定位是成为成功产品的创新模仿者。这种方法必须有先驱企业开发第一代新产品并证明存在该产品的市场，然后由跟随的企业开发类似的产品。这种战略要求企业拥有优秀的研发人员和优秀的营销部门。“2005 年研发成功‘中国芯’……彻底打破了国外芯片的垄断地位”“建成中国电视行业第一条液晶模组线，彻底扭转中国液晶模组几乎全部依赖外国企业的状况”“‘UL 显示技术’是信达公司 10 年来对电视行业上游垄断发起的第 3 次突围战。凭借历时 7 年研发的激光电视提前锁定主动权，在全球大屏幕电视市场赢得了一席之地”。

7. 【答案】

（1）①技术的不确定性。“新能源汽车的驱动原理与传统燃油汽车有着本质性的区别。技术的不确定性以及业务创新对技术和人才储备的要求都是对企业严峻的考验”。

②战略的不确定性。“新能源汽车企业的运营模式、行业规范和服务体系等方面无法仿照传统燃油汽车，存在诸多不确定性”。

③成本的迅速变化。“消费者普遍认为新能源汽车……价格过高且伴随规模经济与经验曲线的形成肯定会大幅度降价”。

④首次购买者。“在这种情况下，企业市场营销的中心活动只能是选择顾客对象并诱导初始购买行为”。

（2）①专有技术选择、获取与应用的困难。“对传统汽车企业而言，研发新能源汽车是一个全新的挑战。新能源汽车的驱动原理与传统燃油汽车有着本质性的区别。技术的不确定性以及业务创新对技术和人才储备的要求都是对企业严峻的考验”。

②原材料、零部件、资金与其他供给的不足。“新能源汽车供应链处于初建期，企业原材料、零部件及其他供给不足；分销渠道、充电设备、维修保养、保险业务等服务很不完善”。

③顾客的困惑与等待观望。“消费者普遍认为新能源汽车技术尚不成熟，服务设施尚不完善，价格过高且伴随规模经济与经验曲线的形成肯定会大幅度降价，第二代或第三代产品将迅速取代现有产品，因而采取等待观望态度”。

④被替代产品的反应。“此前传统汽车企业大多采取深耕传统燃油汽车的策略以降低被新能源汽车替代的风险”。

⑤缺少承担风险的胆略与能力。“传统汽车生产企业旭辉公司决定研发、生产国内第一款新能源汽车，此举在同行眼中无异于一种‘逆风而上’的冒险行为”“旭辉公司以一往无前的勇气和高瞻远瞩的眼力，坚守十年时间，实现了对新能源汽车领域核心技术的掌控与完整的产业链布局，也迎来新能源汽车销量在国内外的全面爆发”。

8. 【答案】

（1）小马驹农园体现了蓝海战略的如下特征：

①规避竞争，拓展非竞争性市场空间。“在传统农产品的激烈竞争中，确保了稳定的市场和农民可靠的收入来源”。

②创造并攫取新需求。“随着生活节奏的加快，生活在都市的人们越来越希望能有一方净土，在空闲的时光摆脱繁忙的工作，通过劳动来净化自己的心灵，回归到最简单家庭亲情的生活方式中。此外，消费者对有机农产品的需求与日俱增，而一些企业的不规范行为导致消费者对市场销售的有机农产品的真实性产生质疑。一种新型的社区支持型农业顺应这些需求而产生”。

③打破价值与成本互替定律，同时追求差异化和低成本，把企业行为整合为一个体系。“小马驹市民农园新鲜的有机农产品去掉了中间商，可以直接被会员们购买……由于降低了农产品物流和包装成本，会员们能够亲历有机农产品的生产过程，也满足了会员们能够放心地享用物美价廉有机农产品的消费需求”。

（2）小马驹农园在激烈的农产品生产领域开创新的生存与发展空间的路径如下：

①审视他择产业或跨越产业内不同的战略

群组。“农园将农业、休闲业、教育产业融为一体”。

②重新界定产业的买方群体。“小马驹市民农园新鲜的有机农产品去掉了中间商，可以直接被会员们购买”。

③放眼互补性产品或服务。“农园将农业、休闲业、教育产业融为一体”。

④重设客户的功能性或情感性诉求。“这些配送为消费者提供了便利，使他们享受到被关爱的体验”“有儿童的家庭特别青睐这种亲近自然、家庭团聚、寓教于乐的模式。小马驹农园策划了很多节事活动……对小朋友进行传统农耕和文化教育。农园还开展了一些活动激发小朋友的兴趣……这些活动是孩子们在城市中不可能见到的。在农园一角设立了一个大食堂，会员在劳动过程中，可以到食堂用餐。农园要求会员用餐后自己洗碗，洗碗用的不是洗涤灵，而是麦麸，更增添了农园天然质朴环保的色彩”。

⑤跨越时间参与塑造外部潮流。“一种新型的社区支持型农业顺应这些需求而产生，其中以小马驹市民农园最为知名”。

9. 【答案】

（1）环亚汽车公司在分析自身的资源和能力，从而构筑其竞争优势的过程中，主要通过如下方式体现价值链分析方法：

①**确认那些支持企业竞争优势的关键性活动**。虽然价值链的每项活动，包括基本活动和支持活动，都是企业成功所必经的环节，但是，这些活动对企业竞争优势的影响是不同的。在关键活动的基础上建立和强化这种优势很可能使企业获得成功。“新能源汽车生产的关键在于掌握三大核心零部件电机、电控与电池的生产制造技术以及具有完备的整车组装能力。环亚汽车公司下大力气增强企业这些关键性活动的竞争优势”。

②**明确价值链内各种活动之间的联系**。价值链中基本活动之间、基本活动与支持活动之间以及支持活动之间存在各种联系，选择或构筑最佳的联系方式对于提高价值创造和战略能力是十分重要的。“环亚汽车公司在包括电机、电控与电池生产领域投入的研发费用占销售收入比重达4.13%，远高于国内同类汽车生产企业的研发投入占比，与国际知名汽车品牌企业相当”“2008年环亚汽车公司以近2亿元的价格收购了半导体制造企业中达公司，此次收购使环亚汽车公司拥有了电动汽车驱动电机的研发能力和生产能力。2011年环亚汽车公司与国际知名老牌汽车制造企业D公司成立合资企业，借助D公司掌握的汽车结构以及安全领域的专有技术，增强公司在汽车整车组装方面的研发能力和生产能力”“2009年环亚汽车公司以6000万元的价格收购国内美泽客车公司，获得客车生产许可证；2014年环亚汽车公司又与国内广贸汽车集团分别按51%和49%的持股比例合资设立新能源客车公司”。

③**明确价值系统内各项价值活动之间的联系**。价值活动的联系不仅存在于企业价值链内部，而且存在于企业与企业的价值链之间。价值系统内包括供应商、分销商和客户在内的各项价值活动之间的许多联系。“近年来，环亚汽车公司开启了向产业上下游延展的战略新举措。2015年环亚汽车公司收购专门从事盐湖资源综合利用产品的开发、加工与销售的东州公司，这一收购整合了环亚汽车公司汽车零部件的生产。2016年环亚汽车公司以49%的持股比例，与青山盐湖工业公司及深域投资公司共同建立合资企业，注册资本5亿元人民币。此次合作实现了环亚汽车公司的动力锂电池优势与盐湖锂资源优势相结合。2015年环亚汽车公司与广安银行分别以80%和20%的持股比例合资成立环亚汽车金融公司，注册资本5亿元人民币。这是环亚汽车公司向汽车服务市场延伸的一个重大事件”。

（2）环亚汽车公司实施发展战略所采用的主要途径：

①内部发展（新建）。“环亚汽车公司在包括电机、电控与电池生产领域投入的研发费用占销售收入比重达4.13%”“环亚汽车公司自主研发的磷酸铁锂电池（锂电池的一种）及管理系统安全性能好、使用寿命长”“环亚汽车公司自主研发的永磁同步电机功率大、扭矩大，足够满足双模电动汽车（拥有燃油驱动与电能驱动两种动力系统，驱动力可以由电动机单独供给，也可以由发动机与电动机耦合供给，与混合动力汽车并无差别）与纯电动车的动力需求。环亚汽车公司自主研发的动力系统匹配技术能够保证动力电池、驱动电机及整车系统的匹配，保证整车运行效率”。

②外部发展（并购）。“2003年，‘电池大王’环亚公司收购了一家汽车制造公司，成立了环亚汽车公司”“2008年环亚汽车公司以近2亿元的价格收购了半导体制造企业中达公司”“2009年环亚汽车公司以6000万元的价格收购国内美泽客车公司，获得客车生产许可证”“2015年环亚汽车公司收购专门从事盐湖资源综合利用产品的开发、加工与销售的东州公司”。

③战略联盟。“2011年环亚汽车公司与国际知名老牌汽车制造企业D公司成立合资企业，借助D公司掌握的汽车结构以及安全领域的专有技术，增强公司在汽车整车组装方面的研发能力和生产能力”“2014年环亚汽车公司又与国内广贸汽车集团分别按51%和49%的持股比例合资设立新能源客车公司”“2016年环亚汽车公司以49%的持股比例，与青山盐湖工业公司及深域投资公司共同建立合资企业”“2015年环亚汽车公司与广安银行分别以80%和20%的持股比例合资成立环亚汽车金融公司”。

10. 【答案】

（1）千百集团收购羊乐火锅效果不尽如人意的主要原因：

①决策不当。主要体现在高估自己对被并购企业的管理能力，从而高估并购带来的潜在经济效益，结果遭到失败。“收购后的标准化管理未必适合饮食文化多元化的中餐，即使对于形式相对简单的火锅也不例外……羊乐火锅标准化管理的升级将着重于店面的装修风格和菜品的精致程度向千百旗下的外资餐饮企业看齐，而羊乐火锅原来引以自傲的‘美味锅底、无须蘸料’的特色被改掉，没有及时更新菜品，不能针对不同顾客提供差异化服务（如南北方消费者对调料的不同需求），使得消费者失去了以往享用羊乐火锅的乐趣。千百集团运用‘关、延、收、合’四字诀对羊乐火锅的加盟店进行整顿，使得原来羊乐火锅的门店数量大幅缩减，又没有及时对羊乐火锅门店开展新的布局，因而失去了羊乐火锅旨在‘让消费者到处能看到我的店’打造的规模经济优势”。

②并购后不能很好地进行企业整合。“羊乐火锅标准化管理的升级将着重于店面的装修风格和菜品的精致程度向千百旗下的外资餐饮企业看齐，而羊乐火锅原来引以自傲的‘美味锅底、无须蘸料’的特色被改掉，没有及时更新菜品，不能针对不同顾客提供差异化服务（如南北方消费者对调料的不同需求）”“千百集团运用‘关、延、收、合’四字诀对羊乐火锅的加盟店进行整顿，使得原来羊乐火锅的门店数量大幅缩减，又没有及时对羊乐火锅门店开展新的布局”“羊乐火锅原创团队就离开，之前多年积累的企业竞争优势也随之消失殆尽”。

③支付过高的并购费用。“千百集团以6.5港元/股的注销价格（溢价30%）、总额近46亿港元现金完成了对羊乐火锅

的高价收购”。

(2) 餐饮企业可以从以下角度选择和实施波特的基本竞争战略:

①克服零散——获得成本优势。主要体现在通过连锁经营或特许经营将消费者分散的需求集中起来，克服零散。“羊乐火锅以……‘让消费者到处能看到我的店’的全国连锁经营布局赢得消费者的喜爱”“千百集团运用‘关、延、收、合’四字诀对羊乐火锅的加盟店进行整顿，使得原来羊乐火锅的门店数量大幅缩减，又没有及时对羊乐火锅门店开展新的布局，因而失去了羊乐火锅旨在‘让消费者到处能看到我的店’打造的规模经济优势”“这些公司……以及不断拓展的门店布局，赢得日益挑剔的消费者的青睐”。

②增加附加价值——提高产品差异化程度。“火锅……作为一种餐饮文化，很难用标准化的管理模式去‘经营’。消费者对口味的感受需要多元化的体验。羊乐火锅标准化管理的升级将着重于店面的装修风格和菜品的精致程度向千百旗下的外资餐饮企业看齐，而羊乐火锅原来引以自傲的‘美味锅底、无须蘸料’的特色被改掉，没有及时更新菜品，不能针对不同顾客提供差异化服务(如南北方消费者对调料的不同需求)，使得消费者失去了以往享用羊乐火锅的乐趣”“这些公司各自以其鲜明的特色、不断地推陈出新……赢得日益挑剔的消费者的青睐”。

③专门化——目标集聚。零散产业需求多样化的特点，为企业实施重点集中战略提供了基础条件。“经过多年的发展和改良，火锅种类的划分更加细化，作为一种餐饮文化，很难用标准化的管理模式去‘经营’。消费者对口味的感受需要多元化的体验”“这些公司各自以其鲜明的特色、不断地推陈出新、清晰的市场定位……赢得日益挑剔的消费者的青睐”。

11. 【答案】

(1) 成本领先战略的实施条件:

市场情况:

①市场中存在大量的价格敏感用户。“消费者更多地关注产品价格”。

②产品难以实现差异化。“智能手机市场上国内中低端品牌与国际高端品牌的技术差距正逐步缩小”。

③购买者不太关注品牌。“智能手机市场上国内中低端品牌与国际高端品牌的技术差距正逐步缩小”。

④价格竞争是市场竞争的主要手段。“价格竞争开始成为市场竞争的主要手段”。

资源和能力:

①实现规模经济。“2011~2015年智勤手机的销售量突飞猛进地增长，进而为智勤手机通过规模经济降低成本和价格奠定了基础”。

②降低各种要素成本。“减少了昂贵的渠道成本”。

③提高生产率。“将手机硬件的研发和制造外包给其他公司，提高了生产率”。

④改进产品工艺设计。“为手机瘦身，把不需要的硬件去掉，把不需要的功能替换掉，简化框架结构设计，使用低成本的注塑材质工艺等”。

⑤选择适宜的交易组织形式。“将手机硬件的研发和制造外包给其他公司，提高了生产率，大大减小了智勤成立之初的资金压力”。

⑥重点集聚。“将目标市场消费者的年龄定位在25至35岁之间”。

(2) 从消费者市场细分角度分析，智勤公司按照人口细分，把目标市场消费者的年龄定位在25至35岁之间。

从目标市场选择角度分析，智勤公司实施的是集中化营销策略。

从设计营销组合角度分析，智勤公司的营销策略:

①产品策略。“将目标市场消费者的年

龄定位在25至35岁之间”“智勤手机以其‘高性价比’走入大众视线”“为了既保证高性价比又不降低手机的产品质量，智勤公司为手机瘦身，把不需要的硬件去掉，把不需要的功能替换掉，简化框架结构设计，使用低成本的注塑材质工艺等”。

②促销策略。“在营销推广方面，智勤公司没有使用传统的广告营销手段，而是根据消费者的不同类型，分别在智勤官网、QQ空间、智勤论坛、微信平台等渠道进行智勤手机的出售和智勤品牌的推广，在很大程度上采用粉丝营销、口碑营销的方式”“采用低价预订式抢购模式。这种先预定再生产的方式使智勤公司的库存基本为零，大大减少了生产运营成本”。

③分销策略。“开创了官网直销预订购买的发售方式，减少了昂贵的渠道成本，使智勤手机生产出来之后，不必通过中间商就可以到达消费者手中”。

④价格策略。“智勤手机定价只有国际高端品牌的1/3”“为智勤手机通过规模经济降低成本和价格奠定了基础”。

【名师点题】“发现智能手机市场上国内中低端品牌与国际高端品牌的技术差距正逐步缩小，消费者更多地关注产品价格，价格竞争开始成为市场竞争的主要手段。在此基础上，智勤公司对消费者的年龄进行了细分，将目标市场消费者的年龄定位在25至35岁之间”表明智勤公司面对的是整个智能手机市场，只是在定位整个智能手机市场的基础上，为了配合成本领先战略的实施，实行重点集聚，但仍然没有放弃整个智能手机市场，因此不属于集中化战略。

四、综合题

1.【答案】

（1）光美公司实行多元化经营进入微波炉产业的动因：

①分散风险。“光美公司的主打产品空调、风扇等，销售旺季集中在每年的3~8月，在其余时间里资金和经销商资源的利用都明显不足，而推出微波炉产品可以弥补这一缺陷”。

②当企业在原产业无法增长时找到新的增长点。“有利于优化公司整体运作和产品结构，建立新的增长点”。

③利用未被充分利用的资源。“从制造技术的角度看，微波炉和光美公司已生产的电饭煲、电磁炉等产品都是使用电能转换加热系统，因此对微波炉的技术研发、生产制造和营销网络都有着极其便利的条件和经验”“在其余时间里资金和经销商资源的利用都明显不足”。

④运用盈余资金。“在其余时间里资金和经销商资源的利用都明显不足”。

⑤运用企业在某个产业或某个市场中的形象和声誉来进入另一个产业或市场。“还可以利用光美公司在其他厨具小家电市场上树立的品牌优势开拓市场”。

（2）实施条件（市场情况）：

①市场中存在大量的价格敏感用户。“兰微公司充分利用市场对微波炉产品价格的高度敏感”。

②产品难以实现差异化。“通过集中生产少数品种……使自己成为微波炉行业的‘霸主’”。

③价格竞争是市场竞争的主要手段。“充分利用市场对微波炉产品价格的高度敏感”“以‘价格战’不断摧毁竞争对手的防线”。

实施条件（资源和能力）：

①在规模经济显著的产业中装备相应的生产设施来实现规模经济。“通过……规模经济……多种手段降低成本”。

②降低各种要素成本。“通过……减少各种要素成本……多种手段降低成本”。

③提高生产率。“通过……提高生产效率……多种手段降低成本”。

④改进产品工艺设计。“通过……不断

改进产品工艺设计……多种手段降低成本”。

⑤选择适宜的交易组织形式。“通过……承接外包等多种手段降低成本”。

⑥重点集聚。“通过集中生产少数品种……多种手段降低成本”。

风险：市场需求从注重价格转向注重产品的品牌形象，使得企业原有的优势变为劣势。“从光美公司掌握的数据看，国内市场的高端化消费趋势已经非常明显，低端产品对消费者已不具吸引力”“光美公司在2010年成功超越兰微公司成为微波炉出口冠军；在2012年，光美公司微波炉国内市场品牌价格指数全面超越兰微公司，由行业跟随者升级为行业领导者，跳出行业‘价格战’的恶性循环，实现了企业业绩持续增长”。

（3）实施条件（市场情况）：

①产品能够充分地实现差异化，且为顾客所认可。“如果能够开发并向市场推出使消费者迅速认识并接受微波炉的多种优点的产品，微波炉市场将进入另一个高速发展期”“从光美公司掌握的数据看，国内市场的高端化消费趋势已经非常明显，低端产品对消费者已不具吸引力”。

②顾客的需求是多样化的。“微波炉具有多种优点，它不仅能快速加热或烹调食物，而且没有油烟，还能保持食物的原汁原味与减少营养损失。在C国，虽然80%以上的家庭已经使用微波炉，但微波炉只是作为一个加热工具，它的多种优点还没被消费者充分认识”。

③创新成为竞争的焦点。“如果能够开发并向市场推出使消费者迅速认识并接受微波炉的多种优点的产品，微波炉市场将进入另一个高速发展期”“从光美公司掌握的数据看，国内市场的高端化消费趋势已经非常明显，低端产品对消费者已不具吸引力”。

实施条件（资源和能力）：

①具有强大的研发能力和产品设计能力。“确定公司技术发展方向以及技术发展路线”“开展广泛技术合作”“投入巨资改善软硬件条件”“变革学习、考核机制”。

②具有很强的市场营销能力。“光美公司在不断创新和推出产品的过程中，成功地开展了一系列促销活动”“2010年光美公司耗巨资在国内主要城市的核心终端，开辟了1000个‘蒸立方’品牌专柜”“2011年公司开发上线了新一代营销管理系统”“光美公司在海外前15大市场设立了区域经理，同时针对不同区域的主流客户设立了专门的产品开发团队”。

③有能够确保激励员工创造性的激励体制、管理体制和良好的创造性文化。“2009年之后，公司不断完善基于以市场、客户为导向的矩阵式管理模式”“公司不断加大对各类人员培训的投入，同时转变培训方式。公司要求中高层管理者每年必须走访市场不少于4次，倾听市场和客户的声音。公司定期组织中高层管理者赴日本、韩国企业进行学习交流取经。公司每年投入超过1000万元的培训费用用于员工的专业技能培训。公司出台专项政策，鼓励员工进行再学习、再深造。公司经常组织读书心得分享会，书目由公司总经理亲自选定，均与公司当期推动的变革措施有关。光美公司的绩效导向文化逐渐深入到员工骨髓，公司也结合各阶段工作重点在绩效考核导向方面进行不断的调整和优化”。

④具有从总体上提高某项经营业务的质量、树立产品形象、保持先进技术和建立完善分销渠道的能力。“为了避免差异化成本过高，光美公司通过加大部件自制、精益运营、加强价值链信息共享和协同降低运营成本等手段来创新成本管控，解决成本与结构升级的矛盾，应对资源要素价格的持续上升，保证成本优势”“确定公司技术发展方向以及技术发展路线”“光美公司在不断创新和推出产品的过程中，成功地开展了一系列促销活动”“光美公

司在海外前15大市场设立了区域经理，同时针对不同区域的主流客户设立了专门的产品开发团队”。

光美公司注重防范差异化战略的风险：

①企业形成产品差异化的成本过高。“为了避免差异化成本过高，光美公司通过加大部件自制、精益运营、加强价值链信息共享和协同降低运营成本等手段来创新成本管控，解决成本与结构升级的矛盾，应对资源要素价格的持续上升，保证成本优势”。

②竞争对手的模仿和进攻使已建立的差异缩小甚至转向。“光美公司以‘蒸功能’为主题的产品功能不断升级，针对不同消费群体的产品线不断扩充，‘蒸文化’逐步普及，公司和产品的品牌形象日益鲜明”。

（4）①限制进入定价。“对于光美公司的挑战，兰微公司予以迎击，不仅再次举起了‘价格战’的大旗”。

②进入对方领域。“宣布大举进军光美公司已拥有优势的产业，如空调、冰箱、风扇、电暖气等产业”。

（5）①研发的类型：产品研究——新产品开发。

②研发的动力来源：既是需求拉动，也是技术推动。“如果能够开发并向市场推出使消费者迅速认识并接受微波炉的多种优点的产品，微波炉市场将进入另一个高速发展期”“光美公司于2006年在国内率先推出具备蒸功能的产品，这不仅是第一款针对国内市场消费者使用习惯开发的本土化创新产品，实现了C国传统烹饪习惯与微波炉功能优点的有效结合……经过将近一年的推广，市场反响很好，显示了巨大的发展潜力”。

③研发的定位：成为向市场推出新技术产品的企业。“光美公司于2006年在国内率先推出具备蒸功能的产品”。

（6）①产品策略。“对微波炉‘蒸功能’的持续升级和传播”“2007年……推出了第二代具备蒸功能的产品——‘全能蒸’微波炉”“2008年，光美公司发布了5个系列14款‘蒸功能’微波炉”“2009年，公司第三代产品‘蒸立方’面世”“2010年，光美公司发布第五代‘蒸功能’系列新品”“2012年光美公司发布了半导体、太阳能和云技术微波炉三大创新产品”。

②促销策略。“光美公司在不断创新和推出产品的过程中，成功地开展了一系列促销活动”“2006年，光美公司开启了以‘食尚蒸滋味’为主题的全年推广活动，首次在各大电视台开展广告营销活动，同时在全国主要市场开展产品的循环演示活动。2008年，光美公司主办了‘蒸夺营养冠军’的全国推广活动。2009年，光美公司推出‘全蒸宴’的全国演示推广活动。2010年，光美公司推出‘蒸出营养与健康——光美公司蒸立方’微波炉的电视形象广告片”。

③分销策略。“2010年光美公司耗巨资在国内主要城市的核心终端，开辟了1000个‘蒸立方’品牌专柜”“2011年公司开发上线了新一代营销管理系统，该系统实现了全国主要终端的销售、库存数据动态更新，公司能及时了解市场销售变化情况”“自2007年起，光美公司在海外前15大市场设立了区域经理，同时针对不同区域的主流客户设立了专门的产品开发团队”。

④价格策略。“退出300元以下微波炉市场，主流变频蒸立方产品价格集中在3000~5000元，最高端变频高温产品的零售价格高达10000元”“从2012年开始，超市系统将停止销售399元以下产品，在连锁销售系统中将停止销售599元以下产品”。

2.【答案】

（1）根据核心能力的概念，企业的能力应同时满足以下三个关键性测试才可称为核心能力：

①它对顾客是否有价值？“根据调查，普通用户平均每天使用B滤水壶过滤自来水3~4升，并对产品的滤水性能和质量感到满意”“人们发现使用B滤水壶过滤后的水制作的食品、饮料味道更好。因此，一些商业企业例如酒店、快餐店、咖啡厅以及食品加工厂等也开始使用B滤水壶。后来，D公司运用成熟的滤水技术进军工业市场，例如为部分家电企业提供一体化滤水解决方案，以及为汽车制造企业提供生产用的蒸馏水等”。

②它与企业竞争对手相比是否有优势？“G国B滤水壶已经是壶式滤水器领域中的世界第一品牌”“从材质到技术在业内均有非常高的认可度”。

③它是否很难被模仿或复制？“B滤水壶产品成功的核心在于独有的双重滤芯技术，其采用的材质如椰壳活性炭、无钠离子交换树脂等均采用了世界级的自有专利技术”。

综上，B滤水壶同时满足以上三个关键性测试，是D公司的核心能力，这是B滤水壶能够在G国取得成功的原因。

（2）①地理细分。“B滤水壶在不同国家定位不尽相同。比如在G国、P国和R国，人们选择B滤水壶的一个主要原因是它可以降低当地水质的硬度，软化后的过滤水主要用来冲茶和泡咖啡；在X国、F国和Y国，消费者将其作为瓶装水的一种低成本替代品。而在进入C国市场时，D公司驻C国区的总经理认为有必要将B滤水壶作为一个高端、时尚、健康的产品概念推向市场”。

②人口细分。“进入C国市场时，D公司驻C国区的总经理认为有必要将B滤水壶作为一个高端、时尚、健康的产品概念推向市场”（体现人口收入水平）。

③心理细分。“进入C国市场时，D公司驻C国区的总经理认为有必要将B滤水壶作为一个高端、时尚、健康的产品概念推向市场”。

④行为细分。“B滤水壶产品在D市几家主要高端商场设立了品牌专柜，以高端、高价的形象出现。D市高端消费者对这些高端商场有着深厚的认同感和信任度，加上B滤水壶系列产品是G国原装进口产品，在国外销售了几十年，积累了可靠的声誉。进入这些渠道以后，在高端消费者群体中迅速建立了良好的口碑”。

（3）①政治和法律因素。“有关机构宣布，《生活饮用水卫生标准》将在国内强制性实施”。

②经济因素。“经过长时期的改革开放，C国的经济得到了迅速发展”。

③社会和文化因素。“普通消费者的生活重点已经从追求温饱渐渐过渡到寻求健康的新阶段。在目前的商业领域中，能够满足人民群众日益增长的对健康和品质生活追求的产品通常都有较好的市场表现”。

④技术因素。“C国城市自来水处理的工艺及技术标准还处于一个相对不高的水平”“由于技术原因，自来水厂供水管道的二次污染问题还未能根本解决，水质达标还需要一个比较长的时间”。

PEST分析表明，威远公司在C国引入B滤水壶面临很多机会。

（4）①潜在进入者的进入威胁。“由于B滤水壶的规模经济效应，产品成本已经十分低廉，且由于D公司在知识产权和生产技术方面的优势，新进入者面临着严峻的成本挑战和知识壁垒”表明潜在进入者的进入威胁小。

②替代品的替代威胁。“虽然管道式滤水器有大量品牌产品可供选择，但管道式滤水器在使用的方便程度和维护的简易性方面明显不如壶式滤水器。因而在滤水器领域，短期内尚无人可以挑战B滤水壶”表明替代品的替代威胁小。

③供应商的讨价还价能力。“B滤水壶系列产品是G国原装进口产品，在国外销售了几十年，积累了可靠的声誉”表明作为B滤水壶供应商的G国D公司讨价

还价能力较强。

④购买者的讨价还价能力。“由于B滤水壶的规模经济效应，产品成本已经十分低廉”“由于有既往出色的销售业绩，各大超市一般比较容易接受B滤水壶产品”表明购买者的讨价还价能力较弱。

⑤产业内现有企业的竞争。“B滤水壶品牌长期以来一直在世界及C国壶式滤水器市场占据着第一的位置，几乎没有成规模的竞争对手。特别是在技术独特性方面，世界范围内尚没有能和D公司相提并论的企业”表明产业内现有竞争对手很少。

（5）属于产品组合策略类型中的**扩大产品组合和产品延伸中的向下延伸**。

①扩大产品组合。包括拓展产品组合的宽度、长度和加强产品组合的深度。威远公司主要是拓展产品组合的宽度，增加新的产品大类。“公司可以选择其他高端品牌的同类产品，比如U国M公司的M管道式滤水器和U国的S牌空气净化器。应当利用这次渠道调整机会，引进这两个产品，扩大公司的产品线”。

②产品延伸中的向下延伸，指企业原来生产高档产品，后来决定增加低档产品。该企业在原来的高端市场的基础上又增加了一个低端市场。

扫一扫　“码”上做题、看解析

本书同步强化练习题均配备二维码，使用“会计云课堂”App扫码，即可线上做题、看解析。

【“会计云课堂”App下载二维码见封底页】

同步强化练习题

一、单项选择题

1. J公司是国内一家家具生产企业。2010年以来，该公司依靠其成本优势，将产品成功打入了东南亚、欧洲和北美市场。2020年，为了进入R国市场，J公司在R国第一大城市经济开发区建成了一家家具生产工厂，并顺利将其产品销往R国各地。J公司采取的发展战略类型是（　　）。（★★）*

A. 市场开发战略
B. 相关多元化战略
C. 市场渗透战略
D. 产品开发战略

2. L公司是一家知名的粤菜餐厅，在全国有100多家门店。为了在行业中始终保持领先地位，公司在内部设立了研究所，紧跟市场需求变化，定期开发特色菜上市，赢得了消费者好评。根据上述描述，L公司采取的发展战略类型是（　　）。（★★）

A. 市场开发战略
B. 市场渗透战略
C. 产品开发战略
D. 多元化战略

3. 锦江国际酒店集团是中国目前规模最大的酒店集团，旗下拥有8900多家酒店，95万多间客房。2020年3月，该酒店集团并购了国内另一家著名的酒店连锁集团，市场份额提高了15%，进一步巩固了其行业领先地位。锦江国际酒店集团实施上述并

* 本书中的题目通过标注不同星级体现不同难度。当本章三星级题目错误率超过70%、二星级题目错误率超过50%或一星级题目错误率超过25%，建议您有针对性地巩固“本章重难点精讲”中的相关知识点。

购的动机是(　　)。(★★★)

A. 避开进入壁垒，迅速进入，争取市场机会

B. 克服企业负外部性，减少竞争，增强对市场的控制力

C. 避免经营风险

D. 实现资源互补

4. 2018年以来，从事无人机研发和生产的飞翔公司与相关高校、科研机构等开展合作。系统研发部门围绕民用无人机动力系统、飞控系统、传感器等开展关键技术攻关，重点突破实时精准定位、动态场景感知与避让、面向复杂环境的自主飞行、群体作业等核心技术。飞翔公司系统研发部门的上述行为属于该公司的(　　)。(★)

A. 业务单位战略

B. 总体战略

C. 混合战略

D. 职能战略

5. Y公司是国内一家燃煤火力发电企业。为了保障煤炭的稳定供给与产品质量，自2017年以来并购重组了2家煤炭企业，实现了高效、清洁、环保的发电方式。下列各项中，属于Y公司采用上述战略适用条件的是(　　)。(★★)

A. 火力发电产业增长潜力较大

B. Y公司现有销售商的销售成本较高

C. Y公司存在过剩的生产能力

D. 火力发电产业竞争较为激烈

6. X公司是一家以小肥羊特色火锅为主业的公司。从2000年开始，X公司为了重新调整业务组合，与Y公司达成如下交易：X公司将旗下50家实体店转让给Y公司经营，并向Y公司收取一次性付清的费用，Y公司可以使用X公司的品牌，但要严格遵守X公司的经营规定。X公司所采用的放弃战略类型是(　　)。(★★)

A. 特许经营

B. 拆产为股/分拆

C. 分包

D. 卖断

7. 皇家御厨是国内一家知名的餐饮企业。2012年以来，在中央八项规定、六条禁令出台后，原来定位为公款消费的国内高端餐饮企业进入了“寒冬”。皇家御厨积极顺应市场变化，对企业进行了重新定位——突出面向大众、打造特色，“做老百姓消费得起的美食”。此举不仅没有让皇家御厨进入死胡同，反而柳暗花明，重新获得了新的经济增长点。该企业采取的总体战略类型属于(　　)。(★★)

A. 多元化战略

B. 转向战略

C. 放弃战略

D. 产品开发战略

8. 北京商惠源商贸公司是一家集种植、加工、冷藏、存储、配送于一体的一站式食品配送公司。该公司运用大数据挖掘技术，对某商务区的客户食品订货行为进行了深入调查，并根据调查结果，针对该商务区的客户制定和实施了一套促销方案，取得了良好效果。北京商惠源商贸公司实施的竞争战略属于(　　)。(★★)

A. 差异化战略

B. 成本领先战略

C. 集中化战略

D. 蓝海战略

9. D公司是E国的一家区别于传统保险公司的保险集团公司，它取消了传统的经纪人。该公司认为，如果公司把工作做好，比如迅速完成理赔和取消复杂的表格，客户并不需要传统经纪人给予帮助。因此，D公司没有用经纪人和区域办公室，而是利用信息技术提高理赔的处理效率，并且将节省的成本返还给客户，为客户提供更优惠的保险费率。D公司的经营模式取得了成功，营业额高速增长。D公司实施蓝海战略的路径是(　　)。(★★)

A. 跨越时间
B. 重新界定产业的买方群体
C. 重设客户的功能性或情感性诉求
D. 跨越战略群组

10. 健翔公司是一家生产医用防护口罩的企业。2020年3月份，公司管理层根据医学专家的预测，认为在最严重的2020年年初的这波新冠疫情过去之后，疫情可能会周期性地在2020年冬季爆发。因此，健翔公司决定加大公司上半年防护口罩的产量，以应对未来防疫需求的增长。健翔公司采用的平衡产能与需求的方法是（　　）。（★★）
A. 库存生产式生产
B. 资源订单式生产
C. 准时生产式生产
D. 订单生产式生产

11. L公司是一家从事医疗美容产品研发和生产的公司，其自主研发的一款医疗美容产品刚一推向市场，立即受到消费者欢迎，产品供不应求，公司一直处于满负荷生产状态。为满足持续增长的订单要求，该公司决定增加一条生产流水线。L公司所实施的产能计划属于（　　）。（★★）
A. 滞后策略　　B. 匹配策略
C. 维持策略　　D. 领先策略

12. 某轮胎制造商为汽车制造商和农用拖拉机制造商分别生产两种安全标准不同的轮胎，其中为汽车制造商生产的轮胎安全标准高于为农用拖拉机制造商生产的轮胎安全标准。依据产业市场细分，该轮胎制造商进行市场细分的依据是（　　）。（★）
A. 用户的行业类别
B. 用户规模
C. 消费者的欲望和需要
D. 消费者对某种产品的使用率

13. D旅行社在对旅游市场做出深入分析之后，决定把提供短途旅游和低端消费旅游服务作为主营业务。该旅行社做出这一决定是基于对旅游市场的（　　）。（★★）
A. 行为细分　　B. 地理细分
C. 心理细分　　D. 人口细分

14. B公司是C国国内一家羽绒服加工生产企业。每年9～12月份是该公司生产的旺季，2～5月份是其生产的淡季。为了减少库存，该公司对生产过程实施订单管理。生产部门依据销售部门提供的客户订购的产品数量安排档期生产。B公司的生产运营战略所涉及的主要因素是（　　）。（★★）
A. 种类　　B. 批量
C. 需求变动　　D. 可见性

15. 甲公司规定，只有在满足了公司所有净现值为正的项目的资金需求后，才会支付股利。甲公司采用的股利分配政策是（　　）。（★）
A. 固定股利政策
B. 剩余股利政策
C. 固定股利支付率政策
D. 零股利政策

16. 近年来，受颜值经济影响，医疗美容市场异常火热，我国医疗美容市场规模保持每年20%以上的复合年均增长率，产品的销售群不断扩大。医疗美容消费不再只局限于女性群体中，男性对医疗美容的消费也呈现逐年增强的趋势。在这种情况下，从事医美行业的立圣公司宜采用的股利分配政策是（　　）。（★★）
A. 固定股利政策
B. 稳健的高股利分红政策
C. 低股利政策
D. 全部分配的股利政策

17. 甲生物制药公司研制出一种治疗艾滋病的新药，抗病毒的治疗效果很强大，而且和其他的药物发生相互作用的几率比较小。目前，该款药品价格较高，性能还有待完善，因此销售量小，公司净利润率较低。甲公司现阶段的资金来源应是(　　)。(★★)

A. 风险资本

B. 权益投资增加

C. 债务

D. 保留盈余+债务

18. 根据国际生产折中理论，如果甲公司只有所有权优势与内部化优势，则该公司最适合采用的国际化经营方式是(　　)。(★)

A. 出口贸易

B. 证券投资

C. 对外直接投资

D. 技术转移

19. 甲银行是国内一家商业银行，2008 年 10 月甲银行纽约分行在曼哈顿开业。该分行依托甲银行的国内资源，致力于成为专业的美元清算银行，客户主要定位在美国投资的中国企业、在中国扩张的美国企业、从事中美贸易的美国公司等。根据上述信息可以判断，甲银行建立纽约分行的动因是(　　)。(★★)

A. 寻求市场

B. 寻求资源

C. 寻求现成资产

D. 寻求效率

20. 甲公司是一家全球知名的生产经营医疗器械的公司，其母公司设立在 D 国，在其他国家和地区设立了 30 多个子公司。在该公司的经营过程中，技能和产品供应可在母子公司之间、子子公司之间形成双向流动。甲公司国际化经营的战略类型属于(　　)。(★★)

A. 跨国战略

B. 全球化战略

C. 多国本土化战略

D. 国际战略

21. Y 家家居是全球最大的家居用品商家，其产品销往多个国家和地区。该公司始终秉承“为尽可能多的顾客提供他们能够负担、设计精良、功能齐全、价格低廉的家居用品”的经营理念。为了确保产品质优价廉，该公司在生产制造成本最低的 V 国和 I 国建立生产制造中心，并在研发创新条件和环境最好的 U 国设立研发创新中心。Y 家家居公司国际化经营的战略类型是(　　)。(★★)

A. 多国本土化战略

B. 国际战略

C. 跨国战略

D. 全球化战略

22. H 燃气公司负责 B 市的民用天然气供给业务。近年来 B 市的民用天然气需求量比较稳定，H 燃气公司主要通过引入战略投资者取得更新煤气管道所需的资金。H 公司财务风险与经营风险的搭配属于(　　)。(★)

A. 高经营风险与高财务风险搭配

B. 低经营风险与高财务风险搭配

C. 高经营风险与低财务风险搭配

D. 低经营风险与低财务风险搭配

23. 下列选项中，适宜采用市场开发战略的是(　　)。(★★)

A. 甲公司发现戊国市场上对本企业产品存在较大潜在需求量

B. 乙公司在现有产业中经营多年，竞争优势明显，但该产业属于夕阳产业

C. 丙公司从自身实际出发，决定将经营重心集中在现有产品及市场领域

D. 丁公司希望避免资金投入和开发风险，以及资源重新配置和组合的成本

二、多项选择题

1. N 公司是一家总部位于芬兰埃斯波，主要从事移动通信设备生产和相关服务的跨国公司。N 公司共遇到过 2 次重大危机。第一次是在 20 世纪 90 年代初，N

公司通过剥离不良资产，成功摆脱危机。第二次是在 2013 年左右，N 公司挥泪出售手机业务和 Here 地图业务后，全球数万名高级管理人才和研发工程师随后陆续被裁员解聘。伴随着公司战略的调整，N 公司在重组资源，专注通信设备和解决方案后，也逐渐回到了行业第二的宝座。N 公司采用的总体战略类型有(　　)。(★★)

A. 转向战略

B. 放弃战略

C. 市场开发战略

D. 紧缩与集中战略

2. 新钢公司是一家特种钢材生产企业，在特种钢材行业处于领先地位，其产品主要用于国防、电力、石化、核电、环保、汽车、航空、船舶、铁路等行业的高端、特种装备制造领域。为了增强对钢铁市场需求变化的敏感性，新钢公司决定把前向一体化作为发展战略。下列各项中，符合该公司发展战略的有(　　)。(★★)

A. 参股大亚湾核电设备制造公司

B. 与东亚汽车制造公司签订集研发、生产、销售为一体的合作协议

C. 投资建立铁矿石资源开发和生产企业

D. 与山西阳煤集团建立战略联盟

3. H 公司是一家水泥生产企业。近年来，随着我国城镇化进程进入缓慢增长的中后期，固定资产投资增速逐年下降，与水泥需求关系更紧密的房地产投资增速下降，以及由于扩张过快和市场竞争激烈等原因，H 公司陷入了不能偿还到期债务的危机。由于 H 公司的干法水泥生产线等设备难以转产，该公司拟通过破产的方式退出水泥行业，并用买断方式终止与员工的劳动合同，但引起一些职工的抵触。后来在当地政府的干预下，H 公司不得不对下岗职工做出了妥善安置。在上述案例中，H 公司面临的退出障碍有(　　)。(★★★)

A. 退出成本

B. 政府与社会约束

C. 固定资产的专用性程度

D. 感情障碍

4. 复星国际有限公司是一家在香港联交所主板整体上市的大型综合类民营企业，业务包括医药、房地产开发、钢铁、矿业、零售、服务业及战略投资领域。该公司于 2016 年 2 月 17 日宣布，决定终止以 4.6 亿美元收购以色列保险和金融服务公司——凤凰控股有限公司的股份买入协议。据媒体披露，该项并购失败的主要原因如下：一是以色列监管部门认为该项收购不符合以色列国家利益，因此未获批准；二是“凤凰”员工与原股东的纠纷问题所导致的罢工可能会增加复星国际有限公司收购后的压力。复星国际有限公司收购失败的可能原因有(　　)。(★★)

A. 决策不当

B. 跨国并购面临政治风险

C. 支付过高的并购费用

D. 并购后不能很好地进行企业整合

5. 经过多次磋商签订协议后，汽车制造商甲公司凭借自有资金 2 亿元和发行债券融资 5 亿元，实现了对汽车零部件商乙公司的收购。从并购的类型来看，上述收购属于(　　)。(★★)

A. 杠杆收购　　B. 前向并购

C. 友善并购　　D. 金融资本并购

6. 同程公司是一家从事国内互联网旅游项目的投资公司。皇中国际控股公司主要从事航空旅游与金融服务等领域相关业务。2020 年 2 月，同程公司与皇中国际控股公司签署战略合作协议，双方拟共同出资设立合资公司。同程公司将充分发挥在旅游行业的运作经验与品牌优势，提供旅游产品设计、线上线下服务等方面的支持。皇中国际控股公司则利用自身平台功能，挖掘境外航空旅游资源与金融服务资源，提供航线开通、包机业务等方面的支持。下列各项中，属于同程公司与

皇中国际控股公司进行战略合作的动因有(　　)。(★★★)

A. 开拓新的市场

B. 实现资源互补

C. 降低协调成本

D. 防范信任危机

7. 2015年8月，以B2C为主要经营模式的综合性网络零售商J公司战略入股Y超市，J公司将持有Y超市10%的股份。引入J公司后，将有利于Y超市建立与J公司的线上业务合作关系，降低采购和物流成本，扩展Y超市生鲜冷链物流系统等业务。下列各项中，属于上述两家公司结成战略联盟的特点有(　　)。(★★)

A. 企业对联盟的控制力较强

B. 更具有战略联盟的本质特征

C. 有利于企业长久合作

D. 有利于扩大企业资金实力

8. 餐饮行业进入门槛低，产业集中度低，竞争激烈，具有零散产业的典型特征。Z公司作为一家餐饮企业，其应当采用的竞争战略有(　　)。(★★)

A. 聚焦细分市场需求，如婚宴、升学宴和谢师宴等

B. 适应多样化的顾客需求，开发多种菜品

C. 增加服务的附加价值，如在顾客等候时提供茶水、水果等

D. 连锁经营或特许经营，将地点选择在购物中心、商业中心或旅游中心

9. 汽车修理修配产业由很多中小企业组成，其中没有任何一个企业占有显著的市场份额或对整个产业的发展产生重大影响。造成汽车修理修配业上述状况的原因可能有(　　)。(★)

A. 汽车修理修配业进入障碍低

B. 汽车修理修配业的经营成本变化迅速

C. 汽车修理修配业难以达到规模经济

D. 汽车修理修配市场需求多样导致高度产品差异化

10. 年画是我国特有的一种绘画体裁，也是我国老百姓喜闻乐见的艺术形式。大都用于新年时张贴以装饰环境，含有祝福新年吉祥喜庆之意。2021年新年前夕，华夏公司推出流行于我国华北地区反映不同民族生活习俗特点的民间木版年画，深受目标市场消费者的喜爱。华夏公司进行市场细分的依据有(　　)。(★★★)

A. 人口细分　　B. 地理细分

C. 心理细分　　D. 行为细分

11. 甲公司是一家化妆品生产企业。最近该公司推出一款新产品，为了使该产品迅速占领市场，公司销售人员在主要销售商场举办促销活动，宣传该产品具有美白、抗皱、抗衰老、紧致肌肤之类的特效。同时采取免费赠送试用品的方式。甲公司采用的促销组合策略要素有(　　)。(★★)

A. 广告促销　　B. 公关宣传

C. 营业推广　　D. 人员推销

12. B公司是一家新能源汽车生产企业，长期分别从三家配件公司采购新能源汽车部件：驱动电机、动力电池和整车电控。下列各项中，属于B公司货源策略优点的有(　　)。(★★★)

A. 可利用三家供货商之间的竞争压低采购价格

B. 有利于促使三家供货商提供有统一质量保证的产品

C. 不会因某家供货商的供货问题而严重影响企业经营

D. 有利于从三家供货商获得更多的知识和技术信息

13. 甲公司是一家煤炭企业集团。近年来，煤炭产品的客户对性价比的要求很高；各煤炭企业的产品差别很小，价格差异缩小且处于很低水平；产品毛利很低，只有大规模生产并有自己销售渠道的企业才具有竞争力；大量中小煤炭企业陆续退出市场。

在该产业发展的现阶段，甲公司具备的经营特征有(　　)。(★★)

A. 经营风险低

B. 财务风险高

C. 股价稳定

D. 资金来源于保留盈余和债务

14. 甲公司是一家制造和销售加湿器的公司。目前加湿器产业的产品逐步标准化，技术和质量改进缓慢，加湿器市场基本饱和。处于目前发展阶段的甲公司具备的经营特征有(　　)。(★★)

A. 财务风险高

B. 股利分配率高

C. 资金来源于保留盈余和债务

D. 股价迅速增长

15. 国内最大的海上原油和天然气生产商中国海洋石油有限公司（简称“中海油”）于 2012 年以 151 亿美元并购了加拿大尼克森公司。尼克森公司拥有常规油气、油砂以及页岩气等优质的资产组合。该项并购将有助于中海油进一步拓展其海外业务和增加资源储备，同时也使中海油获得了一个领先的国际发展平台及先进的国际管理经验，为股东创造长期价值。中海油并购了尼克森公司的动机有(　　)。(★★)

A. 寻求市场

B. 寻求资源

C. 寻求现成资产

D. 寻求效率

三、简答题

1. 甲公司是一家生产豆浆机的民营企业，设立于 2004 年。企业愿景是将物美价廉的豆浆机摆进普通居民的厨房，让普通居民足不出户喝上新鲜香浓的豆浆。

由于渣浆分离操作不便和内桶豆渣难以清理，豆浆机上市初期在市场上认同度较低，市场总体需求量不大，总体增长率偏低。

豆浆机上市初期，甲公司的唯一竞争对手是乙公司。乙公司是一家生产多类型小家电的企业，其生产的豆浆机性能虽与甲公司生产的豆浆机相当，但因其拥有知名品牌，其豆浆机市场占有率远高于甲公司。甲公司一直依赖促销手段赚取微薄的利润。市场上其他著名小家电生产企业尚未涉足豆浆机的研发和生产。

2020 年 10 月，经过持续的革新和改造，甲公司生产的新型豆浆机实现了渣浆的轻松分离和内桶豆渣的简捷清理，获得了顾客的广泛认可，市场占有率跃居第一。随着健康饮食观念的推广，豆浆已逐渐成为时尚的健康饮料，因此甲公司新型豆浆机销售量快速增长，出现了供不应求的局面。

鉴于豆浆机市场的迅速扩张，其他著名小家电企业开始加强研发，拟推出类似产品，抢夺市场。甲公司亦应对变化，进一步完善了相关财务战略目标。下面是关于甲公司豆浆机产品 2021 年的相关预测信息：

因素	2021 年预计
销售增长率	60%
可持续增长率	45%
投资资本回报率	25%
资本成本	15%

要求：

（1）根据题目中提供的信息和波士顿矩阵，简述甲公司的豆浆机在革新和改造前后所属的产品类型及其特征；

（2）根据甲公司2021年的相关预测信息，判断甲公司的业务在财务战略矩阵中所属的象限，并简要说明甲公司可能面临的财务挑战及可实施的应对措施。（★★）

2. 汉庭酒店是华住酒店集团的创始品牌。汉庭酒店的诞生，是中国企业界“蓝海战略”教科书式的标杆案例。汉庭的第一次蓝海战略是在2005年，当时酒店行业只有两类产品。一类是高星级酒店，价格昂贵，普通人难以承受；另一类是招待所，虽然价格便宜，但住宿条件十分落后。于是季琦先生创办了汉庭酒店，在产品设计上，他剔除了传统星级酒店的豪华大堂、会议室、娱乐、餐厅等不必要设施，开拓了经济型酒店这一产业。因为差旅人士业务繁忙，星级酒店提供的这些服务他们都没时间享受。但是蓝海并不是一劳永逸的，它需要不断地开拓。时间到了2016年，经济型酒店已经成为一片红海，汉庭正面临着产品老化、低价竞争、入住率下滑三座大山。

季琦先生走访了全国各大城市的经济型酒店，做了消费者的调研访谈，发现相比于酒店的硬件设施和服务水平来说，客房的干净卫生是消费者入住经济型酒店最大的痛点。基于汉庭在干净上已有的投入和能力，汉庭的第二次蓝海战略，就是加强客房卫生，进行压倒性的投入，做到比五星级酒店还要干净，形成新的蓝海。汉庭率先与行业领先的洗涤公司达成战略合作，从源头保障毛巾和床单严格洗涤，成本高出10%；行业首创便携式消毒柜，每一个水杯都经过紫外线和臭氧高温消毒10分钟；采用世界五百强美国进口的艺康清洁剂，价格是国产的2倍，为马桶有效除菌达99.9%；启动内部自检工程，每月将5%质量不达标的酒店或房间下线停售。这些创新在传统业界是前所未有的，通过这些细节上的价值创新，汉庭在“干净”这一存在巨大买方需求的元素上做到了持续精进，重新界定了业界的买方群体。由于干净给顾客满意度带来了提升，让顾客获得宾至如归的体验，回头客更多了。通过一年的干净行动，汉庭不仅赢得了顾客的信任，还带动了经济型酒店全行业对干净品质的关注和提升，为行业带来了改变。

要求：简要分析汉庭酒店实施蓝海战略所运用的重建市场边界的基本法则。（★★★）

3. 2000年以来，随着我国经济的快速发展、居民生活水平的提高以及人口老龄化的加剧，我国对医药产品的需求快速增长，世界著名医药跨国公司纷纷进入我国市场。

恒瑞医药公司是国内一家生产和经销药品及医疗器械的企业。由于缺乏拥有自主知识产权的药品，该公司多年来一直以生产仿制药为主，其生产的医疗器械科技含量较低，难以满足用户对高科技医疗器械的需要，国内高科技医疗器械市场基本被进口产品占领。恒瑞医药公司的管理层通过进行深入分析认识到，与国外跨国公司相比，自己在规模及利润两个方面存在着巨大差距，在研发经费的投入方面差距更大。如2016年，恒瑞医药公司投入的研发费用占营业收入的比重为2.6%，而国外一家同类企业W公司投入的研发费用占营业收入的比重高达20%。此外，恒瑞医药公司还存在着专业化程度和品牌认知度较低等问题。上述种种差距，使恒瑞医药公司不仅在国内市场上面临国外跨国公司的巨大挑战，而且进入国际市场也步履维艰。

2018年年初，恒瑞医药公司管理层制定并实施了新的发展战略。新战略的核心是设立若干个中小型医药高科技分公司，每个分公司相对独立经营，有的专攻国外跨国公司关注的盲区（如罕见病、特殊需求），在产品上逐渐形成自己的特色；有的通过承接国外跨国公司医药研发外包业务，将业务重点转向价值链的研发环节；还有的着力于将自身具有相对优势的本土医药产品拓展至周边欠发达国家和地区。几年来，恒瑞医药公司在国内市场与跨国公司的较量中，注重向跨国公司学习，合理整合和运用国内外优势资源，克服自身技能和资本匮乏的缺陷，以期发展为实力强大的大型跨国企业，在国内外市场上与国外跨国医药公司展开真正的较量。

要求：

（1）依据“进入障碍”中几种主要“结构性障碍”，简要分析恒瑞医药公司进入国际市场举步维艰的主要原因；

（2）依据新兴市场本土企业战略选择理论，简要分析恒瑞医药公司面对跨国公司的大规模进入和挑战所做出的战略选择。（★★）

4. 北雅公司是一家新能源汽车制造企业，在进行战略分析后，选择了成本领先战略作为其竞争战略，并通过重构价值链各项活动以求获取成本优势。北雅公司的主要重构措施：

（1）与新能源汽车生产的上游供应商，如动力电池和人工智能软硬件科技企业等，建立了长期的战略合作伙伴关系，提升了整体供应链的灵活性、适应性与效率。

（2）生产所需要的车辆底盘等关键部件由就近的德力公司生产，与北雅公司总装厂距离非常近，节约了物流费用。

（3）采用订单拉动的生产方式，实现按需生产、消除库存，降低储存成本。

（4）专注于汽车整车生产制造，同时为合作伙伴提供整车生产组装，实现了专业化、规模化生产。

（5）订单处理人员根据全国直营店的分布就近调配车型，并选择最优路线配送以降低物流费用。

（6）根据客户个性化定制需求以及快速变化的市场竞争环境，借助数字化、人工智能、大数据等技术提升了供应链响应能力，实现了柔性生产与制造。

（7）利用售前热线开展市场调查活动，有的放矢地进行广告宣传，提高广告效率。

（8）向用户提供充电服务、移动出行服务、车内网联服务等专业服务组合以提升客户的产品体验和服务体验。

（9）建立基于大数据分析与洞察的智能算法模型，开发畅销车型，提高了资金周转速度。

（10）采取招募地区代理人、合伙人加盟等不同的直销模式，在提升用户体验的同时，也减少了资金投入、降低了营销费用和地域市场的进入门槛。

（11）定期对员工进行培训，使其及时掌握新能源汽车产业的新技术、新工艺和新材料，并运用于产品设计和工艺流程改进，尽快实现学习经济。

（12）建立起支撑商业模式创新发展的大数据计算中台与大数据智能中台，全面打通新能源汽车产业链各环节的数据与业务，赋能技术研发、产品创新、服务创新与用户运营、智能制造以及智慧供应链等，提升了决策效率和实现了对资源的精准配置。

要求：

（1）依据企业价值链分析理论，对北雅公司的价值活动进行分类；

（2）依据实现成本领先战略的资源和能力，简要分析北雅公司具备的资源与能力。（★★）

5. 凤凰卫视是全球性华语卫星电视频道，是华语媒体中最有影响力的媒体之一，是中国大陆最先获得落地权的境外电视媒体之一。凤凰卫视于2018年3月7日正式更名为“凤凰卫视投资（控股）有限公司”，更名后其定位已升级为“内容运营型高科技全媒体集团”，并订立了为期三年的战略升级目标：依托凤凰卫视品牌力与专业精神，打造以内容运营为核心、跨界融合发展的、国际领先的高科技全媒体集团。发展上将会以内容和品牌为核心，依托多元化业务，进行跨界融合的多元化投资。具体来看，是指在继续坚守与保持领先的华语媒体内容提供商基础上，以凤凰品牌与高端媒体内容为依托，借力前沿数字技术，跨界融合发展，对具有价值、有可持续发展商业模式的项目进行了孵化与持续投入。同时，凤凰卫视的相关多元化延伸已涵盖动漫、游戏、数位科技、文创、云技术服务、教育、展览等领域，为公司业绩带来新的增长点，并以此来应对移动通讯时代激烈的竞争下宏观经济放缓和若干新媒体业务暂停造成的经营亏损。

凤凰卫视与阿里巴巴宣布于 2018 年 11 月 16 日订立了一份战略合作备忘录。根据该备忘录，凤凰卫视与阿里巴巴表示了在节目内容、产品、平台及云计算、大数据等互联网技术方面开展深化合作的意愿，并将在跨界创新、资本投资、中台技术共用、达摩院科创转化与传播等领域增加合作的可能性，以及在备忘录一年有效期内签署有约束力的战略合作协议的意向。

作为凤凰卫视集团旗下服务全球华人的一站式智能投资平台，凤凰金融集团自成立以来就将用户定位为全球华人群体，并在持续发展中逐步完善全球化业务布局。2018 年，凤凰金融在美国纽约法拉盛地区落地成立了纽约分公司。作为多元化战略布局的重要一环，凤凰金融以“一站式财富管理+互联网智能金融”为两大核心引擎，在 2017 年 1 月上线国际站之后，就针对目前大部分海外华人普遍面临投资理财渠道较少、可投资资产类型较少等问题，凤凰金融分别在美国、东南亚、欧洲等地区上线多样化产品。此次在法拉盛成立的凤凰金融纽约分公司，可为美国东部地区的华人在投资理财和财富管理方面提供专业精细的一对一服务，并量身定制个性化的资产配置方案。未来，凤凰金融将继续以国际化视角不断拓展海外市场，获取先进的管理经验，开拓更多优质的全球资产为更多华人提供更丰富的金融服务。

要求：

(1) 简要分析凤凰卫视采用多元化战略的原因；

(2) 简要分析凤凰卫视实施发展战略的具体途径；

(3) 依据发展中国家对外投资的动机，简要分析凤凰金融国际化经营的动因。(★★)

6. 东阿阿胶是全国大型的阿胶生产企业。2018 年 11 月 26 日，东阿阿胶与韩国人参公社（正官庄）签署战略合作协议。根据此次战略合作协议，东阿阿胶与韩国人参公社将在渠道、原料、研发、生产、营销等方面展开进一步战略合作。

东阿阿胶和韩国人参公社是中韩两国最具代表性的健康产业企业，双方都致力于成为世界一流的综合健康企业，在国家鼓励医药企业“走出去”的大背景下，以及国内医药企业的竞争日趋激烈，双方的合作能在一定程度上避免竞争以实现共赢。红参和阿胶两味中药在中韩两国都拥有数千年的服用历史，人参公社和东阿阿胶在各自的医药领域都拥有较高水平的技术和品质，双方通过启动战略合作，在营销、研发、制造等领域取长补短，实现资源的互补。并且双方通过合作研发的补气血产品可以开拓广阔市场，守护顾客的健康和美丽，共同耕耘韩国市场。

东阿阿胶希望通过跨国合作形式持续推动中医药走向世界，向全球消费者传递地道、正宗的品牌形象，继续提振投资者和消费者的信心。

要求：

(1) 简要分析东阿阿胶和韩国人参公社战略联盟形成的动因；

(2) 依据发展中国家对外投资的动机，简要分析东阿阿胶国际化经营的动因。(★★)

7. Luckin coffee（瑞幸咖啡）是中国新零售咖啡的典型代表，致力于成为中国领先的高品质咖啡品牌和专业化的咖啡服务提供商。2018年，新晋咖啡品牌瑞幸以闪电突袭的姿态迅速攻占一二线城市中的白领市场。微信LBS精准定向的线上广告覆盖了大量的人群，而线下的分众广告主要投放于城区写字楼和社区，线上与线下的结合达到了很好的造势效果。

总体来说，瑞幸的咖啡水准已经跟星巴克十分接近，混豆的口感也有明显向星巴克靠拢的意思。咖啡的卖点也非常明确：好的用料（优选上等阿拉比卡豆），好的调校（WBC冠军团队拼配），加上新鲜现磨的保证，构成了非常典型直接的产品卖点，直击咖啡消费人群需求。产品定位也非常明确：价格定在20至30元之间，避开了30至40元的星巴克主流价位，也跟10至20元的肯德基、全家等快餐咖啡划清了界限。除了产品定位清楚之外，瑞幸咖啡还需要解决品牌传播的问题。2018年10月，瑞幸咖啡与轻松筹达成深度战略合作，将在面向快消人群与年轻群体的维护上，走出了一条未有人涉足的创新公益之路。通过积极参与公益事业承担企业社会责任来宣传企业的形象，使用户对品牌产生一定的亲切感。更重要的是在营销端，尽管门店撒遍一线城市核心商业区，但如何让用户接受并尝试第一单，是必须要解决的问题。瑞幸咖啡用的方法非常简单：注册就送一杯免费咖啡，如果用户推荐朋友注册，还能再获赠一杯。与此同时，他们还在推一个“买二送一”“买五送五”的活动。几个用户一起购买咖啡，均价直接降到了十几块，这种力度的促销使得瑞幸咖啡的用户数量得以激增。

这种高额的用户补贴政策和爆发式的扩张手段都表明了这是一家典型的互联网公司。瑞幸咖啡的所有门店都不能现金购买，必须在官方App上下单。因此它送出的每一杯咖啡，都代表一个新用户的注册。考虑到咖啡本身的成本并不高，瑞幸咖啡付出的获客成本看似高达30至40元（1至2杯免费咖啡），以传统零售的角度来说十分高昂，但如果以互联网角度看，一个App的新增用户成本控制在这个价格，实际上是不算高的。互联网的思路决定了一个互联网新品牌的路线，一定是先不考虑盈利，以最快的速度获得足够大的市场容量，甚至在初期以非常高额的补贴吸引用户产生使用习惯。

瑞幸咖啡的业务不止于外卖。瑞幸咖啡有4种不同的门店类型：A店（大型旗舰店）、B店（带堂食的中小型门店）、大堂店（写字楼内用于自取的小型门店）和外卖店。实体店中的工作人员能完整解释产品的细节，并针对客户的要求进行推荐，给消费者带来不一样的体验。目前占据绝对主流的店型是后两者。瑞幸咖啡通过迅速扩张的店面数量降低用户购买咖啡的难度，并在建立起一定的市场规模后，再通过A、B店，与核心商业地段的星巴克门店进行竞争。

要求：

（1）简要分析瑞幸咖啡涉及的促销组合要素；

（2）基于成功关键因素分析，简要分析瑞幸咖啡确认产业的成功关键因素需要考虑的方面。（★★）

8. 沃尔玛是一家综合型的商超，在全球15个国家拥有超过8000家门店，是名副其实的零售业巨头。2016年6月20日，京东与沃尔玛宣布达成一系列深度战略合作，通过整合双方在电商和零售领域的巨大优势，为中国消费者提供更优质的商品和服务。作为此次协议的一部分，沃尔玛以中国本土电商“1号店”的第三方平台获得京东约5%的A类普通股，成为京东战略股东。京东将拥有1号商城主要资产，包括“1号店”的品牌、网站、App。沃尔玛将继续经营“1号店”自营业务，并入驻1号商城。按照双方达成的协议，京东旗下本地即时物流和生鲜商超O2O平台“新达达”还获得沃尔玛5000万美元战略投资，整合各自在O2O到家服务、物流和零售领域的优势。双方的合作协议将涉及广泛的业务领域，并覆盖线上线下零售市场。对于沃尔玛来说，此次合作将极大地拓展其在中国电商市场的增长机遇。京东海量的线上用户以及强大的当日到达物流网络将为沃尔玛门店和山姆会员商店带来巨大的客流量，将山姆会员商店的业务拓展至全国范围，并为沃尔玛和山姆会员商店的顾客提供更好的物流配送服务。而京东将通过沃尔玛旗下“1号店”的强大品牌优势、其在食品杂货和家居产品领域的品类优势、其长期形成的优质低价的良好口碑以及在华东和华南等重要区域的领先布局，极大地补充和增强京东的产品丰富度和在重点区域的竞争力。此外，京东的用户也将享受到来自山姆会员商店和沃尔玛更为丰富的精选进口商品。

沃尔玛通过与京东合作，搭上了京东这个中国电商中巨头级别的平台。此后，沃尔玛和京东进行了深入的合作，2016年年末，沃尔玛再次增持京东股份至12.1%，成为京东第三大股东；沃尔玛旗下山姆会员商店、全球官方旗舰店以及全球购官方旗舰店也相继入驻了京东。作为全球知名企业，沃尔玛看中的是京东的电商经验和能力，在中国市场频频受挫的沃尔玛希望借助京东的力量来重塑自己的线下业态，以试图通过新零售盘活自己的线下店，同时借助京东的电商经验来抵抗竞争对手亚马逊的全球攻势。而京东也希望可以在“1号店”和沃尔玛身上得到进军新零售的筹码，在国内市场中先一步获得渠道优势。

要求：

(1) 简要分析京东与沃尔玛采用的战略联盟的类型；

(2) 简要分析京东与沃尔玛双方结成战略联盟的主要动因。(★★★)

四、综合题

1. **资料一**

大龙汽车有限公司总部位于中国内地，成立于1992年，由国内某汽车集团与法国A公司合资组建，合资双方各占50%的股份。大龙公司在引进法国A公司最新产品和技术的同时，不断加强自主创新和自主研发能力的提升，实现了由产品引进到技术输出的飞跃。作为合资企业，大龙公司内部每个部门都由法方人员任部门经理，双方员工观念不一致，导致沟通交流出现问题，使得在技术引进及生产进度方面滞后于同产业其他竞争对手。

目前大龙汽车采用双品牌构架，拥有多种车型，布局各个细分车型。在营销方法上，大龙公司确立了“产品聚焦”“区域聚焦”和“客户聚焦”三个聚焦的核心主张，强化客户关系管理，并开始致力于完善渠道网络布局，在产业内部率先向二三线城市及农村市场进行延伸和覆盖，持续提升营销能力。但受制于资金问题，效果目前并未完全体现出来，销售网点和产品供应系统建立缓慢。同时，大龙公司也在扩大零部件供给及整车生产布局，在多地开工建设了工厂。随着营销布局的扩张和生产能力的提升，大龙公司也面临了资金短缺的问题，公司长期贷款额度大、期限长，平均每年需还本付息几十亿元。

资料二

目前中国汽车产业厂商数量较多。除原有若干厂商外，一些其他产业巨头也已进入汽车产业。汽车产业既属于资本技术密集型产业，也属于劳动密集型产业，具有明显的规模经济性。整个产业高端产品的差异性较为明显，而低端产品差异性表现不明显。同时，老品牌已经占据了大部分的渠道资源，在目前情况下，新企业建立自己的供应商体系和经销商体系将越来越难。汽车本身包含了很多零部件，围绕这些零部件的提供，中国也形成了一个庞大的汽车零部件产业。据不完全统计，国内零部件企业共有2万多家，其中大规模汽车零部件企业近8000家。汽车零配件产业的集中程度明显低于乘用车制造产业的集中程度。与零部件厂商相比，整车生产企业的品牌效应更高，采购规模更大，企业实力更强，因此配件厂商的生存很大程度上依赖于整车生产企业。而且一些大的汽车生产企业零部件自给率也很高，平均自产率达到50%~60%。

资料三

作为消费升级的典型代表，随着中国国民收入和整个消费的扩张，中国的汽车消费也扶摇直上。2009年我国一跃成为世界第一大汽车产销国。我国汽车产量由2006年的727.89万辆上升到2016年的2811.88万辆，汽车销量由2006年的712.80万辆上升到2016年的2802.82万辆，年均增长率分别达到14.46%和14.66%。

与此同时，随着国内宏观经济放缓，中国汽车产销量增速自2014年开始出现明显放缓，而能源短缺、油价上涨、环保问题也是一直阻碍汽车工业发展的威胁。从汽车产业中长期发展趋势来看，虽然我国汽车行业增速将逐步趋缓，但得益于以下几方面的因素，我国汽车行业仍将保持稳健的发展态势。

（1）我国城镇化进程的快速发展。

近十几年来，伴随我国城镇化率的逐步提升和国民经济的快速增长，我国汽车工业产值及汽车保有量呈现高速增长的发展态势。2006~2016年我国城镇化率由43.90%提升到57.35%，同期我国汽车保有量由0.37亿辆提升至1.94亿辆，年均复合增长率达到18.03%。在未来新型城镇化逐步推行的过程中，新型城镇化战略将为我国汽车需求的稳健增长提供有力的保障。

（2）不断增长的居民购买水平。

从全球汽车行业的发展历史来看，汽车普及率与人均GDP及相应的收入水平存在明显的相关关系。行业内通常以R值（车价/人均GDP）作为一个国家汽车购买力水平的重要指标。按照发达国家的历史经验，一个国家的R值接近2~3时，该国就进入了汽车快速普及阶段。我国2016年人均GDP已超过7800美元，居民消费潜力进一步提升，消费结构开始向高级化方向转化。与此同时，我国的R值已进入2~3区间，按照发达国家的经验，未来10年我国的汽车工业仍将具备较快增长的潜力。根据权威市场调查，增购、换购消费与首购相比，中高级车和SUV、MPV的比例都明显上升，国内汽车消费层次将更加丰富。

（3）整体较低的汽车普及率及区域发展的不平衡。

2016年年底我国汽车保有量达到1.94亿辆。与国际成熟市场相比，我国汽车保有量仍处于较低水平。从总量来看，我国汽车保有量不足美国的60%；从人均保有量来看，2016年我国千人汽车保有量为140辆，而美国2005年就达到了675辆，韩国2005年也达到319辆。目前我国千人汽车保有量仅相当于日本60年代、韩国80年代的水平，并低于世界平均水平。

2019年中国的汽车保有量将超过美国，我国的汽车保有量还有很大的增长空间。第一，中国庞大的人口数量是汽车销量在长期内保持稳健增长的基石。第二，我国一二线城市的汽车普及率明显高于三四线城市，随着三四线城市的汽车普及率持续提升，来自这些地区的强劲需求将继续推动全国汽车需求稳健增长。第三，从地区差异看，当前我国各地千人保有量仍然分布不均，东部沿海地区总体千人保有量高于中西部地区。目前，中西部内陆城市经济增速明显快于东部地区，这些地区强劲的汽车需求将是我国汽车需求增长的重要驱动力。预计西部地区的汽车保有量在未来10~15年内很难达到饱和状态。

（4）更新换代需求。

2002年中国经济进入新一轮的增长周期，拉动了汽车需求的快速增长。由于汽车的使用寿命一般在十年左右，这一时期购买汽车的消费者将逐渐进入到换车周期。我国汽车行业的更新需求，尤其是东部沿海发达省份汽车更新需求将逐步释放。

从近期发展趋势来看，我国汽车产业总体环境发生了明显的变化，原材料价格、劳动力成本等不断上升。同时，随着国家刺激汽车消费的一系列税收政策逐步退出，汽车消费税收政策环境面临政策基调从“偏暖”向“中性”的变化。国内一些城市已出台或正在酝酿以“限牌、限购”为主要手段的治理交通拥堵的措施，短期内会对一二线城市的汽车市场形成一定制约，国内汽车销量难以迅速恢复以往几年的高增长态势。

由于市场增长趋缓，消费者对产品以及服务更加挑剔，对汽车现有品牌的认知度和忠诚度均已慢慢形成。汽车市场竞争开始从低层次的价格战慢慢向高层次产品质量、服务维修体系等的竞争转移；竞争已不再完全体现在产品价格上，更多表现在性价比以及新车型推出以满足不同文化层次的需求上。

资料四

鉴于上述环境分析，2017年大龙公司开始加大整车出口，计划在未来三年内出口所占比重达到45%。同时，在越南建立了合资企业，利用当地廉价的劳动力资源和便利的海上运输实现产品当地生产当地销售，并可出口到其他更为发达的国家。据报道，越南汽车价格比其他东盟国家高20%，原因是产量低，大多数组装线的产能仅达到50%。因此，越南汽车零部件生产和组装利润不大，出口也缺乏竞争力，难以吸收投资。税率不稳定也在一定程度上制约越南汽车产业的发展。但越南汽车关税将逐年下降，2014年越南自东盟进出汽车关税降至50%，2015年降至35%，2016年降至20%，2017年降至10%，2018年为零关税。越南政府还提供了税收、贷款等多方面的优惠政策，鼓励外国企业在越南投资建厂。2016年，越南经济增长速度达到6.81%，人均GDP为2385美元，虽然整体不富裕，但老百姓对汽车消费的要求很高，他们宁愿坐公共汽车，也不愿意开质量差、外观不美的私家车。

要求：

（1）从五种竞争力模型中除替代品和购买者议价能力之外的其他“三力”角度，根据上述资料对大龙公司面对的此“三力”进行分析；

（2）从宏观环境角度简要分析大龙公司面临的机会与威胁；

（3）简要分析大龙公司进入越南市场的动机；

（4）依据企业发展战略可采用的三种途径，简要分析大龙公司进入国外市场所采用的发展战略的途径；

（5）简要分析大龙公司国际化经营进入国际市场模式的主要类型以及大龙公司目标市场选择的区域路径。（★★）

2. 资料一

目前培训行业在中国还是一个零散型产业。有许多企业纷纷进入培训行业，但它们的规模都不大，这些企业多受地域的限制，在当地有一定的品牌影响，但没有任何企业占有显著的市场份额，也没有任何企业能对整个产业的发展产生重大的影响。虽然新东方学校在留学英语培训市场上占有绝对的垄断地位，但这个细分市场对于整个培训市场实在微不足道。政府对民办学校的非营利限制，阻止了这个行业的产业化。没有合理的回报，致使大量外部资金不敢进入这个领域，同时该行业自身积累的资金也不敢再投入。

培训市场的需求是多方面的。目前英语培训比较活跃，除此之外，还有IT培训、管理培训、技能培训和各类考试培训等，每一类培训都有很多细分市场。即使对于相同的细分市场，用户也希望有更适合自己的个性化培训方案。

教育培训市场利润丰厚，而进入的技术壁垒和资金壁垒却比较低，已被公认为是"朝阳产业"和最具"钱景"的市场之一。发展到今天，整个市场培训品种已经高度丰富，基本可以依据培训目的分为考试导向型和能力导向型两种，并以前者为主。但各培训学校之间的业务多有重叠，这直接导致行业内部的竞争。不仅是不同培训业务之间，即使在同一培训业务下，竞争依然高度集中。

中国加入WTO以后，我国培训市场一直保持快速发展势头，中国英语培训市场以每年15%的速度增长，到2010年为止，中国英语培训的市场总值已经达到300亿元人民币，市场潜力巨大。在2008年的北京奥运会、2010年的上海世博会等利好因素的推动之下，中国英语培训市场将在一段时间内保持高速增长。2006年年底，IT教育培训市场在2005年的规模已超过40亿元人民币，近3年的市场复合增长率达到了22.6%，大大高于全球的增长速度。

资料二

新东方教育科技集团（New Oriental Education & Technology Group）成立于1993年11月16日。经过二十多年的发展，新东方教育科技集团已发展为一家以外语培训和基础教育为核心，拥有短期语言培训系统、基础教育系统、职业教育系统、教育研发系统、出国咨询系统、文化产业系统、科技产业系统等多个发展平台，集教育培训、教育研发、图书杂志音响出版、出国留学服务、职业教育、新东方在线教育、教育软件研发等于一体的大型综合性教育科技集团。2006年9月7日，新东方教育科技集团在美国纽约证券交易所成功上市，成为中国第一家在美国上市的教育机构。截至2010年12月，新东方已在全国设立了41所短期语言培训学校，5家产业机构，2所基础教育学校，2所高考复读学校，2所幼儿园以及1家职业培训学校，累计培训学员近1200万人次。新东方品牌在世界品牌价值实验室（World Brand Value Lab）编制的2010年度《中国品牌500强》排行榜中排名第94位，品牌价值已达64.23亿元。面临行业内竞争压力的与日俱增，作为领军企业的新东方已走上了多元化、国际化或两者并行的道路，涉足出版、咨询、网络教学等诸多领域，同时，开拓了海外市场，建立了北美分校。随着新东方教学事业的广泛推进，新东方在基础英语、小语种、少儿英语教学等方面的规模和影响力都在不断扩大。除了实体环境的教学之外，新东方也开始发展区别于竞争对手的虚拟通路的服务项目。2000年时正是达康公司最热门的年代，许多人都想利用网络有所作为，联想集团也正在寻找在线教育合作伙伴。于是，联想出资5000万元，新东方"技术入股"占50%，成立了新东方教育在线，专门致力于以外语培训为主、以多种职业考试培训为辅的在线教育服务和远程培训服务，这是新东方集团进行流程创新的一步。

在教育产业化思维下，连锁经营成为新东方做大规模的路径。而连锁经营的成功扩张，却得益于新东方在教材和服务上的标准化。由于教育提供的服务是无形产品，其中有很多不可控的因素，如果不能使之标准化，并且有效地快速复制，那么连锁经营必将陷入困境。在教育培训领域，标准化主要体现在内容标准化和商业模式标准化两个方面。

资料三

早在2004年，城市居民人均教育培训支出已达1012.85元，以7.4%的比例高居家庭消费支出的第一位。中国培训业规模正以每年30%的速度递增，2006年国内培训市场总体规模达到了3700亿元，远程培训市场规模逼近400亿元。与发达国家的培训市场相比还有一定的距离，但我国人口基数大，培训市场个人层次的需求量也在不断扩大。中国经济的迅猛发展，产生了大量的教育需求；而教育本身，又推动了经济的发展。

2002年年底中国通过了《中华人民共和国民办教育促进法》，2004年出台了《民办教育促进法实施条例》，自此中国教育培训行业进入了发展的快车道。资本市场力捧中国教育，身处热潮的机构们纷纷开始加快扩张步伐增强自己的实力。但是特别值得一提的是，中国政府的监管是新东方面临的一大风险。尽管比公办学校灵活，但中国私立学校往往受到政府严格的监管。此外，对于以培训课程为主营业务的新东方来说，考试辅导类课程存在较大的考试政策变化的风险。

自20世纪90年代以来，世界各国都在加快教育现代化的建设步伐。以教材多媒体化、资源全球化、教学个性化、学习自主化、活动合作化、管理自动化、环境虚拟化为特征的教育信息化让人们看到了它促成教育变革的潜力。我国教育信息化发展速度、推进速度是惊人的，仅政府投入就达到500~600亿元。2002年教育信息化市场规模接近230亿元，比2001年增长24%；2003年教育信息化程度不断加深，市场规模达到280亿元；而2005年教育市场IT应用整体规模达到了421.9亿元。

资料四

有许多从事培训业务的公司规模小、数量多，“大市场，小作坊”的现象非常突出。以上海为例，3300多家培训公司中年度利润规模在100万元以内的占60%，1000万以上的只占2.1%。而目前全国还没有一家培训公司能达到市场份额的1%。因此说中国教育培训行业目前产业集中度不高。

新东方以出国留学考试培训起步，通过市场渗透战略取得了迅猛的发展，其后通过市场开发战略向上海、武汉等地发展，通过产品开发战略进入其他英语培训领域，并进入远程教育领域，以多元化经营战略进入基础教育和职业教育等领域。新东方采用了发展战略态势，以发展为核心内容，不断开发新产品，开拓新市场，采取新的管理方式，以便扩大规模，提高竞争地位，增强竞争实力。

为迅速打开公司未来成长空间，新东方正在积极采取一系列的举措布局市场。未来，公司将以知名的教育机构培生教育集团为标杆，不断提升自身的竞争力。培生教育集团是全球领先的教育集团，迄今为止已有150多年的历史，作为提供终生教育产品与服务的教育集团，培生教育集团在高等教育、中小学教育、英语教育、专业出版、考试测评、网络教育等众多领域位居全球之首。近年来，培生教育集团相继收购了戴尔国际英语、华尔街英语以及环球雅思等国内培训教育机构。目前，培生教育集团正在着手进行中国培训教育资源的整合重组，如拆分环球网校的英语培训业务，与华尔街英语合并重构中国成人英语产品。

要求：

(1) 简要分析造成培训产业零散的原因；

(2) 简要分析新东方作为零散产业中的企业所采用的竞争战略；

(3) 简要分析新东方采用的密集型战略的类型；

(4) 从PEST角度简要分析新东方在培训产业所面临的机会与威胁；

(5) 简要分析新东方采用的基准类型。(★★★)

3. **资料一**

东阿阿胶股份有限公司主要从事阿胶及阿

胶系列产品的研发、生产和销售业务，是我国最大的阿胶企业，是阿胶行业标准的制定者。公司的主要产品包括东阿阿胶、复方阿胶浆和阿胶糕。近年来我国阿胶行业发展状态良好，行业产能、产销规模较大，处于稳定增长阶段。目前国内阿胶主要生产企业是东阿阿胶和福牌阿胶。东阿阿胶位于山东省聊城市东阿县，福牌阿胶位于山东省济南市平阴县东阿镇，两家企业仅隔一条黄河，都认为自己是“正统名分”。东阿阿胶占据高端市场，福牌阿胶占据中低端市场；东阿阿胶单品价格第一、收入第一，福牌阿胶产能第一。目前我国阿胶行业的产能约为 14000 吨，其中东阿阿胶和福牌阿胶产能总和约为 8000 吨，占到行业总产能的 60%左右，整个阿胶行业处于双寡头竞争格局。

随着人们生活水平的提高，对健康和养生越来越重视，而且近几年阿胶行业对宣传的投入逐步增加，更多的人知道了阿胶的滋补功效。据统计，阿胶市场规模从 2008 年的 64 亿元到 2016 年的 342 亿元，复合年均增长率为 23.3%。近年来随着市场需求不断增加，许多医药企业开始考虑涉足阿胶产业。

目前我国阿胶行业有 100 多家生产企业，除了东阿阿胶、福牌阿胶销售量较大外，其他阿胶小厂普遍产量在 100~200 吨之间，全国销量在 6000~7000 吨上下。市场中新出现的阿胶产品主要是同仁堂阿胶、太极天胶和佛慈阿胶。同仁堂阿胶的生产主体是在港交所上市的北京同仁堂科技发展股份有限公司，A 股同仁堂是其控股股东，间接受益于阿胶业务。目前同仁堂阿胶的产能只有阿胶双寡头的约 1/10，但是在未来规划中，产能将扩大 4 倍。其销售区域主要分布在华北地区，在传统强势品牌的带动下，这块业务被市场看好。太极天胶由太极实业在 2013 年年初正式开始经营，在西南地区有一定市场，产品定位策略偏于中高端，售价略超同仁堂阿胶。与太极实业一样，佛慈制药也是于 2012 年年底开始经营阿胶业务，目前销售绝对额和相对额在总营收中占比都很小。在补血保健品市场，除了阿胶之外，主要还有康富来的血尔口服液和九芝堂的驴胶补血颗粒。此外，还有安利、汤臣倍健等其他品类的保健产品。

阿胶所处的医药保健行业是典型的弱周期行业，随着人们收入水平的增加、人口结构的变化、政府政策的支持以及人们医疗保健意识的增强，医疗保健行业的需求将不断增长。尽管阿胶价格不断上涨，但是消费者的需求量并没有因为提价而降低。许多消费者本身就有一个高价格与高价值对等的观念，东阿阿胶充分利用消费者这种心理，积极开展价值回归之路。近几年十几次反复提价，制造了一种让消费者强制接受的高端形象。一方面是消费者需求的增加，另一方面是原料供应的下降。据估计，国内驴存栏量 20 年间约减少了 50%，未来下降趋势仍将延续。目前全国约有 100 多家阿胶企业，对驴皮需求量大幅增长。仅东阿阿胶一家企业对驴皮的年需求量就约为 100 万张，主要来源于国内收购。全国毛驴存栏量如果以 500 万头计算，驴皮年产出量理论上只有 100 多万张。东阿阿胶也在积极寻求国外的采购渠道来降低国内原料供应的压力。

资料二

阿胶与人参、鹿茸并称为“中药三宝”。阿胶具有“补血、滋补、养颜”三大功能，在中医药食同源理念中，阿胶是传统第一补血良方。尤其是东阿阿胶，将自己定位于“滋补国宝”，抢占了品牌内涵制高点。东阿阿胶股份有限公司作为国内阿胶行业的双寡头之一，其阿胶类产品在行业内具有一定的优势。东阿阿胶从上游原料基地建设，掌控驴皮收购终端，到下游 OTC 终端、商超、医院、自建连锁等营销终端掌控，形成了全产业链掌控的模式优势。在山东、内蒙古、辽宁等地建立原料基地，在国外多个国家建立采购网络，国内与国际并重，实现对全球原料资源的掌控，确保公司可持续发展。与百强连锁形成稳固的战略合作，加强对销售渠道的控制，直供及重点连锁终端销量逐年稳步增长，网络优势明显。此外，东阿阿胶建有科技部批准的业内唯一“国家胶类中药工程技术研究中心”，拥有“院士工作站”“博士后科研工作站”“泰山学者岗位”“山东省胶类中药研究与开发重点实验室”等平台。公司在阿胶等胶类中药研发、技术、人才、资源等方面处于行业领先水平，是品类领导者，具有不可复制的竞争优势。

与同行相比，东阿阿胶也具有技术和标准优势，其具有传承千年的国家级保密传统工艺，以及自动化、智能化的现代生产技术；参与制定多项行业标准，拥有大量阿胶传统配方、秘方，具有领先行业的标准优势、产品研发和技术领先优势。

近年来东阿阿胶开创了“3+X+2”的新模式，实现全产业链融合发展。追溯产业源头，坚持“把毛驴当药材养”，实施“毛驴活体循环开发”，结合现代养殖和研究技术，突破中药上品发展的原料瓶颈问题，从第一步保证产品品质。充分利用社会资源，加大活驴掌控和驴皮采购力度，积极加强全球原料资源掌控。建立两个百万头毛驴基地，创新规模化养殖合作模式，掌控国内主要毛驴交易市场，控制上游产业关键环节。除了在上游发展毛驴养殖、交易、加工三大产业之外，还聚焦阿胶主业，培育多种产品、多个品牌，同时发展健康服务业、养生旅游业，达到了“一产控资源、二产抓发展、三产重体验”的完美结合，实现了产业链延伸、价值链提升、供应链贯通“三链重构”，走向全产业链体系融合。

2017年年报显示，东阿阿胶的研发投入占营业收入比例为3.06%，比2016年上升0.40%。东阿阿胶积极开展上游产业链研发工作，通过技术创新带动毛驴产业健康发展。建立了标准化验收、规范化仓储及自动化处理的“三位一体”驴皮原料处理工艺，优化原料处理与产品生产流程。聚焦阿胶主业，做大阿胶品类，进一步挖掘胶类中药经典大产品治疗及滋补保健功能，开发新产品。2017年全年发明专利授权20项，实用新型授权48项，申请发明专利52项，申请实用新型40项。其中，阿胶特征性成分检测方法通过国家技术监督局审核，为规范行业标准提供支持；制定驴皮团体标准2项，提高阿胶行业准入门槛；驴冻精两项标准上升为山东省地方标准，填补国内外行业标准空白；核心产品关键技术获国家授权发明专利9项，其中PCT（美国）1项；公司被授予“关键核心技术知识产权品牌单位”。未来东阿阿胶将持续提升感知质量，实现原料质量、设备、工艺、技术系统全面提升。深化技术标准研究，推进阿胶、复方阿胶浆两大产品二次开发，为市场提供专业化支撑。

要求：

（1）运用波特的五种竞争力模型，简要分析东阿阿胶所处的产业环境；

（2）运用企业核心能力的三个关键性测试，分析东阿阿胶开发生产阿胶产品能否称之为核心能力；

（3）简要分析东阿阿胶采用的总体战略的类型；

（4）简要分析东阿阿胶研发的类型和定位。（★★★）

同步强化练习题参考答案及解析

“扫码看解析”　使用“微信”或“会计云课堂”App 扫码，即可线上对答案、看解析，错题随手收藏，及时巩固复习。

一、单项选择题

1. 【答案】A

解析：“J 公司是国内一家家具生产企业……将产品成功打入了东南亚、欧洲和北美市场。2020 年，为了进入 R 国市场，J 公司在 R 国第一大城市经济开发区建成了一家家具生产工厂，并顺利将其产品销往 R 国各地”属于市场开发战略，选项 A 正确。

2. 【答案】C

解析：“L 公司是一家知名的粤菜餐厅，在全国有 100 多家门店……紧跟市场需求变化，定期开发特色菜上市，赢得了消费者好评”属于现有市场和新产品的组合，即产品开发战略，选项 C 正确。

3. 【答案】B

解析：“该酒店集团并购了国内另一家著名的酒店连锁集团，市场份额提高了 15%，进一步巩固了其行业领先地位”表明锦江国际酒店集团进行并购的动机是减少竞争，增强对市场的控制力，选项 B 正确。

4. 【答案】D

解析：“系统研发部门围绕民用无人机动力系统、飞控系统、传感器等开展关键技术攻关，重点突破实时精准定位、动态场景感知与避让、面向复杂环境的自主飞行、群体作业等核心技术”属于职能层战略，选项 D 正确。

5. 【答案】A

解析：后向一体化战略是指获得供应商的所有权或加强对其控制权的战略。“Y 公司是国内一家燃煤火力发电企业。为了保障煤炭的稳定供给与产品质量，自 2017 年以来并购重组了 2 家煤炭企业，实现了高效、清洁、环保的发电方式”表明 Y 公司采取的是后向一体化战略。选项 A 属于后向一体化战略的适用条件，选项 A 正确。选项 B 属于前向一体化战略的适用条件；选项 C 属于市场开发战略的适用条件；选项 D 属于横向一体化战略的适用条件。

6. 【答案】A

解析：特许经营是指企业卖给被特许经营企业有限权利，而收取一次性付清的费用。被特许经营企业可以使用特许经营企业的商标品牌，但要严格遵守许可方的经营规定。本题中“向 Y 公司收取一次性付清的费用，Y 公司可以使用 X 公司的品牌，但要严格遵守 X 公司的经营规定”属于特许经营的范畴，选项 A 正确。

7. 【答案】B

解析：“积极顺应市场变化，对企业进行了重新定位……重新获得了新的经济增长点”属于转向战略中的重新定位或调整现有的产品和服务，选项 B 正确。

8. 【答案】C

解析：“对某商务区的客户食品订货行为进行了深入调查，并根据调查结果，针对该商务区的客户制定和实施了一套促销方案”属于集中化战略，选项 C 正确。

9. 【答案】C

解析：D 公司取消了传统的经纪人，其认为如果公司把工作做好，比如迅速完成理赔和取消复杂的表格，客户并不需要传统经纪人给予客户的那种情感上的舒适感。D公司没有用经纪人和区域办公室，而是利用信息技术提高理赔的处理效率，并且将节省的成本返还给客户，为客户提供更优惠的保险费率。因此该公司将以往建立在个人关系上的情感主导型业务模式转变为业绩好、成本低的功能导向型业务模式，从而开创蓝海。因此，选项C正确。

10. 【答案】A

解析："公司管理层根据医学专家的预测，认为在最严重的2020年年初的这波新冠疫情过去之后，疫情可能会周期性地在2020年冬季爆发"说明需求是可预测的，于是公司就加大上半年防护口罩的产量作为库存，来应对未来防疫需求的增长。因此，健翔公司采用的平衡产能与需求的方法是库存生产式生产。

11. 【答案】A

解析：滞后策略是指仅当企业因需求增长而满负荷生产或超额生产后才增加产能。"其自主研发的一款医疗美容产品刚一推向市场，立即受到消费者欢迎，产品供不应求，公司一直处于满负荷生产状态。为满足持续增长的订单要求，该公司决定增加一条生产流水线"属于滞后策略，选项A正确。

12. 【答案】A

解析："为汽车制造商生产的轮胎安全标准高于为农用拖拉机制造商生产的轮胎安全标准"表明该轮胎制造商进行产业市场细分的依据是用户的行业类别。

13. 【答案】A

解析："决定把提供短途旅游和低端消费旅游服务作为主营业务"属于根据使用者情况、消费者对某种产品的使用率来划分市场，体现了行为细分，选项A正确。

14. 【答案】C

解析："生产部门依据销售部门提供的客户订购的产品数量安排档期生产"属于需求变动，选项C正确。

15. 【答案】B

解析：剩余股利政策是指只有在没有净现值为正的项目时才会支付股利的政策，选项B正确。

16. 【答案】C

解析："我国医疗美容市场规模保持每年20%以上的复合年均增长率，产品的销售群不断扩大。医疗美容消费不再只局限于女性群体中，男性对医疗美容的消费也呈现逐年增强的趋势"表明立圣公司所处的医美行业处于成长期。成长期宜采用低股利政策，选项C正确。

17. 【答案】A

解析："目前，该款药品价格较高，性能还有待完善，因此销售量小，公司净利润率较低"表明该药品处于导入期，导入期的资金来源主要是风险资本，选项A正确。

18. 【答案】A

解析：企业同时具备所有权优势、内部化优势与区位优势，应选择对外直接投资；如果企业只拥有所有权优势与内部化优势，只能进行出口贸易；如果企业只有所有权优势，则只能考虑采用技术转移的形式，将技术出让给其他企业。因此，选项A正确。

19. 【答案】A

解析：甲银行纽约分行之所以在曼哈顿开业，主要是为了增加自己的客户，进一步扩大市场，即寻求市场，选项A正确。

20. 【答案】A

解析："技能和产品供应可在母子公司

之间、子子公司之间形成双向流动”表明甲公司能够形成以经验为基础的成本效益和区位效益，转移企业的核心竞争力，属于跨国战略的典型特征，选项A正确。

21.【答案】D

解析：“其产品销往多个国家和地区……该公司在生产制造成本最低的V国和I国建立生产制造中心，并在研发创新条件和环境最好的U国设立研发创新中心”表明Y家家居向全世界的市场推销标准化的产品和服务，并在较有利的国家集中进行生产经营活动，由此形成经验曲线和规模经济效益，以获得高额利润，体现的是全球化战略，选项D正确。

22.【答案】D

解析：“H燃气公司负责B市的民用天然气供给业务。近年来B市的民用天然气需求量比较稳定”体现的是低经营风险；“H燃气公司主要通过引入战略投资者取得更新煤气管道所需的资金”体现的是低财务风险。因此，选项D正确。

23.【答案】A

解析：选项A适宜采用市场开发战略。选项B适宜采用相关（同心）多元化战略，当企业在产业或市场内具有较强的竞争优势，而该产业或市场成长性或吸引力逐渐下降时，适宜采用此战略。选项C适宜采用市场渗透战略，若一家企业决定将其利益局限在现有产品及市场领域，即使在整个市场衰退时也不允许销售额下降，那么企业必须采取市场渗透战略。选项D适宜采用稳定战略。

二、多项选择题

1.【答案】ABD

解析：“重组资源，专注通信设备和解决方案”属于收缩战略中的转向战略，选项A正确。“N公司通过剥离不良资产”“挥泪出售手机业务和Here地图业务”属于收缩战略中的放弃战略，选项B正确。“全球数万名高级管理人才和研发工程师随后陆续被裁员解聘”属于收缩战略中的紧缩与集中战略（削减成本战略），选项D正确。

2.【答案】AB

解析：“新钢公司是一家特种钢材生产企业……其产品主要用于国防、电力、石化、核电、环保、汽车、航空、船舶、铁路等行业的高端、特种装备制造领域”，故参股大亚湾核电设备制造公司、与东亚汽车制造公司签订集研发、生产、销售为一体的合作协议是向产业链下游延伸，属于前向一体化战略，选项A、B正确。而选项C、D是向产业链上游（提供能源、原材料的供应商）延伸，属于后向一体化战略。

3.【答案】ABCD

解析：“用买断方式终止与员工的劳动合同”体现了退出成本，选项A正确。“在当地政府的干预下”体现了政府与社会约束，选项B正确。“干法水泥生产线等设备难以转产”体现了固定资产的专用性程度比较高，选项C正确。“引起一些职工的抵触”体现了感情障碍，选项D正确。

4.【答案】BD

解析：“以色列监管部门认为该项收购不符合以色列国家利益，因此未获批准”属于跨国并购面临政治风险。“‘凤凰’员工与原股东的纠纷问题所导致的罢工可能会增加复星国际有限公司收购后的压力”属于并购后不能很好地进行企业整合。因此，选项B、D正确。

5.【答案】AC

解析：“汽车制造商甲公司凭借自有资金2亿元和发行债券融资5亿元”说明该并购是杠杆收购，选项A正确；“实现了对汽车零部件商乙公司的收购”说明乙公司是甲公司的上游企业，该并购属于后向并购，选项 B 错误；“经过多次磋商签订协议”说明该并购是友善并购，选项 C 正确；作为并购方的甲公司为非金融机构，该并购属于产业资本并购，选项 D 错误。

6. 【答案】AB

解析：“同程公司将充分发挥在旅游行业的运作经验与品牌优势，提供旅游产品设计、线上线下服务等方面的支持。皇中国际控股公司则利用自身平台功能，挖掘境外航空旅游资源与金融服务资源，提供航线开通、包机业务等方面的支持”表明同程公司与皇中国际控股公司进行战略合作的动因有开拓新的市场和实现资源互补，选项 A、B 正确。

7. 【答案】ACD

解析：“综合性网络零售商 J 公司战略入股 Y 超市，J 公司将持有 Y 超市 10% 的股份”说明上述两家公司结成的战略联盟为股权式战略联盟，选项 A、C、D 正确。选项 B 属于契约式战略联盟的特点。

8. 【答案】ACD

解析：零散产业的战略选择：①克服零散——获得成本优势，其中克服零散的途径包括连锁经营或特许经营（选项 D）、技术创新以创造规模经济和尽早发现产业趋势；②增加附加价值——提高产品差异化程度（选项 C）；③专门化——目标集聚（选项 A）。选项 B 不属于零散产业的竞争战略范畴，选项 B 错误。

9. 【答案】ACD

解析：“汽车修理修配产业由很多中小企业组成，其中没有任何一个企业占有显著的市场份额或对整个产业的发展产生重大影响”表明汽车修理修配业属于零散产业。造成产业零散的原因主要来源于产业本身的基础经济特性：①进入障碍低或存在退出障碍；②市场需求多样导致高度产品差异化；③不存在规模经济或难以达到经济规模。因此，选项 A、C、D 均正确。

10. 【答案】ABCD

解析：“不同民族”体现的是人口细分；“推出流行于我国华北地区……深受目标市场消费者的喜爱”体现的是地理细分；“生活习俗特点的民间木版年画”体现的是心理细分；“大都用于新年时张贴……2021 年新年前夕，华夏公司推出……年画”体现的是行为细分（购买时机）。因此，选项 A、B、C、D 均正确。

11. 【答案】CD

解析：“采取免费赠送试用品的方式”属于营业推广，选项 C 正确；“公司销售人员在主要销售商场举办促销活动，宣传该产品具有美白、抗皱、抗衰老、紧致肌肤之类的特效”属于人员推销，选项 D 正确。

12. 【答案】ACD

解析：“长期分别从三家配件公司采购新能源汽车部件：驱动电机、动力电池和整车电控”表明 B 公司采用的是多货源策略。多货源策略的优点：①能够取得更多的知识和专门技术（选项 D）；②一个供应商的供货中断产生的影响较低（选项 C）；③供应商之间的竞争有利于对供应商压价（选项 A）。有利于提供有统一质量保证的产品属于单一货源策略的优点。

13. 【答案】AB

解析：“煤炭产品的客户对性价比的要求很高；各煤炭企业的产品差别很小，价格差异缩小且处于很低水平；产品毛利很低，只有大规模生产并有自己销售渠道的企业才具有竞争力；大量中小煤炭企业陆续退出市场”说明该产业目前处于衰退期，选项A、B正确。选项C、D属于成熟期的经营特征。

14.【答案】BC

解析：“目前加湿器产业的产品逐步标准化，技术和质量改进缓慢，加湿器市场基本饱和”表明加湿器产业处于成熟期。处于成熟期的企业财务风险属于中等水平，股利分配率高，资金来源于保留盈余和债务，而股价是比较稳定的，选项B、C正确。选项A属于衰退期的经营特征，选项D属于导入期的经营特征。

15.【答案】ABC

解析：“该项并购将有助于中海油进一步拓展其海外业务”属于寻求市场；“该项并购将有助于中海油……增加资源储备”属于寻求资源；“使中海油获得了一个领先的国际发展平台及先进的国际管理经验”属于寻求现成资产。因此，选项A、B、C正确。

三、简答题

1.【答案】

(1)①革新和改造前：低增长—弱竞争地位的“瘦狗”产品。“豆浆机上市初期在市场上认同度较低，市场总体需求量不大，总体增长率偏低”“甲公司的唯一竞争对手是乙公司……其豆浆机市场占有率远高于甲公司”。“瘦狗”产品只能为企业带来一般的现金流，是融资的陷阱，并且投资回报率不高。同时，这类产品由于缺乏吸引力而不会引入市场过分竞争。如果企业未能继续利用促销手段维持企业发展或进行革新，这类产品可能会被市场淘汰。

②革新和改造后：高增长—强竞争地位的“明星”产品。“获得了顾客的广泛认可，市场占有率跃居第一”“甲公司新型豆浆机销售量快速增长，出现了供不应求的局面”。“明星”产品短期需要资本投入超过产生的现金流，以便保持它们的市场地位，但是未来会为企业带来高额的回报。同时，高增长率可能会吸引新来者和竞争者，甲公司必须大量投入现金以维持其现有的地位并加以巩固。

(2)根据题中信息，有关决定财务战略矩阵中所属象限的因素：

①销售增长率－可持续增长率＝60%－45%＝15%>0

②投资资本回报率－资本成本＝25%－15%＝10%>0

根据甲公司2021年的预测信息可以判断，甲公司在财务战略矩阵中的象限属于第一象限，为增值型现金短缺业务。这一象限的业务一方面能够为企业带来价值增值，另一方面其产生的现金流量不足以支持业务增长，会遇到现金短缺的问题。甲企业的管理层应判断由销售增长率大于可持续增长率所出现的高速增长状态是暂时性的还是长期性的。如果高速增长状态是暂时性的，企业应通过借款来筹集所需资金，等到销售增长率下降后企业会有多余现金归还借款。但是，当企业预计高速增长的状态是长期性的，比较长远的方法是提高可持续增长率或增加权益资本（可以通过增发股份或兼并成熟企业等途径）来实现。

2.【答案】

汉庭酒店实施蓝海战略运用的重建市场边界的基本法则：

①**跨越产业内不同的战略群组**。“汉庭的第一次蓝海战略是在2005年，当时酒店行业只有两类产品。一类是高星级酒店，价格昂贵，普通人难以承受；另一类是招待所，虽然价格便宜，但住宿条件十分落后。于是季琦先生创办了汉庭酒店，在产品设计上，他剔除了传统星级酒店的豪华大堂、会议室、娱乐、餐厅等不必要设施，开拓了经济型酒店这一产业”。

②**重新界定产业的买方群体**。“这些创新在传统业界是前所未有的，通过这些

细节上的价值创新，汉庭在‘干净’这一存在巨大买方需求的元素上做到了持续精进，重新界定了业界的买方群体”。

③重设客户的功能性或情感性诉求。“在产品设计上，他剔除了传统星级酒店的豪华大堂、会议室、娱乐、餐厅等不必要设施，开拓了经济型酒店这一产业。因为差旅人士业务繁忙，星级酒店提供的这些服务他们都没时间享受”“发现相比于酒店的硬件设施和服务水平来说，客房的干净卫生是消费者入住经济型酒店最大的痛点。基于汉庭在干净上已有的投入和能力，汉庭的第二次蓝海战略，就是加强客房卫生，进行压倒性的投入，做到比五星级酒店还要干净，形成新的蓝海”“由于干净给顾客满意度带来了提升，让顾客获得宾至如归的体验，回头客更多了”。

④跨越时间参与塑造外部潮流。“于是季琦先生创办了汉庭酒店，在产品设计上，他剔除了传统星级酒店的豪华大堂、会议室、娱乐、餐厅等不必要设施，开拓了经济型酒店这一产业”“通过一年的干净行动，汉庭不仅赢得了顾客的信任，还带动了经济型酒店全行业对干净品质的关注和提升，为行业带来了改变”。

3. 【答案】

(1) 恒瑞医药公司进入国际市场举步维艰的主要原因：

①对关键资源的控制能力差。“由于缺乏拥有自主知识产权的药品，该公司多年来一直以生产仿制药为主，其生产的医疗器械科技含量较低，难以满足用户对高科技医疗器械的需要，国内高科技医疗器械市场基本被进口产品占领”。

②缺乏规模经济效应。“与国外跨国公司相比，自己在规模及利润两个方面存在着巨大差距，在研发经费的投入方面差距更大”。

③缺少市场优势。“恒瑞医药公司还存在着专业化程度和品牌认知度较低等问题”。

(2) 新兴市场本土企业的战略选择包括防御者战略、躲闪者战略、抗衡者战略和扩张者战略。

恒瑞医药公司采用了躲闪者战略、抗衡者战略和扩张者战略。

①躲闪者战略。

a. 重新定义自己的核心业务，避开与跨国公司的直接竞争。“有的专攻国外跨国公司关注的盲区（如罕见病、特殊需求），在产品上逐渐形成自己的特色”。

b. 根据自身的本土优势专注于细分市场，将业务重心转向价值链中的某些环节。“有的通过承接国外跨国公司医药研发外包业务，将业务重点转向价值链的研发环节”。

②扩张者战略。“将自身具有相对优势的本土医药产品拓展至周边欠发达国家和地区”。

③抗衡者战略。学习从发达国家获取资源，以克服自身技能不足和资本的匮乏。“注重向跨国公司学习，合理整合和运用国内外优势资源，克服自身技能和资本匮乏的缺陷，以期发展为实力强大的大型跨国企业，在国内外市场上与国外跨国医药公司展开真正的较量”。

【名师点题】在涉及新兴市场本土企业战略选择类型的分析中，不仅能依据所在行业全球化压力高低、优势资源能否向海外转移来判断，还可以依据案例中企业所采取的具体战略举措来判断。

4. 【答案】

(1) 按照价值链活动的分类，北雅公司的 12 类活动可做如下划分：

①内部后勤（进货物流）：活动（2）；

②生产经营：活动（3）、(4)、(6)、(11)；

③外部后勤（出货物流）：活动（5）；

④市场销售：活动（7）、(10)；

⑤服务：活动（8）；

⑥采购管理：活动（1）；
⑦技术开发：活动（9）、（11）；
⑧人力资源管理：活动（11）；
⑨企业基础设施：活动（12）。

（2）依据成本领先战略的实施条件中关于“实现成本领先战略的资源和能力”所包括的主要方面，北雅公司的具体做法：

①在规模经济显著的产业中装备相应的生产设施来实现规模经济。“实现了专业化、规模化生产”。

②降低各种要素成本。“生产所需要的车辆底盘等关键部件由就近的德力公司生产，与北雅公司总装厂距离非常近，节约了物流费用”“采用订单拉动的生产方式，实现按需生产、消除库存，降低储存成本”“订单处理人员根据全国直营店的分布就近调配车型，并选择最优路线配送以降低物流费用”“减少了资金投人、降低了营销费用和地域市场的进人门槛”。

③提高生产率。“与新能源汽车生产的上游供应商，如动力电池和人工智能软硬件科技企业等，建立了长期的战略合作伙伴关系，提升了整体供应链的灵活性、适应性与效率”“采用订单拉动的生产方式，实现按需生产、消除库存，降低储存成本”“订单处理……选择最优路线配送以降低物流费用”“借助数字化、人工智能、大数据等技术提升了供应链响应能力，实现了柔性生产与制造”“有的放矢地进行广告宣传”“开发畅销车型，提高了资金周转速度”“定期对员工进行培训……尽快实现学习经济”“建立起支撑商业模式创新发展的大数据计算中台与大数据智能中台……提升了决策效率和实现了对资源的精准配置”。

④改进产品工艺设计。“及时掌握新能源汽车产业的新技术、新工艺和新材料，并运用于产品设计和工艺流程改进”。

⑤提高生产能力利用程度。“提升了整体供应链的灵活性、适应性与效率”“同时为合作伙伴提供整车生产组装，实现了……规模化生产”“借助数字化、人工智能、大数据等技术提升了供应链响应能力，实现了柔性生产与制造”“提高广告效率”“建立基于大数据分析与洞察的智能算法模型，开发畅销车型”“实现了对资源的精准配置”。

⑥重点集聚。“专注于汽车整车研发与生产制造……实现了专业化、规模化生产”。

5. **【答案】**

（1）凤凰卫视采用多元化战略的原因：

①在现有产品或市场中持续经营不能达到目标。“凤凰卫视的相关多元化……来应对移动通讯时代激烈的竞争下宏观经济放缓和若干新媒体业务暂停造成的经营亏损”。

②与在现有产品或市场中的扩张相比，多元化战略意味着更高的利润。“凤凰卫视的相关多元化延伸已涵盖动漫、游戏、数位科技、文创、云技术服务、教育、展览等领域，为公司业绩带来新的增长点”。

（2）战略联盟。“凤凰卫视与阿里巴巴宣布于2018年11月16日订立了一份战略合作备忘录”“在备忘录一年有效期内签署有约束力的战略合作协议的意向”。

（3）凤凰金融国际化经营的动因主要是寻求市场和寻求现成资产。

①寻求市场。“就针对目前大部分海外华人普遍面临投资理财渠道较少、可投资资产类型较少等问题，凤凰金融分别在美国、东南亚、欧洲等地区上线多样化产品。此次在法拉盛成立的凤凰金融纽约分公司，可为美国东部地区的华人在投资理财和财富管理方面提供专业精细的一对一服务，并量身定制个性化的资产配置方案”。

②寻求现成资产。“凤凰金融将继续以国际化视角不断拓展海外市场，获取先进的管理经验，开拓更多优质的全球资产为更多华人提供更丰富的金融服务”。

6. 【答案】

(1) 东阿阿胶和韩国人参公社结成战略联盟的动因：

①促进技术创新。“双方通过合作研发的补气血产品可以开拓广阔市场”“双方通过启动战略合作，在营销、研发、制造等领域取长补短”。

②避免经营风险。“国内医药企业的竞争日趋激烈”“双方通过启动战略合作，在营销、研发、制造等领域取长补短，实现资源的互补”。

③避免或减少竞争。“国内医药企业的竞争日趋激烈，双方的合作能在一定程度上避免竞争以实现共赢”。

④实现资源互补。“红参和阿胶两味中药在中韩两国都拥有数千年的服用历史，人参公社和东阿阿胶在各自的医药领域拥有较高水平的技术和品质，双方通过启动战略合作，在营销、研发、制造等领域取长补短，实现资源的互补”。

⑤开拓新的市场。“双方通过合作研发的补气血产品可以开拓广阔市场，守护顾客的健康和美丽，共同耕耘韩国市场”。

(2) 东阿阿胶国际化经营的动因是寻求市场。“东阿阿胶希望通过跨国合作形式持续推动中医药走向世界”。

7. 【答案】

(1) 瑞幸咖啡涉及的促销组合要素：

①广告促销。“微信 LBS 精准定向的线上广告覆盖了大量的人群，而线下的分众广告主要投放于城区写字楼和社区，线上与线下的结合达到了很好的造势效果”。

②营业推广。“注册就送一杯免费咖啡，如果用户推荐朋友注册，还能再获赠一杯。与此同时，他们还在推一个‘买二送一’‘买五送五’的活动”。

③公关宣传。“2018 年 10 月，瑞幸咖啡与轻松筹达成深度战略合作，将在面向快消人群与年轻群体的维护上，走出了一条未有人涉足的创新公益之路。通过积极参与公益事业承担企业社会责任来宣传企业的形象，使用户对品牌产生一定的亲切感”。

④人员推销。“实体店中的工作人员能完整解释产品的细节，并针对客户的要求进行推荐，给消费者带来不一样的体验”。

(2) 确认产业的成功关键因素必须考虑以下三个问题：

①顾客在各个竞争品牌之间进行选择的基础是什么？

②产业中的一个卖方厂商要取得竞争成功需要什么样的资源和竞争能力？

③产业中的一个卖方厂商获取持久的竞争优势必须采取什么样的措施？

咖啡产业的成功关键因素：

①上乘的广告以吸引消费者购买某一特定品牌。“微信 LBS 精准定向的线上广告覆盖了大量的人群，而线下的分众广告主要投放于城区写字楼和社区，线上与线下的结合达到了很好的造势效果”。

②定出吸引人的零售价格以抢占消费者。“价格定在 20 至 30 元之间，避开了 30 至 40 元的星巴克主流价位，也跟 10 至 20 元的肯德基、全家等快餐咖啡划清了界限”。

③多种销售渠道以抢占市场份额。“瑞幸咖啡有 4 种不同的门店类型：A 店（大型旗舰店）、B 店（带堂食的中小型门店）、大堂店（写字楼内用于自取的小型门店）和外卖店”“目前占据绝对主流的店型是后两者。瑞幸咖啡通过迅速扩张的店面数量降低用户购买咖啡的难度，并在建立起一定的市场规模后，再通过 A、B 店，与核心商业地段的星巴克门店进行竞争”。

8. 【答案】

(1) 京东与沃尔玛采用的战略联盟类型属于股权式战略联盟。“沃尔玛以中国本土电商‘1 号店’的第三方平台获得京东约 5%的 A 类普通股，成为京东战略股东”“京东将拥有 1 号商城主要资产，包括‘1 号店’的品牌、网站、App”“京东旗下本地即时物流和生鲜商超 O2O 平台‘新达达’还获得沃尔玛 5000 万美元战略投资”“2016 年年末，沃尔玛再次增持京东股份至 12.1%，成为京东第三大股东”。

（2）京东与沃尔玛双方结成战略联盟的主要动因：

①避免经营风险。“极大地补充和增强京东的产品丰富度和在重点区域的竞争力。此外，京东的用户也将享受到来自山姆会员商店和沃尔玛更为丰富的精选进口商品”“沃尔玛看中的是京东的电商经验和能力，在中国市场频频受挫的沃尔玛希望借助京东的力量来重塑自己的线下业态，以试图通过新零售盘活自己的线下店，同时借助京东的电商经验来抵抗竞争对手亚马逊的全球攻势”。

②实现资源互补。“通过整合双方在电商和零售领域的巨大优势，为中国消费者提供更优质的商品和服务”“整合各自在 O2O 到家服务、物流和零售领域的优势”“对于沃尔玛来说，此次合作将极大地拓展其在中国电商市场的增长机遇。京东海量的线上用户以及强大的当日到达物流网络将为沃尔玛门店和山姆会员商店带来巨大的客流量，将山姆会员商店的业务拓展至全国范围，并为沃尔玛和山姆会员商店的顾客提供更好的物流配送服务。而京东将通过沃尔玛旗下‘1 号店’的强大品牌优势、其在食品杂货和家居产品领域的品类优势、其长期形成的优质低价的良好口碑以及在华东和华南等重要区域的领先布局，极大地补充和增强京东的产品丰富度和在重点区域的竞争力。此外，京东的用户也将享受到来自山姆会员商店和沃尔玛更为丰富的精选进口商品”“沃尔玛通过与京东合作，搭上了京东这个中国电商中巨头级别的平台”。

③开拓新的市场。“对于沃尔玛来说，此次合作将极大地拓展其在中国电商市场的增长机遇”“将山姆会员商店的业务拓展至全国范围”“而京东也希望可以在‘1 号店’和沃尔玛身上得到进军新零售的筹码，在国内市场中先一步获得渠道优势”。

四、综合题

1. 【答案】

（1）①潜在进入者的进入威胁。“汽车产业既属于资本技术密集型产业，也属于劳动密集型产业，具有明显的规模经济性。整个产业高端产品的差异性较为明显”“老品牌已经占据了大部分的渠道资源，在目前情况下，新企业建立自己的供应商体系和经销商体系将越来越难”表明潜在进入者的进入威胁相对较小。

②供应者的讨价还价能力。“国内零部件企业共有 2 万多家，其中大规模汽车零部件企业近 8000 家。汽车零配件产业的集中程度明显低于乘用车制造产业的集中程度。与零部件厂商相比，整车生产企业的品牌效应更高，采购规模更大，企业实力更强，因此配件厂商的生存很大程度上依赖于整车生产企业。而且一些大的汽车生产企业零部件自给率也很高，平均自产率达到 50%~60%”表明供应者的讨价还价能力较低。

③产业内现有企业的竞争。“目前中国汽车产业厂商数量较多。除原有若干厂商外，一些其他产业巨头也已进入汽车产业”表明同业竞争激烈。

（2）从 PEST 角度分析大龙公司面临的机会：

①政治和法律因素。“越南政府还提供了税收、贷款等多方面的优惠政策，鼓励外国企业在越南投资建厂”。

②经济因素。“作为消费升级的典型代表，随着中国国民收入和整个消费的扩张，中国的汽车消费也扶摇直上”“伴随

我国城镇化率的逐步提升和国民经济的快速增长，我国汽车工业产值及汽车保有量呈现高速增长的发展态势”“在未来新型城镇化逐步推行的过程中，新型城镇化战略将为我国汽车需求的稳健增长提供有力的保障”“我国 2016 年人均 GDP 已超过 7800 美元，居民消费潜力进一步提升，消费结构开始向高级化方向转化。与此同时，我国的 R 值已进入 2~3 区间，按照发达国家的经验，未来 10 年我国的汽车工业仍将具备较快增长的潜力”“中西部内陆城市经济增速明显快于东部地区，这些地区强劲的汽车需求将是我国汽车需求增长的重要驱动力”。

③社会和文化因素。“中国庞大的人口数量是汽车销量在长期内保持稳健增长的基石”“随着三四线城市的汽车普及率持续提升，来自这些地区的强劲需求将继续推动全国汽车需求稳健增长”“我国汽车行业的更新需求，尤其是东部沿海发达省份汽车更新需求将逐步释放”。

从 PEST 角度分析大龙公司面临的威胁：

①政治和法律因素。“随着国家刺激汽车消费的一系列税收政策逐步退出，汽车消费税收政策环境面临政策基调从‘偏暖’向‘中性’的变化。国内一些城市已出台或正在酝酿以‘限牌、限购’为主要手段的治理交通拥堵的措施，短期内会对一二线城市的汽车市场形成一定制约”。

②经济因素。“随着国内宏观经济放缓，中国汽车产销量增速自 2014 年开始出现明显放缓，而能源短缺、油价上涨、环保问题也是一直阻碍汽车工业发展的威胁”“原材料价格、劳动力成本等不断上升”。

③社会和文化因素。“消费者对产品以及服务更加挑剔，对汽车现有品牌的认知度和忠诚度均已慢慢形成。汽车市场竞争开始从低层次的价格战慢慢向高层次产品质量、服务维修体系等的竞争转移；竞争已不再完全体现在产品价格上，更多表现在性价比以及新车型推出以满足不同文化层次的需求上”。

(3) 大龙公司进入越南市场的动机：

①寻求市场。“在越南建立了合资企业，利用当地廉价的劳动力资源和便利的海上运输实现产品当地生产当地销售，并可出口到其他更为发达的国家”。

②寻求效率。“利用当地廉价的劳动力资源和便利的海上运输实现产品当地生产当地销售”“越南政府还提供了税收、贷款等多方面的优惠政策，鼓励外国企业在越南投资建厂”。

(4) 大龙公司进入国外市场所采用的发展战略的途径为战略联盟。“在越南建立了合资企业”。

(5) 大龙公司国际化经营进入国际市场模式的主要类型有两类：出口与对外股权投资（对外直接投资）。“2017 年大龙公司开始加大整车出口，计划在未来三年内出口所占比重达到 45%”“在越南建立了合资企业，利用当地廉价的劳动力资源和便利的海上运输实现产品当地生产当地销售，并可出口到其他更为发达的国家”。

大龙公司目标市场选择的区域路径是传统方式，即发展中国家企业先到环境类似的发展中国家，最后再逐步走向发达国家。“在越南建立了合资企业，利用当地廉价的劳动力资源和便利的海上运输实现产品当地生产当地销售，并可出口到其他更为发达的国家”。

2. 【答案】

(1) 造成培训产业零散的原因：

①培训产业进入障碍低或存在退出障碍。“教育培训市场利润丰厚，而进入的技术壁垒和资金壁垒却比较低”。

②培训市场需求多样导致高度产品差异化。“培训市场的需求是多方面的。目前英语培训比较活跃，除此之外，还有 IT 培训、管理培训、技能培训和各类考试培训等，每一类培训都有很多细分市场。即

使对于相同的细分市场，用户也希望有更适合自己的个性化培训方案”。

③培训产业不存在规模经济或难以达到经济规模。“有许多从事培训业务的公司规模小、数量多，‘大市场，小作坊’的现象非常突出”。

④政府政策和地方法规对培训产业集中的限制。“政府对民办学校的非营利限制，阻止了这个行业的产业化。没有合理的回报，致使大量外部资金不敢进入这个领域，同时该行业自身积累的资金也不敢再投入”。

⑤培训产业中没有企业掌握足够的技能和能力以占据重要的市场份额。“这些企业多受地域的限制，在当地有一定的品牌影响，但没有任何企业占有显著的市场份额，也没有任何企业能对整个产业的发展产生重大的影响”。

（2）新东方作为零散产业中的企业所采用的竞争战略：

①克服零散——获得成本优势。

a. 连锁经营或特许经营。“在教育产业化思维下，连锁经营成为新东方做大规模的路径。而连锁经营的成功扩张，却得益于新东方在教材和服务上的标准化”。

b. 技术创新以创造规模经济。“联想出资5000万元，新东方‘技术入股’占50%，成立了新东方教育在线，专门致力于以外语培训为主、以多种职业考试培训为辅的在线教育服务和远程培训服务，这是新东方集团进行流程创新的一步”。

c. 尽早发现产业趋势。“面临行业内竞争压力的与日俱增，作为领军企业的新东方已走上了多元化、国际化或两者并行的道路，涉足出版、咨询、网络教学等诸多领域，同时，开拓了海外市场，建立了北美分校”“除了实体环境的教学之外，新东方也开始发展区别于竞争对手的虚拟通路的服务项目”。

②增加附加价值——提高产品差异化程度。“除了实体环境的教学之外，新东方也开始发展区别于竞争对手的虚拟通路的服务项目”。

（3）新东方采用的密集型战略的类型：

①市场渗透战略。“通过市场渗透战略取得了迅猛的发展”。

②市场开发战略。“开拓了海外市场，建立了北美分校”“其后通过市场开发战略向上海、武汉等地发展”。

③产品开发战略。“通过产品开发战略进入其他英语培训领域，并进入远程教育领域”。

④多元化战略。“新东方教育科技集团已发展为一家以外语培训和基础教育为核心，拥有短期语言培训系统、基础教育系统、职业教育系统、教育研发系统、出国咨询系统、文化产业系统、科技产业系统等多个发展平台，集教育培训、教育研发、图书杂志音响出版、出国留学服务、职业教育、新东方在线教育、教育软件研发等于一体的大型综合性教育科技集团”“新东方已走上了多元化、国际化或两者并行的道路，涉足出版、咨询、网络教学等诸多领域”“以多元化经营战略进入基础教育和职业教育等领域”。

（4）从PEST角度分析新东方在培训产业所面临的机会：

①政治和法律因素。“2002年年底中国通过了《中华人民共和国民办教育促进法》，2004年出台了《民办教育促进法实施条例》，自此中国教育培训行业进入了发展的快车道”。

②经济因素。“中国加入WTO以后，我国培训市场一直保持快速发展势头，中国英语培训市场以每年15%的速度增长，到2010年为止，中国英语培训的市场总值已经达到300亿元人民币，市场潜力巨大。在2008年的北京奥运会、2010年的上海世博会等利好因素的推动之下，中国英语培训市场将在一段时间内保持高速增长。2006年年底，IT教育培训市场在2005年的规模已超过40亿元人民币，近3年的市场复合增长率达到了22.6%，大

大高于全球的增长速度”“早在2004年，城市居民人均教育培训支出已达1012.85元，以7.4%的比例高居家庭消费支出的第一位”“中国经济的迅猛发展，产生了大量的教育需求”。

③社会和文化因素。“我国人口基数大，培训市场个人层次的需求量也在不断扩大”。

④技术因素。“自20世纪90年代以来，世界各国都在加快教育现代化的建设步伐。以教材多媒体化、资源全球化、教学个性化、学习自主化、活动合作化、管理自动化、环境虚拟化为特征的教育信息化让人们看到了它促成教育变革的潜力。我国教育信息化发展速度、推进速度是惊人的，仅政府投入就达到500～600亿元。2002年教育信息化市场规模接近230亿元，比2001年增长24%；2003年教育信息化程度不断加深，市场规模达到280亿元；而2005年教育市场IT应用整体规模达到了421.9亿元”。

从PEST角度分析新东方在培训产业所面临的威胁：

政治和法律因素。“政府对民办学校的非营利限制，阻止了这个行业的产业化”“中国政府的监管是新东方面临的一大风险。尽管……对于以培训课程为主营业务的新东方来说，考试辅导类课程存在较大的考试政策变化的风险”。

（5）新东方教育集团以知名的教育机构培生教育集团为标杆，采用的基准类型是竞争性基准。“培生教育集团是全球领先的教育集团……作为提供终生教育产品与服务的教育集团，培生教育集团在高等教育、中小学教育、英语教育、专业出版、考试测评、网络教育等众多领域位居全球之首。近年来，培生教育集团相继收购了戴尔国际英语、华尔街英语以及环球雅思等国内培训教育机构。目前，培生教育集团正在着手进行中国培训教育资源的整合重组，如拆分环球网校的英语培训业务，与华尔街英语合并重构中国成人英语产品”。

3. 【答案】

（1）①潜在进入者的进入威胁大。“近年来随着市场需求不断增加，许多医药企业开始考虑涉足阿胶产业”。

②替代品的替代威胁大。“在补血保健品市场，除了阿胶之外，主要还有康富来的血尔口服液和九芝堂的驴胶补血颗粒。此外，还有安利、汤臣倍健等其他品类的保健产品”。

③供应者讨价还价的能力强。“据估计，国内驴存栏量20年间约减少了50%，未来下降趋势仍将延续。目前全国约有100多家阿胶企业，对驴皮需求量大幅增长。仅东阿阿胶一家企业对驴皮的年需求量就约为100万张，主要来源于国内收购。全国毛驴存栏量如果以500万头计算，驴皮年产出量理论上只有100多万张”。

④购买者讨价还价的能力弱。“随着人们收入水平的增加、人口结构的变化、政府政策的支持以及人们医疗保健意识的增强，医疗保健行业的需求将不断增长。尽管阿胶价格不断上涨，但是消费者的需求量并没有因为提价而降低。许多消费者本身就有一个高价格与高价值对等的观念”。

⑤产业内现有企业的竞争激烈。“目前国内阿胶主要生产企业是东阿阿胶和福牌阿胶……东阿阿胶占据高端市场，福牌阿胶占据中低端市场；东阿阿胶单品价格第一、收入第一，福牌阿胶产能第一。目前我国阿胶行业的产能约为14000吨，其中东阿阿胶和福牌阿胶产能总和约为8000吨，占到行业总产能的60%左右，整个阿胶行业处于双寡头竞争格局”“目前我国阿胶行业有100多家生产企业，除了东阿阿胶、福牌阿胶销售量较大外，其他阿胶小厂普遍产量在100～200吨之间”。

（2）辨别企业能力是否属于核心能力的三个关键性测试：

①它对顾客是否有价值？“阿胶与人参、鹿茸并称为‘中药三宝’。阿胶具有‘补血、滋补、养颜’三大功能，在中医药食同源理念中，阿胶是传统第一补血良方。尤其是东阿阿胶，将自己定位于‘滋补国宝’，抢占了品牌内涵制高点”表明它对顾客有价值。

②它与企业竞争对手相比是否有优势？“其阿胶类产品在行业内具有一定的优势。东阿阿胶从上游原料基地建设，掌控驴皮收购终端，到下游OTC终端、商超、医院、自建连锁等营销终端掌控，形成了全产业链掌控的模式优势”“公司在阿胶等胶类中药研发、技术、人才、资源等方面处于行业领先水平”“参与制定多项行业标准，拥有大量阿胶传统配方、秘方，具有领先行业的标准优势、产品研发和技术领先优势”表明它与企业竞争对手相比有优势。

③它是否很难被模仿或复制？“公司在阿胶等胶类中药研发、技术、人才、资源等方面处于行业领先水平，是品类领导者，具有不可复制的竞争优势”“具有传承千年的国家级保密传统工艺……拥有大量阿胶传统配方、秘方”表明它很难被模仿或复制。

东阿阿胶开发生产阿胶产品同时满足以上3个关键性测试，应当称之为核心能力。

(3) 东阿阿胶采用的总体战略是发展战略中的一体化战略、密集型战略和多元化战略。

①东阿阿胶主要涉及一体化战略中的纵向一体化战略，包括前向一体化战略和后向一体化战略。

a. 前向一体化战略。“到下游OTC终端、商超、医院、自建连锁等营销终端掌控，形成了全产业链掌控的模式优势”“与百强连锁形成稳固的战略合作，加强对销售渠道的控制，直供及重点连锁终端销量逐年稳步增长”。

b. 后向一体化战略。“从上游原料基地建设，掌控驴皮收购终端……实现对全球原料资源的掌控”“充分利用社会资源，加大活驴掌控和驴皮采购力度，积极加强全球原料资源掌控。建立两个百万头毛驴基地，创新规模化养殖合作模式，掌控国内主要毛驴交易市场，控制上游产业关键环节……在上游发展毛驴养殖、交易、加工三大产业”。

②东阿阿胶主要涉及密集型战略中的产品开发战略。“聚焦阿胶主业，培育多种产品、多个品牌”“聚焦阿胶主业，做大阿胶品类，进一步挖掘胶类中药经典大产品治疗及滋补保健功能，开发新产品”。

③东阿阿胶主要涉及多元化战略中的相关多元化战略。“发展健康服务业、养生旅游业”。

(4) ①东阿阿胶研发的类型包括产品研究和流程研究。

a. 产品研究——新产品开发。“聚焦阿胶主业，培育多种产品、多个品牌”“聚焦阿胶主业，做大阿胶品类，进一步挖掘胶类中药经典大产品治疗及滋补保健功能，开发新产品”。

b. 流程研究。“建立了标准化验收、规范化仓储及自动化处理的‘三位一体’驴皮原料处理工艺，优化原料处理与产品生产流程”。

②东阿阿胶研发的定位是成为向市场推出新技术产品的企业。“2017年全年发明专利授权20项，实用新型授权48项，申请发明专利52项，申请实用新型40项。其中，阿胶特征性成分检测方法通过国家技术监督局审核，为规范行业标准提供支持；制定驴皮团体标准2项，提高阿胶行业准入门槛；驴冻精两项标准上升为山东省地方标准，填补国内外行业标准空白；核心产品关键技术获国家授权发明专利9项，其中PCT（美国）1项；公司被授予‘关键核心技术知识产权品牌单位’”。

附 录

考 点 清 单